자끄 라깡

핵심이론과 임상

자끄 라깡

핵심이론과 임상

J-D 나지오 지음
라깡분석치료연구회 옮김

Cinq leçons sur la théorie de Jacques Lacan

NATURAL UNIQUE NARRATIVES

자끄 라깡 핵심이론과 임상

Cing leçons sur la théorie de jacques Lacan

초판 1쇄 2019년 10월 18일

지은이 | J-D 나지오
옮긴이 | 라깡분석치료연구회

펴낸이 | 임말희
펴낸곳 | 눈출판그룹

출판등록 | 제399-2017-000042호
주소 | 서울시 서초구 서운로 11, 서초디오빌 714호
전화 | 02-522-0893
홈페이지 | www.nunhouse.creatorlink.net
이메일 | tropisme@naver.com

값 25,000원
ISBN 978-89-94347-62-2 (93180)

파본이나 잘못된 책은 바꿔드립니다.

 이 도서의 국립중앙도서관 출판시도서목록(CIP)은 e-CIP 홈페이지(www.nl.go.kr/ecip)에서 이용하실 수 있습니다. (CIP 제어번호 : 2019039105)

차 례

역자 서문

새로운 무의식, 새로운 분석치료

저자인 나지오 교수는 우리 그룹의 한 사람과도 분석을 한 정신과의사이자 분석가입니다. 그의 풍부한 임상경험이 이 책 곳곳에 스며 있습니다. 그의 말처럼 라깡의 정신분석은 '시니피앙 정신분석'이라 불립니다. 구조주의 언어학의 용어인 '기표'를 사용하면 곧장 기의가 떠오르기 때문에 라깡은 그냥 '시니피앙'이라고 했습니다.

무의식의 개념은 완전히 새로워져 있습니다. 섹스나 공격성 같은 음침한 본능이 숨겨져 있는 그런 곳이 아닙니다. 여기서 무의식은 시니피앙들의 그물망으로 말의 덩어리가 됩니다. 그래서 그 무의식이 '말을 하게' 됩니다. 라깡은 Ça 라는 지시대명사를 사용해 'Ça parle'라고 표현합니다. 이 대명사는 사전에 '이것, 저것, 그것'을 의미하고, 남성명사로는 '개인의 본능적 충동, 이드id'를 뜻한다고 풀이되어 있는데, 그건 지나친 친절이죠. 여기서 '거시기'란 말을 써봤더니 'Ça parle'가 '거시기가 말한다'로 그럴듯하게 번역되더군요.

요즘엔 피분석자analysé라는 말을 잘 사용하지 않습니다. 라깡학파에서는 치료자와 분석을 경험해간다는 능동적인 의미로 '분석수행자 analysant'라고 부릅니다. 치료자와 함께 분석을 해나가는 사람이니까요. 무의식은 '그 무의식, 내 무의식, 우리 무의식'이 따로 없고, 오로지 치료자와 분석수행자 사이에 단 '하나의 무의식'이 생겨날 뿐입니다.

치료자는 그런 무의식적 지식을 이미 잘 알고 있는 사람으로 가정됩니다. 이걸 라깡은 '알-것으로-가정된-주체sujet-supposé-savoir'라고 부르고 약자로 S.s.S.라고 씁니다. 우리말로는 '알가주'로 줄여봤습니다. 만나기 전부터 치료자를 '알가주'로 여기면 곧바로 '전이'가 형성됩니다. 어렸을 때 중요한 인물한테 붙어 있던 감정이 치료자한테 옮겨간다는 뜻의 전이가 여기 라깡식 정신분석에선 옛말이 되어버렸지요.

이러다 보니 '해석'의 의미도 달라졌습니다. 예전엔 증상을 억압된 생각의 표현으로 보았기 때문에, 해석도 환자가 억압된 생각을 의식하도록 도와주는 것으로 여겨졌어요. 그러나 의식화에 대한 환자의 저항 때문에 증상의 무의식적 의미에 대한 해석의 효과가 줄어들기 시작했습니다. 라깡식 해석은 연상의 흐름이 장벽에 부딪쳤을 때 환자가 말을 계속 이어나갈 수 있도록 해주는 거예요. 분석가가 어깨를 한번 추스르든가 환자가 사용한 한 단어를 반복해주는 것 등을 통해서 말이죠. 환자의 말을 기존 이론에 맞추려는 해석은 지양되어야 한다는 겁니다.

라깡의 정신분석은 '욕망의 정신분석'이라고도 부릅니다. 프로이트 전집을 번역해준 스트레이치가 Wunsch라는 독일어를 그냥 wish로 번역했는데, 라깡 선생은 욕망désir으로 번역해서 욕구desoin나 요구demande와는 분명히 다른 것으로 이해하고 있어요. 또한 욕동이란 독일어 Trieb을 라깡은 pulsion으로 번역하는데, 이것이 우리말로는 욕동이 아니라 '충동'으로 번역되어 혼란스러워졌지요. 佛韓中辭典에는 pulsion이 '(본능적·무의식적) 욕구, 충동'으로 나와 있거든요. impulsion이란 불어 단어가 따로 있다는 걸 간과했던 것 같아요.

몇 년 전 교토에서 열린 <국제 라깡 정신분석 콜로퀴움>에서 제가 정신분석의 흐름에 대해 강연한 일이 있습니다. 한국에서는 여러 정신분석학파가 다른 곳보다 한걸음 늦게 성황을 이루는데, 라깡식의 분석치료도 언젠가 한국에서 활짝 피리란 전망을 해봤어요. 라깡의 분석 시간은 45-50분으로 고정되지 않아요. 그 바람에 <국제정신분석협회>가 라깡을 파문시켰었지요. 라깡식의 분석치료는 '운에 맞춰 끝내기'와 '구두점 찍기' 같은 기법 때문에 분석시간이 가변적입니다.

이 책을 함께 읽고 번역해가면서 우리도 분석경험을 했던 것 같습니다. 나지오의 강의가 하나씩 끝날 때마다 우리 선생님들이 고맙게도 환자를 청취하는 방식이 달라진다는 피드백을 주곤 했어요. 이제 그런 재미를 독자 여러분과 나누고 싶군요.

대표 역자 김종주

제 1 강

두 가지 주요 개념 :
무의식과 향락

키워드

증상

기호와 시니피앙

무의식과 반복

무의식은 무엇인가?

남근적 향락·잉여향락·대타자의 향락

쾌락

나는 여러분에게 자끄 라깡의 정신분석 이론의 두 가지 근본 원리를 제시해 보려고 합니다. 하나는 무의식에 관련되고 또 하나는 향락에 관련됩니다. 첫 번째 원리는 이렇습니다: "무의식은 언어처럼 구조화되어 있다." 두 번째 원리는 "성적인 관계라는 것은 없다"는 것입니다. 이 두 원리는 정신분석의 이론적 체계를 떠받쳐 주는 기둥으로 모든 것이 흘러나왔다가 되돌아가는 전제들이며, 또한 분석가의 윤리를 세워주는 전제들이지요. 실제로 정신분석가들이 이러한 명제들을 인식하고 자신의 진료에서 검증해본다면 청취가 눈에 띄게 달라지는 것을 보게 됩니다. 방향을 잡기 위해 증상이란 개념을 사용하려고 하는데, 이것이 먼저 우리를 무의식에 관련된 원리로 인도해주고 나서 향락에 관한 원리로 인도해갈 겁니다. 일단 증상과 무의식과 향락이란 삼인조를 받아들이게 되면 그 즉시 다음과 같은 질문이 떠오르게 됩니다. 우리한테 증상이란 무엇인가?

삼각구도: 증상·무의식·향락

엄밀히 말해서 증상은 분석에서 하나의 사건événement 입니다. 다시 말해 경험이 나타나는 한 가지 형태입니다. 모든 분석경험이 증상은 아니지만, 치료과정 중에 나타나는 어떤 증상도 분석경험을 구성합니다. 경험은 일회적 현상으로 분석의 경로를 보여주고 거기에 이정표를 세워주는 매우 특수한 순간입니다. 이 경험은 정신분석가가 예상하는 일련의 순간들로 일과성의 순간들이며, 나아가 기하학의 점들만큼이나 관념적인 일련의 순간들입니다. 그렇다고 추상적인 기하학적 점만은 아닙니다. 이 경험에는 경험적인 측면, 심지어 내가 감각될 수 있다고까지 말할 수 있는 면이 있습니다. 환자가 말하고 있으면서도 자신이 말하는 것을 알지 못하는 그 순간들로 나타나는, 감각들에 의해 지각될 수 있는 그러한 측면이 있다는 것이죠. 그것은 우물거리는 순간들로, 이때 환자는 말을 더듬게 됩니다. 환자가 주저함으로 그의 말parole이 단절되는 순간이지요. 라깡학파의 분석가들은 언어langage에 관심을 갖고 있다면서 그들을 언어학자와 같은 부류로 잘못 분류하기도 합니다. 그것은 잘못인데, 정신분석가들은 언어학자가 아니기 때문이에요. 정신분석가들이 언어에 관심을 가지는 것은 분명하지만 언어가 부딪치게 되는 그 한계에 관심을 가질 뿐이죠. 우리는 언어가 여러 갈래로 갈라지고 말이 미끄러지는 그러한 순간들을 주목합니다. 어떤 꿈을 한 가지 예로 들어 봅시다. 우리는 꿈 그 자체보다 꿈을 말하는 방식

분석경험

에 더 큰 중요성을 부여합니다. 또 꿈이 이야기되는 방식뿐 아니라 무엇보다 환자가 의심을 하면서 다음과 같이 말하는 그 지점에 주목합니다. "저는… 모르겠는데요. 더 이상… 기억이 안 나요… 아마도… 어쩌면…." 이것이 바로 우리가 경험이라 지칭하는 지점, 즉 경험의 지각 가능한 측면 입니다. 중얼거림과 의심, 우리를 피해 달아나는 말parole 등이죠.

정신분석의 경험적인 면은 이 정도로 그치고 이제 정신분석의 추상적인 측면에 다가가 분석에 대한 정의를 내려보도록 하죠. 나는 정신분석 경험이 말의 한계를 구성한다고 말한 바 있습니다. 그것은 말이 실패하는 순간인데, 여기서 말이 실패하게 되는 그곳에 향락이 나타난다는 말을 덧붙여야겠군요. 이제 우리의 관심사는 완전히 바뀌었어요. 감각될 수 있는 경험적 영역을 떠나 이론이 돌출하는 영역으로 들어온 것이죠. 라깡 정신분석 이론은 환자가 자신의 말에 추월 당하는 바로 그 순간에 향락이 갑자기 등장한다고 가정합니다. 어째서일까요? 향락이란 무엇이죠? 이 문제는 잠시 저쳐두었다가 성적인 관계란 없다는 두 번째 원리에 착수하게 될 때 다시 다루기로 하죠. 지금은 증상의 개념에 대해 살펴보고 나서 첫 번째 원리에 착수해 봅시다. 앞으로 보게 되겠지만 첫 번째 원리는 무의식이 언어처럼 구성돼 있는 지식이라고 확언합니다.

*
* *

그 질문을 다시 제기해 봅시다. 증상이란 무엇입니까? 일반적으로 알기로 증상은 고통을 가져오는 장애이며 그것이 표현하는 병리 상태를 보여주는 것입니다. 그러나 분석에서 증상은 고통을 주는 장애로서가 아닌 다른 것으로 우리에게 나타나는데, 그것은 무엇보다 우리를 넘어서고, 우리에게 부과되며, 우리에게 설명을 요구하는 불편함malaise입니다. 우리가 특이한 단어와 예상 외의 은유로 묘사하는 불편함이죠. 그러나 그것이 고통이든 그 고통을 묘사하는 독특한 단어든, 증상은 모든 지향성과 모든 의식적 지식을 초월해 생겨나는 비자발적인 행위입니다. 그것은 어떤 병리적 상태를 가리킨다기보다 무의식이라 불리는 어떤 과정를 가리키는 행위지요. 우리 분석가들에게 증상은 무의식의 발현입니다.

증상의 세 가지 특징

증상에는 세 가지 특징이 있습니다(그림 1). 첫 번째 특징은 환자가 자신의 고통을 말하는 방식인데, 이야기의 예기치 않았던 세부사항들 그리고 특히 즉흥적인 말들로 나타납니다. 그 예로 다리를 건너야 할 때 불안을 느끼는 한 여

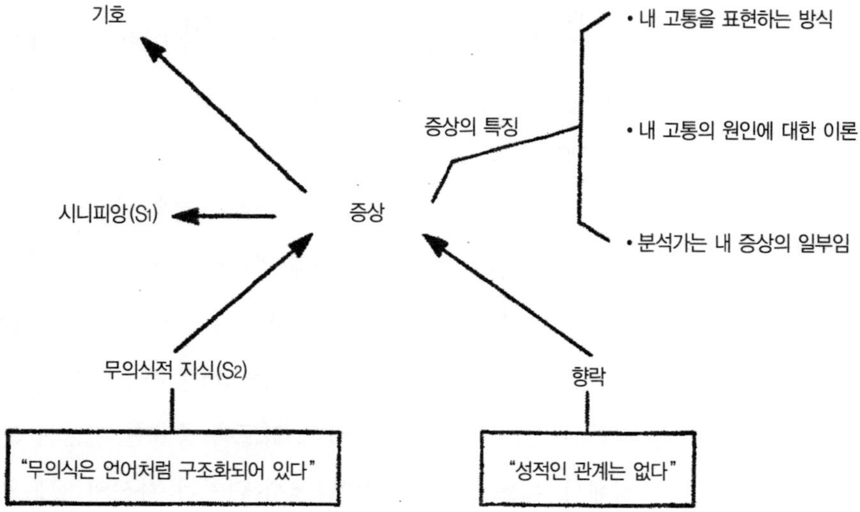

〈그림 1〉 트리아드: 증상과 지식과 향락

성 분석수행자analysant가 생각나는데 그녀는 이렇게 말했습니다. "저는 거기 가기가 너무 힘들어요… 누군가가 동반하지 않으면 건널 수 없어요. 간혹은 혼자 건너갈 수도 있었는데, 그건 다리 반대편 쪽에 순경이나 제복을 입은 경비원의 모습이 얼핏이라도 보일 때였어요." 이 케이스에서 내 관심을 더욱 끄는 것은 공포 불안 그 자체보다 제복을 입은 사람에 대한 세부묘사입니다.

증상의 두 번째 특징은 자신의 불편함을 이해하기 위해 분석수행자가 구성한 이론입니다. 그가 고통을 받는 이유에 대해 자문하지 않는다면 분석에서 고통이란 없기 때문입니다. 프로이트가 소아한테서 유아 성이론의 존재를 지적해냈던 것과 같이 우리도 환자가 자신의 개인적인 이론을 세운다는 것을 인정하게 되는데, 그것은 자신의 고통에 대한 설명을 시도하기 위해 주머니에서 꺼내온 자기 나름의 이론입니다. 증상은 항상 불편함의 원인에 대한 환자 자신의 해석이 동반되는 고통스러운 사건입니다. 하지만 이것은 본질적인 겁니다. 그토록 중요한 까닭은 분석에서, 예를 들어, 예비면담에서 환자가 자신의 질문으로 정곡을 찌르지 못한다면, 다시 말해, 자신의 고통의 원인에 대해 아무런 생각도 없다면, 환자가 자신에 대해서 질문하도록 이끌어줌으로써 '이론'의 출현을 도와야 할 사람은 바로 분석가이기 때문입니다. 한편 분석에서 환자가 자신의 고통을 점차 해석하고 설명하게 될 때 본질적인 현상이 일어납니다. 분석가가 모르는 사이에 서서히 증상의 수취인이 되어가는 겁니다. 내가 내 고통의 원인을 더 많이 설명할수록 내 말을 경청하는 사람은 더욱 내 증상의 대타자가 되어가는 것이지요. 이것이 증상의 세 번째 특징입니다. 즉, 증상은 정신분석가의 존재를 요청하고 포함시킵니다.

정신분석가는 내 증상의 일부다

용어들을 바꾸어 달리 표현해 봅시다. 분석에서 증상의 중요한 특징은, 정신분석가가 그 일부가 되어간다는 것입니다. 이미 잘 되고 있는 치료에서는 증상이 임상가의 존재에 그처럼 긴밀히 연결되어 있어, 하나가 다른 하나를 소환하게 되지요. 다시 말해서 고통스러울 때 나는 분석가를 떠올리게 되고, 내가 그를 생각할 때는 고통에 대한 내 기억이 또한 돌아온다는 것입니다. 그러니까 분석가가 증상의 일부가 되는 것입니다. 이러한 증상의 세 번째 특징이 바로 우리가 분석에서 전이라고 부르는 것이며, 정신분석을 다른 모든 정신치료로부터 구분해 주는 것입니다. 더 정확히 말해, 여러분이 정신분석의 전이에 대해 묻는다면 한 가지 가능한 대답으로 나는 분석가가 환자의 증상의 일부가 되는 분석관계의 특별한 순간으로 전이를 규정하게 될 겁니다. 이것을 라깡은 알-것으로-가정된-주체(sujet-supposé-savoir: S.S.S.로 약칭. 우리말로는 '알가주'로 사용 – 역주)라고 부릅니다. '알가주'라는 표현은 단순히 분석수행자가 분석가를 자신에 대한 지식savoir의 소유자로 가정한다는 것만을 의미하지 않습니다. 분석가가 안다는 것을 환자가 단순히 가정하는 것만이 아니라 분석가가 환자 고통의 근원이나 어떤 의외의 사건의 근원에 있다고 가정한다는 겁니다. 내가 고통을 받을 때나 나를 놀라게 할 어떤 사건과 마주쳤을 때 나는 내 분석가를 떠올리게 되는데,

분석가가 그 원인들의 하나일지 모른다는 의심을 피할 수 없을 정도까지 된다는 것이죠. 예를 들어, 진행되고 있는 어떤 분석에서 환자는 이렇게 선언합니다. "분석에 나온 후로 제게 일어나는 모든 일이 선생님과 함께하는 이 작업과 관련이 있다는 인상을 받아요." 임신한 그 여자는 이렇게 말할 겁니다. "임신 중인데요, 임신이 저의 분석과 직접적으로 연결되어 있는 게 확실해요." 그런데 "제 분석과 직접적으로 연결되어 있다"는 것은 무슨 뜻일까요? 그 말은 어떤 면에서 분석가가 아이의 정신적 아버지이고 그 사건의 원인이라는 뜻입니다. 분석가가 증상의 일부라는 말은 그가 증상의 원인의 자리에 있다는 것을 의미합니다. 따라서 '알가주'라는 라깡학파의 표현은 분석가가 증상의 수취인 자리를 차지한다는 뜻이고, 덧붙여 그가 그 증상의 원인이라는 것을 의미합니다.

정신분석가는 증상의 대타자이다

치료를 이끌어야 하는 임상가로서, 분석시간séance들이 쌓어떻게 부지중에 서서히 추정supposition의 현상이 분석수행자의 증상 속에 분석가를 포함시키고야 마는지를 이해하는 것은 매우 중요합니다. 특히 내게 슈퍼비전을 받던 한 분석가가 생각나는데, 그는 2년이나 함께 작업해왔지만 여전히 강박 신경증에 시달리는 어떤 환자에 대한 어려움을 내게 보고했습니다. 나는 다음과 같이 답해 주었습니다. “2년 동안 분석했는데도 환자가 강박신경증을 갖고 있다고 생각되거든 환자 말에 경청하면서 그의 신경증 증상이 당신과 관련돼 있다는 것을 염두에 두세요. 그래요. 당신이 분석수행자가 앓고 있는 그 강박사고의 일부가 돼 있다고 스스로에게 되뇌이며 환자를 경청해보는 겁니다.” 신경증에 대한 정신의학적 진단과 정신분석적 포착 사이의 커다란 차이는 참여된 청취라는 이러한 특성에 있음을 유의해야 합니다. 분석가는 환자의 신경증을 진단할 때 그 자신이 진단한 증상의 일부가 된다는 것을 압니다. 요컨대 추정이란 현상은 분석에서 일어나는 모든 사건들을 동반하게 됩니다. 즉, 환자에 의해 ‘해석되지’ 않는 고통스런 사건이란 없다는 것이죠. 환자의 말과 고통과 신념들이 임상가라는 사람을 조금씩 둘러싸 완전히 덮어버리게 되는 겁니다.

*

하나의 증상은 하나의 기호이다

실제로 증상의 이 두 가지 측면을 구별함으로써 증상의 특징들을 다른 개념적 각도에서 고려해 볼 수 있는데, 한편으론 기호의 측면에서 또 한편으론 시니피앙의 측면에서 생각할 수 있습니다. 기호로서의 측면은 앞서 언급한 추정 현상과 긴밀하게 연결돼 있습니다. 기호로서의 증상의 이런 측면은 우리에게 다음과 같이 말해줍니다: 고통스럽고 놀라운 사건이 벌어지면, 환자는 그것을 설명하게 되고 또 즉각 분석가를 증상의 대타자임과 동시에 증상의 원인으로 보게 된다. 라깡이 제시했던 기호의 정의는 이런 것입니다 – 기호는 누군가에게 어떤 것을 표상하는 것이다. 사실 이것은 미국인 논리학자 찰스 샌더스 퍼스[1)]가 규정해둔 정의입니다. 증상은 앓고 있는 사람에게 어떤 것을 표상하고 간혹은 경청하는 사람에게 어떤 것을 표상하기도 합니다. 예를 들어 그 젊은 여인에게 임신은 분석작업의 결실을 표상하고 임상가한테는 치료효과들 중 하나를 표상합니다. 이런 것들이 기호로서의 증상의 측면입니다. 이것이 전이를 불러오고 발달을 부추기는 요인이 됩니다.

이제 우리는 시니피앙으로서의 증상에 대해 논하려고 합니다. 증상의 두 가지 측면 중 이것이 우리한텐 가장 중요합니다. 왜냐하면 이런 시니피앙의 측면이 무의식의 구조를 이해하게 해주기 때문이죠. 시니피앙으로서 증상은

1) 나지오가 참조하는 구절은 다음과 같다. "기호나 표상체representamen는 어떤 측면이나 능력에 있어 누군가한테 어떤 것을 나타내는 그런 것이다. 그것은 누군가한테 말을 건네는데, 다시 말해서, 그 사람의 마음속에 등가적인 기호 혹은 아마 더욱 발전된 기호를 창조해낸다." 『퍼스의 철학 저술』 J. Buchler 편집(뉴욕: 도버출판사, 1955), p. 99에 실린 Charles S. Peirce의 『기호학으로서의 논리: 기호의 이론』을 참조.

우리에게 이것을 알려줍니다: 내 의지에 반해 내게 부여된 이 고통은 이것에 철저히 연결되어 있는 다른 사건들 가운데 하나의 사건이 되는데, 그 사건은 기호와 달리 아무런 의미도 없습니다. 그런데 시니피앙적 사건이란 무엇인가요? 더욱 일반적으로 말해서 시니피앙이란 무엇일까요?

시니피앙이란 무엇인가?

시니피앙은 서술적 범주가 아니라 형식적인 범주입니다. 그것이 무엇을 가리키는지는 중요치 않습니다. 우리는 증상의 모습에 사로잡혀 있었지만 시니피앙은 실언이나 꿈, 혹은 꿈 이야기, 그 이야기의 세부묘사일 수 있고, 몸짓 자체나 음성, 심지어는 침묵일 수도 있으며 정신분석가의 해석일 수도 있습니다. 이 모든 발현들은 세 가지 기준에 합치되는 조건하에 시니피앙적 사건들이라고 마땅히 불릴 수 있는데, 그 기준들은 시니피앙이란 용어의 어원이 언어학적임에도 불구하고 비언어학적인 것입니다.

- 시니피앙은 언제나 말하는 존재의 비자발적인 표현입니다. 어떤 몸짓도 모든 지향성과 의식적 지식을 넘어서 실행되는 서투르고 뜻밖의 것일 때에만 그것은 시니피앙이 됩니다.
- 시니피앙에는 의미가 없습니다. 아무것도 의미하지 않

기에 설명 가능성이나 불가능성의 양자택일에 들지 않습니다. 시니피앙적 사건으로서의 증상은 분석수행자의 추정도 정신분석가의 공식화도 불러오지 않습니다. 한마디로 시니피앙은 단지 존재할 뿐입니다.

- 시니피앙은 존재합니다. 만약 그것이 다른 시니피앙들 전체와 연결되어attaché 있다면, 그렇습니다. 그것은 그것과 연접되어 있는 다른 시니피앙들 중의 하나입니다. 그런데 이 일자의 시니피앙Un은 분석수행자나 분석가에 의해 지각되지만 이 일자와 연접돼 있는 다른 시니피앙들은 지각되지 않습니다. 그것들은 전에 이미 현실화되었거나 아직 현실화되지 않은 잠재적 시니피앙들이죠. 일자의 시니피앙과 다른 것들 사이의 연접은 매우 긴밀하므로 일자에 대해 생각할 때는 그것이 단독으로 있다고 생각해서는 안 됩니다. 라깡의 경구 한 마디가 이러한 관계성을 잘 요약해주고 있습니다: 시니피앙은 오로지 다른 시니피앙들에 대해서만 시니피앙일 뿐이다.[2)]

이런 형식적인 연접의 효과는 실천적인 것입니다. 다시

2) 이 경구는 우리가 다룰 세 번째 항목인 주체를 포함시키지 않으면 불완전하다. 시니피앙은 다른 시니피앙들에 대해서 위하여 주체를 표상한다. 여기서 주체는 개인과 혼동되지 말아야 하며, 분석경험의 주체라는 추상적 개념으로 봐야 한다. 무의식의 주체라는 라깡의 개념은 이 책 마지막 장에서 다루게 될 것이다.

말해 시니피앙은 분석가한테도 분석수행자나 그 누구한테도 시니피앙이 아닙니다. 오로지 다른 시니피앙들에 대해서만 시니피앙일 뿐입니다. 그러므로 시니피앙은 생겨나자마자 이미 지나간 다른 시니피앙들을 상기시키거나 곧 도달하도록 돼 있는 시니피앙들을 예고한다고 밖에는 말할 수 없습니다. 예를 들어 나는 내가 알지 못한 채로 내뱉는 '현행진술un dit'과 같이 내 의도를 넘어서는 어떤 증상 때문에 깜짝 놀랄 수 있습니다. 나는 그것을 고통스러운 사건으로 감내할 수도 있고, 그것을 해석하고 생각하며 그것에 의미를 부여할 수도 있습니다. 하지만 내가 어떤 추정을 하건 3일 후나 1년 후에 그 사건이 비슷한 사건으로 다시 재생되거나 통제되지 않는 의외의 다른 사건의 모습으로 나타나는 일을 피하지 못할 겁니다. 바로 이때가 "근데 어떻게 이게 가능하지? 내 안에 무엇이 있길래, 이 증상이 억제할 수 없이 재출현하고 가차없이 반복되는 거지?"라고 내가 자문하는 때지요. 여기서 우리는 반복이란 문제와 만나게 되는데, 반복은 특히 두 번째 강의에서 자주 다루게 될 주제입니다. 지금으로서는 다음의 핵심 개념만 유념해 두도록 하죠: 한 가지는, 예를 들어, 교각에 대한 공포증처럼 증상의 구체적이고 개별적인 실제입니다. 또 하나는 이 동일한 증상의 시니피앙적 지위입니다. 동일한 공포증이지만 시니피앙을 규정하는 세

시니피앙은 반복된다

가지 기준에서 그것을 고려해보는 겁니다. 개별적 실제란 관점에서 보면 모든 증상들이 서로 다르고 그 자체로 동일하게 반복되는 일은 결코 없습니다. 한편 증상들의 형식적·시니피앙적 가치의 관점에서 본다면 모든 증상들이 동일해요. 일자의 자리에 한번씩은 번갈아 가며 나타나기 때문이죠. 그러므로 라깡의 반복 개념의 핵심에 있는 본질적인 아이디어는 이것입니다: 일자의 시니피앙 자리를 차지하는 모든 사건들은, 그것들의 다양한 구체적 실제가 어떠하든, 형식상 동일한 것으로서 반복이 된다. 이 문제는 나중에 또 다루기로 합시다.

알다시피 증상의 시니피앙적인 측면은 그것이 의미도 없고 반복될 준비가 된, 본의 아닌 사건이라는 사실입니다. 요컨대 내가 그 원인도 의미도 그것의 반복도 통제하지 못하는 그러한 사건으로서 증상을 여긴다면 그것은 시니피앙적 사건, 곧 하나의 시니피앙입니다.

라깡은 시니피앙적 사건을 S_1이란 표기법으로 쓰고 있습니다. 1이란 숫자는 이것이 유일한 사건이라는 것을 표시하는데, 증상은 항상 일자의 차원에 속합니다. S라는 글자는 시니피앙임을 표시합니다. 그렇다면 증상이 시니피앙적 측면을 지녔다고 여기는 것은 그것이 일자이고 이 일자가 환자를 덮치며 그도 모르는 사이에 그에게 부여된 후 반복된다는 것을 가리킵니다. 이는 곧 다른 일자, 그 다음 또 다른 일자… 이런 식으로 계속 일자의 시니피앙이 등장할 것이라는 뜻입니다.

증상은 질문하는 고통이다

하지만 증상이 시니피앙이라고 주장하는 것은, 그것이 고유한 일자이며 우리에게 부과되고 우리를 피해 달아나며 반복될 준비가 돼 있다는 것을 강조할 뿐만 아니라 무엇보다 적절한 때에 갑작스럽게 등장해 우리에게 질문을 던진다는 점을 강조하는 것입니다. 시니피앙으로서의 증상은 이를테면 우리가 수동적으로 겪어내는 어떤 고통이 아닙니다. 그렇죠. 그것은 질문을 던져오는 고통이고, 어쩌면 적절한 고통입니다. 그것은 잊어버리고 지내왔던 우리 역사의 사실들을 우리에게 가르쳐주는 메시지이고 여태 모르고 지내왔던 것을 우리에게 알려주는 메시지로서 적절한 고통이죠. 시니피앙의 또 다른 사례는 재치 있는 재담입니다. 재담은 자기도 모르게 말하게 되는 자연스런 응수로 생각되지만 때맞춰 너무도 적절해 모든 사람을 웃겨놓습니다. 한편 증상도 동일한 자질을 지녔을 수 있어요. 그것은 아주 시의적절한 방식으로 주체의 삶에 나타날 수 있는데, 증상의 이런 고통스러운 특성에도 불구하고 그것은 퍼즐에 결여돼 있는 조각처럼 보입니다. 일단 제자리에 놓이게 되면 퍼즐이 완성되지는 않더라도 우리 삶을 새로운 각도로 보여주게 될 그 빠져있던 조각처럼 말이죠.

증상의 시니피앙적 효과는 환자에게 또 흔히 분석가에게 새로운 질문을 불러일으키는, 꼭 필요한 그 조각처럼 정확한 순간에 나타난다는 적절성에 있는데, 여기서 질문이란 어떤 지식으로 간주되는 무의식으로 접근하게 하는 적합한 질문을 말합니다. "그런데 그 증상이, 내가 고통스러워한다는 사실과 상관 없이, 적절하게 때맞춰 다시 나타나 내 삶을 새롭게 조명해주는 일이 어떻게 해서 가능할까요? 도대체 내 의지를 넘어 내 증상들의 반복을 조성하며, 내 불행은 오로지 내 욕망 때문이라는 것을 알도록 딱 적절한 이 시간에 그것들 가운데 하나가 떠오르도록 보증하는 그 조합이란 무엇일까요?" 이 질문은 증상의 원인에 관한 문제를 제기하고 '알가주'를 설정하던 질문과는 매우 다릅니다. 여기서 주체는 더 이상 증상을 기호로서 검토하지 않는데, 그의 마음을 사로잡는 것은 '왜'가 아니라 '어떻게 해서'이기 때문이죠. 그의 인생에서 사건들의 행렬은 어떻게 조직될까? 반복의 질서는 무엇인가? 이런 질문이 합당한 이유는 구조로서의 무의식이란 가설로 이끌어가기 때문입니다. 여러분들이 더 잘

누가 알았을까?

이해하도록 기호와 시니피앙의 차이를 다시 한번 분명히 밝혀보죠.

자, 봅시다. 증상의 고통을 원인의 각도에서 접근하는 일은 증상을 기호로서 다루는 겁니다. 한편 내가 알지 못하는 어떤 지식에 의해 적절한 타이밍에 내게 부과된 것처럼 증상을 겪고 있는 나 자신을 갑자기 발견하게 된다면, 그것은 증상을 시니피앙으로 인식하는 겁니다. 경악하는 분석수행자의 질문을 다시 생각해 보죠. 무의식을 향해서 문을 여는 그 질문 말입니다: "누가 알았을까? 내가 이해할 수 있도록, 모두를 웃게 하는 그 말과 나를 깨우쳐주는 이 증상이 정확히 그 순간에 일어나야 한다는 것을 누가 알고 있었을까?" 분석이론이 제공하는 답은 이렇습니다. "우리를 놀래키고, 이해하도록 하기 위해서 증상이나 재담을 적절히 배치하는 법을 알았던 것은 주체가 아니라 *무의식적 지식* 무의식적 지식이다." 그렇습니다. 무의식은 실상 주체가 운반하고 있지만 그가 알지 못하는 어떤 지식의 질서지요. 무의식은 주체로 하여금 자신이 무슨 말을 하는지 알지 못한 채 올바른 순간에 올바른 말을 하게끔 하는 지식이기도 하고, 동일한 말을 나중에 다른 곳에서 반복하도록 명령하는 지식이기도 합니다. 요약해보면, 무의식은 어떤 지식입니다. 왜냐하면 올바른 말을 올바른 순간에 위치시키는 방법을 알고 있을 뿐 아니라 반복의 특성을 보증해주기 때문이지요. 한마디로 이렇게 말할 수 있습니다. "무의식은 반복에 대한 지식이다."

그런데 반복은 무엇일까요? 반복에 대한 핵심 개념을 상기해 봅시다. 한 가지 시니피앙이 똑같이 반복된다는 사실은 일자라는 형식적인 장소를 차지하는 사건이 항상 존재한다는 뜻인데, 한편으론 부재하는 잠재적인virtuel 다른 사건들이 그 일자의 자리를 차지하려고 대기하고 있음을 뜻하지요. 나는 우리가 두 가지 심급instance과 대면하고 있음을 강조하는데, 첫 번째는 실제로 갑자기 일어나는 사건에 상응하는 일자의 심급이고, 두 번째는 일자라는 자리를 이미 거쳐갔거나 차지하게 될, 다른 모든 사건들의 심급입니다. 무의식은 반복의 지식이라는 주장이 뜻하는 것은 그것이 합당한 순간에 합당한 말을 위치시킬 수 있는 지식일 뿐만 아니라, 외현화된 일자의 시니피앙이 차지하고 있는 그 자리를 언젠가 차지했거나 차지하게 될 요소, 곧 미래의 요소들의 회전목마가 돌아가게끔 하는 지식이라는 뜻도 됩니다. 무의식은 반복을 보장하는 운동 혹은 일자의 장소가 새로운 시니피앙에 의해 점유되도록 보장하는 운동입니다. 요컨대, 내가 이런 형식주의적인 시각으로 무의식적 지식의 역동성에 대해 여러분에게 알려주고자 하는 건 무엇일까요? 바로 이겁니다: 무의식은 행위들, 사건들 혹은 하나의 시니피앙을 규정하는 조건들에 맞는 퍼즐들(무의지적이고 시의적절하고, 부재한 잠재적인 다른 사건들과 연결돼 있는 하나의 사건으로 파악될 수 있는 의미 없는 어떤 표현)을 통해 끊임없이 외면화되는, 지속적으로 활성화된 어떤 과정이다.

*

무의식은 시니피앙들의 순환이다

하지만 치료에서 무의식이 차지하는 자리를 분명히 보여주기 위해서는 중요한 지점을 하나 짚고 넘어가야 할 것 같군요. 지금 이 순간 내가, 예를 들어, 실언의 형태로 한 가지 증상을 드러낸다고 상상해 봅시다. 아마도 이 증상은 우선은 내게 나타나고 그 다음에는 나한테뿐 아니라 다른 곳에서도 반복될 수 있는데, 내가 전이적 관계를 맺고 있는 다른 주체의 말에서도 반복될 수 있지요. 이렇듯 시니피앙은 일자의 빈칸을 차지함으로써 반복됩니다. 그리고 이 빈칸은 이 사람 또는 저 사람에게서 차별없이 찾아볼 수 있어요. 시니피앙이 이 주체에서 저 주체로 어찌나 튀는지, 그 반복의 연속, 곧 시니피앙들의 연쇄, 다시 말해서 이미 반복되었거나 반복될 요소들의 질서정연한 순환고리인 이 행렬이나 구조는 특별히 어느 누구에게도 속하지 않죠. 개인적인 구조란 없으며 개인적인 무의식도 없습니다. 정신분석가의 해석을 예로 들어봅시다. 치료과정에서 특별한 순간은 아마도 분석가가 해석을 주는 순간일 겁니다. 그런데 해석은 엄밀한 의미에서 분석가의 지식의 표현이 아니라, 분석가의 무의식의 표현에 다름 아닙니다. 나는 여기서 해석이 임상가한테 어떻게 다가오는지 이해하기 위해 이 주체에서 저 주체로 뛰어다니는 시니피앙의 반복이란 견해를 적용한다면 우리의 표현문구도 바꿔야 한다고 강조하고 싶군요. "해석이 정신분석가의 무의식을 표현한다"라고 말하는 대신에 이렇게 고쳐서 말해야 할 것입니다: "해석은 어제 분석수행자의 말le dire에서 나타난 증상을 오늘 분석가의 말 가운데서 반복하는 것이다." 혹은 이렇게 말해야 할 겁니다. "분석가에 의해 표명된 해석이 분석수행자의 무의식을 실재화한다." 혹은 더 나은 표현으로 이렇게 말하든가요: "해석은 분석의 무의식l'inconscient de l'analyse을 실현시킨다." 그렇지만, 시간과 장소에 맞춰 동일한 시니피앙적 요소가 다양한 주체들에게 연속적으로 출현, 소실, 재출현이 되는 이 과정은 전이관계가 잘 형성될 때에만 작동된다는 것을 기억합시다.

분석가와 분석수행자를 연결하는…

*

요약하자면, 언어의 구조와 이로부터 나온 파생명제를 가지고 있는 어떤 지식으로서 무의식을 규정하고 있는 첫 번째 원리를 뒷받침 해주는 논거는 다음과 같습니다.

무의식은 시니피앙의 반복 작업으로 짜이는 씨실, 더 정확히 말해서 무의식은 사건들의 잠재적 연쇄, 즉 자신이 무엇을 말하는지 모르면서 주체가 무심코 내뱉는 시의적절한 '말un dit'로 구체화될 수 있는 '말들les dires'[3]의 잠재적 연쇄입니다.

주체가 자신도 모르게 언술하고, 잠재진술들의 무의식적 연쇄를 실현시키는 이 '현행진술'은 분석의 파트너 중 어느 쪽에서든 재출현할 수 있습니다. 그 '현행진술'이 분석수행자한테 분출할 때는 그것을 특히 증상이나 실수 혹은 재담이라 부르고, 그것이 정신분석가한테 나타나면 해석이라고 부릅니다. 여러분도 알다시피 무의식은 존재들을 연결하고 묶어둡니다. 내가 보기엔 이것이 라깡의 기본적인 아이디어예요. 무의식은 분석 파트너들을 연결시키는 언어입니다. 다시 말해 신체는 분리시키는데 반해 언어는 연결시키고 향락은 분리시키는데 반해 무의식은 묶어둡

3) 여기서 le dit와 les dires를 구별할 필요성이 있음. les dires는 잠재적 연쇄에서 튀어나와 앞으로 말하게 될 말들이라는 복수형으로 표현되어 있어서 '잠재진술'로 번역하고, le dit는 증상이나 실언 등으로 진술되는 것이라서 잠재진술과 대조적인 의미로 '현행진술'이라 번역하고자 함 – 역주

니다. 우리는 신체와 향락의 문제로 되돌아갈 것인데 구조화된 무의식이라는 이 명제 덕분에 벌써부터 우리 환자들과의 작업에 중요한 파생명제를 연역해 낼 수 있게 됩니다.

둘 사이의 무의식

무의식이 분석 파트너들 가운데 한쪽에 의해 언술된 '현행진술'로 실현되는 반복적인 시니피앙들의 구조라면, 다음의 결론으로 이어지게 됩니다: 무의식은 각자에게 속하는 개인적인 것이 될 수 없다. 따라서 우리는 더 이상 분석가에게 고유한 무의식을 할당해줄 수도 없고 분석수행자에게 고유한 무의식을 부여해줄 수도 없다. 무의식은 개인적이지도 않고 집단적이지도 않습니다. 오히려 무의식은 분석 당사자들 그 어느 쪽도 횡단해버리고 둘을 모두 포함하는 유일한 실체로서 둘 사이에 있는 공간에 생성됩니다.

*

이렇게 우리는 첫 번째 기본원리를 세우게 되었습니다: "무의식은 언어처럼 구조화되어 있다." 그간의 모든 논의들 뒤에 우리는 이 문구를 "무의식은 언어처럼 구조화된 지식savoir이다" 혹은 더욱 단순히 '구조화된 지식'이라고 고쳐서 말해도 될 것입니다. 라깡이 이 공식을 처음으로 언술했을 때 그는 은유와 환유의 언어적 범주들에 의거해서 잠재진술들의 무의식적 연쇄를 생각해냈습니다. 그런 다음 무의식의 언어적 구조를 지배하는 법칙을 더욱 엄격히 세우기 위해 형식논리라는 개념 도구를 동원하였지요. 이 강의에서 다시 틀림없이 무의식 구조의 기능을 언급할 기회가 있을 테니, 지금은 첫 번째 원리에 대한 최초 진술을 붙드는 것으로 만족하도록 하죠. 이 진술에 따르면, 잠재진술들의 무의식적 연쇄는 언어처럼 구조화되어 있지요. 즉, "무의식은 언어처럼 구조화되어 있는 지식이다."

*
* *

두 번째 기본원리는 향락과 관련돼 있고 다음과 같이 진술됩니다: "성적인 관계라는 것은 없다. Il n'y a pas de rapport sexuel." 라깡의 향락이란 개념의 의미를 잘 이해하고 두 번째 원리를 정립하기 위해서는, 우리에게 길잡이가 돼 주는 증상으로 다시 돌아가서 증상에 대한 프로이트의 견해들을 살펴볼 필요가 있어요.

무의식에 관한 첫 번째 원리를 정당화하기 위해 나는 증상의 세 가지 특징을 기술한 바 있습니다. 서사에서의 불일치라는 경험적 측면, 환자는 물론 분석가에게서도 추정들을 끌어내는 기호라는 지위, 마지막으로 모든 의도성을 초월해 깜짝 놀라게 하고 강제로 부과되면서 반복되는 시니피앙으로서의 지위가 바로 증상의 세 가지 특징이죠. 그런데도 우리는 증상의 가장 뚜렷한 측면, 증상을 앓는 사람에게 만져질 정도로 가장 확실한 그 측면은 아직 말하지 않았어요. 그건 고통 받고 있다는 사실 자체, 정신장애로 유발된 그 고통스런 감각입니다. 사실 증상이란 고통스러운 발현들입니다. 심한 혐오감 때문에 취하게 되는 쓸데없는 행동들이죠.

증상은 고통이면서 동시에 완화다

하지만 자아에게 증상은 본질적으로 시니피앙에서 오는 고통을 뜻하는데 반해 무의식한테는 증상이 충족을 즐긴다는 뜻이 됩니다. 그래요, 충족의 향유죠. 왜냐하면 증상은 고통이면서 동시에 완화이기 때문인데, 자아한테는 고통이고 무의식한테는 완화인 겁니다. 하지만 어째서 완화일까요? 어떻게 증상이 완화시키고 해방시킨다고 할 수 있을까요? 어떤 압박으로부터 우리를 자유롭게 할까요? 여기서 주목할 건, 향락의 주된 모습으로 꼽는 것들이 바로 이렇게 진정시키고 해방시키는 증상의 효과들이라는 겁니다.

여기서 잠깐 멈춰 더 일반적인 질문들을 해봅시다: 향락은 무엇이며 어떤 다양한 형태를 띨까요? 라깡이 제시한 향락 이론은 향락하기의 세 가지 유형을 구분하고 있는 복잡한 구조입니다. 향락의 문제는 이번 강의에서 자주 취급할 기회가 있겠지만, 나는 곧장 향락의 핵심을 다루려 합니다. 우선 용어부터 명확히 해보죠. 향락이란 단어는 관능volupté이란 생각을 자연스럽게 떠올려줄 겁니다. 흔히 있는 일이지만, 정신분석 어휘목록에 있는 어떤 단어는 그 단어의 일상적인 의미에 너무 희석된 나머지 이론가의 정교화 작업이 단어의 일반적 의미에서 분석적 의미를 떼어내는 일로 축소되어버리곤 합니다. '향락'이란 단어에 대해서도 동일한 작업이 요구되는데 향락을 오르가슴의 관념으로부터 분명히 분리시켜야 하죠. 그러므로 내가 '향락하다' 또는 '향락'이란 단어를 쓸 때마다 그 오르가슴적 쾌락에 대한 참조는 잊어주기 바랍니다.

*

정신에너지의 세 가지 운명

위 내용들을 염두에 두고서, 이제 향락의 개념 자체에 접근해 볼까요? 라깡의 향락의 이론을 설명하기 위해 우선 정신에너지에 대한 프로이트의 주장들을 내가 이해한 방식으로 떠올려 보겠습니다. 먼저 전제부터 설정해 봅시다. 프로이트에 따르면 인간에게는 불가능한 목표를 이루려는 열망이 스며들어 있는데, 언제나 그것은 항속적이고 결코 실현되지 못하는 열망입니다. 절대 행복을 추구하는 이 열망은 다양한 형태를 취하는데, 여기에는 근친상간에서 경험할 것으로 가정되는 완벽한 성적 쾌감도 포함되죠. 욕망이라 불리는 이 열망, 신체의 성감대에서 태어난 이 약동élan은 정신적 긴장의 고통스런 상태를 생성해내는데, 그 긴장은 욕망의 욕동이 억압이란 제방에 의해 제압됨으로 더욱 커지게 됩니다. 억압의 벽에 부딪치면 욕망의 추동poussée은 대조되는 두 가지 경로를 동시에 차용할 수밖에 없습니다. 하나는 에너지를 풀어주고 해소시키는 배출의 경로고, 또 하나는 잔류에너지처럼 에너지가 보존되고 축적되는 보유의 경로지요. 한 부분은 억압을 가로질러 에너지의 소비 형태로 외부로 배출되는데, 매번 그 소비에는 무의식의 발현물인 꿈이나 실언 혹은 증상이 동반됩니다. 우리가 증상에 관해 말하던 그 완화효과를 가져다주는 것이 바로 이런 불완전한 배출이죠. 억압 장벽을 넘지 못하고 정신계통 안에 갇혀 있는 다른 부분은 에너지 과잉으로서 성감대를 과도하게 자극하고 내부긴장 수준을 끊임없이 과활성화시키죠. 이런 에너지 과잉이 항상 높은 긴장 수준을 유지시킨다는 말은 욕망의 근원인 성감대가 끊임없이 자극되고 있다는 뜻입니다. 여기서 우리는 또한 정신에너지의 세 번째 운명을 상상해 볼 수 있어요. 이것이 완전히 가설적이고 이상적인 이유는, 에너지의 완전한 배출이라는 이 제3의 가능성은 결코 욕망에 의해 실현되지 않기 때문이죠. 다시 말해서, 억압에 의한 방해나 다른 어떤 제한도 없이 성취되는 배출이란 있을 수 없다는 뜻입니다. 이 세 번째 운명은 프로이트가 말한 바 있는, 결코 얻어질 수 없는 완벽한 성적 쾌락만큼이나 가설적인 상태로 남아 있죠.

향락의 세 가지 상태

그래요. 나는 차차 재조정해갈 다음과 같은 대조를 여러분한테 제시하려고 합니다. 내 생각에 정신 에너지의 이 세 가지 운명은 라깡이 가리킨, 향락의 세 가지 상태 – 남근적 향락, 잉여향락, 대타자의 향락 – 에 상응합니다. 남근적 향락은 에너지의 부분 배출시에 해소된 에너지에 상응하며 상대적 완화 효과, 다시 말해, 무의식적 긴장의 불완전한 완화 효과를 갖게 됩니다. 이러한 향락의 범주를 남근적이라고 부르는 까닭은 배출 통로를 열고 닫는 경계가 남근이기 때문이에요. 프로이트는 억압이라고 말했을 겁니다. 사실 남근은 발산되는(배출되는) 향락의 부분과 무의식 계통에 남아있는(잔류성 과잉) 향락의 부분을 통제하는 장벽으로서 기능합니다. 여기서 라깡이 남근을 향락의 장벽으로 개념화했던 이유에 대해서는 자세히 말할 수 없어요. 이에 대해서는 조금 후에 설명하도록 하죠. 일단 남근 기능의 본질은 외부에 대한 향락의 접근을 여닫는 것이라고만 기억하기 바랍니다. 어떤 외부일까요? 그것은 예상치 못한 사건들, 말들, 환상들 그리고 모든 무의식의 외부적 생성물

남근적 향락

인데, 그 중의 하나가 증상이죠.

잉여향락

다른 범주인 잉여향락plus-de-jouir은 이와 대조적으로 정신 계통에 갇혀 있고 그 출구가 남근에 의해 막혀 있는 그런 향락을 말합니다. '잉여적plus'이란 부사는 잔여향락인 배출이 안 된 에너지의 부분을 가리키며, 그 잉여가 내부 긴장의 강도를 계속 높여가지요. 또 우리가 말하는 이 잔여향락은 입, 항문, 질, 음경에 깊이 패인 홈 등 신체 구멍들에 깊이 뿌리 내리고 있다는 점도 주목해 봅시다. 욕망의 추동은 이런 성감대들에서 태어나는데, 잉여향락이 이에 화답하여 성감대를 끊임없이 자극함으로써 성감대들이 성욕을 계속 불러 일으키게 합니다. 이 잉여향락의 범주에 대해서는, 나중에 라캉의 타대상 개념과 환자-분석가 사이에서 타대상이 차지하는 위치를 공부할 때, 다시 여러 번 다루게 될 것입니다.

대타자의 향락

마지막 세 번째 범주는 대타자 향락으로, 이것은 긴장이 어떤 제한도 없이 완전히 배출돼 버리는 이상적인 경우에 해당하는데, 이는 근본적으로 가설적인 상태지요. 이것은 주체가 대타자에게 가정하는 향락으로, 대타자 역시 어떤 가정된 존재지요. 절대적이고 불가능한 행복의 지평선에 놓여 있는 이 지점, 이런 이상적 상태는 바라보는 각도에 따라 다양한 형태를 띠게 됩니다. 예를 들어 강박신경증 환자한테, 가닿을 수 없지만 항상 존재하는 지평은 죽음입니다. 반면, 히스테리 환자한테 그와 동일한 지평은 광기의 바다처럼 펼쳐져 있죠. 동일한 지평을 오이디푸스기 소아의 욕망에서 본다면, 그것은 최대로 실현된 욕망, 곧 최고의 향락으로 간주되는 근친상간적인 신화적 인물이 됩니다. 하지만 이상적으로 욕망이 죽음에서처럼 긴장의 완전한 중단에 의해 성취되든, 혹은 반대로 근친상간 행위의 완벽한 향락에서처럼 긴장의 최고조에 의해 성취되든, 과도하고 적대적인 이 모든 형태들이 욕망을 유지시키는 허구적인 모습, 매혹적이고 기만적인 신기루라는 점에는 변화가 없지요.

*

그런데 정신분석은 이런 신기루들 중에서도 하나에게만 특권을 부여해 그 한 가지를 알 수 없는 것의 지위, 곧 이론이 한계에 부딪치는 미지의 실재계라는 반열로 끌어올립니다. 인간이 신기루에 잡히는 바로 그곳에서 정신분석은 그 지식의 한계를 인정하게 됩니다. 그런데 이 신기루는 무엇이죠? 그건 오이디푸스기 아동의 눈을 사로잡고 속이는 미끼로, 이 미끼는 아이에게 완벽한 향락이 존재하며 실현 가능한 근친상간적 성 관계시에 그 향락이 경험될 수 있다고 믿게 만들지요. 바로 이런 이유 때문에 형태가 어떠하든 향락은 언제나 성적인 향락으로 남게 됩니다. 성기적 의미에서 성적인 것이 아닙니다. 근친상간적인 행위로 완성되어야 하는, 다시 말해, 대타자에 의해 절대적인 성적 쾌락의 형태로 경험되어야 하는 신화적 운명이 강하다는 점에서 성적이라는 것이죠. 이때 대타자는 신이건 어머니건 혹은 전능 환상에 빠진 주체 자신이건, 어떤 신화적 인물이라도 대타자가 될 수 있습니다. 여기서 우리가 말하는 근친상간은 신화적인 형태라는 것을 분명히 해두어야겠군요. 그 형태는 딸에 대한 아버지의 민망스런 성폭행이나 아들의 신체에 대한 어머니의 불순한 애무 등 구체적이고 병적인 실제와는 관련이 없습니다.

근친상간적인 성적 관계는 불가능하다…

아닌 게 아니라 정신분석은 그 지식의 한계를 최대한 명확히 하려는 학문으로서, 오이디푸스적 아동한테는 성적 관계가 가능할 것만 같은 바로 그 장소가 실은 성적 관계가 불가능한 것으로 판명되는 지점이라는 것을 벌써부터 이해했습니다. 신화적인 이 아이가 대타자의 향락 –근친상간적인 성적 관계에서 오는 이상향적 관능– 을 가정하는 바로 그 지점에서 정신분석은 대타자가 존재하지 않으며 이러한 성 관계는 주체에 의해 실현될 수도 없고 이론으로 구성될 수도 없다는 것을 알고 있습니다. 인간이 언어와 시니피앙들 그리고 특히 남근 같은 갖가지 종류의 장애물을 반드시 조우하게 된다는 것을 정신분석은 임상경험을 통해 알았기 때문이지요. 욕망의 완전한 실현을 향하는, 다시 말해, 향락을 향해가는 이상향적 곡선을 중단시키는 온갖 한계들에 부딪히고야 마는 것이 인간이라는 것을요.

…주체에 의해 실현하기가…

그런데 우리가 그 향락을 탐하거나 두려워하는 아이를 떠올리며 '대타자의 향락'이라 부르는, 그곳은 불가능한 근친상간의 장소일 뿐만 아니라 우리 분석가들한테는 불가능한 지식의 장소이기도 합니다. 이런 성적인 관계는 주체에 의해 실현이 불가능할 뿐만 아니라 이론으로 명확하게 개념화하는 것도 불가능하며, 또한 그 관계가 성취된다면 향락이 어떤 특성을 내보일지 알려줄 만한 기호나 글자를 찾아내기도 불가능합니다. 한마디로, 향락은 무의식 속에 이론 속에 존재하며, 시니피앙들이 비워져 있는 장소입니다. 바로 이런 의미에서 라캉이 당시 물의를 빚은 한 문구를 제시했던 것이죠. – "성적인 관계란 없다." 얼핏 보고 사람들은 이 문장을 남녀 사이의 성기적 결합의 부재로 이해하겠지만 그건 해석의 오류입니다. 이 문구는 남성적 향락으로 가정된 시니피앙과 여성적 향락으로 가정된 시니피앙 사이에 상징적인 관계가 없다는 뜻

…무의식에 기입하기가 불가능하다

입니다. 어째서 그럴까요 ? 그렇습니다. 무의식에는 각기 절대적인 것으로 생각되는 남과 여의 향락을 뜻하는 그런 시니피앙들이 없기 때문입니다. 또한 분석경험이 무한한 형태의 향락은 그것을 특정화하는 시니피앙도, 눈에 띄는 표시도 없는 곳임을 우리에게 가르쳐주기 때문이죠. 이로부터 두 번째 원리가 도출될 것입니다 – "성적인 관계란 없다."

이론으로 쓰기가…

라깡의 문구를 보다 잘 이해하기 위해 다음과 같이 보완해 볼 수 있습니다: "완벽한 성적인 관계라는 것은 없다." 즉, 우리는 이 절대적 향락을 경험하지 못하며 그것을 의미하는 시니피앙도 없기에 두 가지 부재한 시니피앙들 간의 관계도 있을 수 없다는 겁니다. 분명히 우리는 완벽한 향락을 뜻하는 시니피앙이 없기 때문에 완벽한 성적인 관계도 없다는 것을 인정합니다. 그렇다면 상대적인 성적 관계는 있다고 할 수 있을까요 ? 엄격히 말한다면 상대적인 성적 관계도 없다고 해야 할 것입니다. 왜냐하면 상대적이고 한정된 향락의 특성을 의미할 수 있는 시니피앙도 없기 때문입니다. 관계라는 말이 향락을 뜻하는 두 시니피앙 간의 관계를 의미한다면, 절대적이건 상대적이건, 한정된 것이건 무한한 것이건, 그것들 사이에는 아무런 관계도 없다는 것입니다.

따라서 상대적이라 하더라도 성적인 관계는 없습니다. 그렇지만 한 가지 의문은 남지요. 남녀 사이의 일상적인 성적 만남은 어떻게 생각해야 될까요? 지금으로서는, 향락의 관점에서 볼 때 이런 만남은 두 존재의 만남이 아니라 신체 국부간의 만남이라고 할 수 있을 것입니다. 그것은 내 파트너의 신체 일부와 내 신체 사이에 이뤄지는 만남이자 국소 향락들의 다양한 공간들 사이의 만남입니다.

내가 다시 강조하고 싶은 것은, 우리는 절대적 향락이 무엇인지 알지 못하는데, 어떤 향락이 진실로 국소적 표현으로 존재하는지 그것 또한 알지 못한다는 것입니다. 확실히, 무한한 향락을 표상하는 시니피앙은 없습니다. 그리고 엄밀히 말해서 신체 성감대에 결부된 부분적 향락(남근적 향락과 잉여향락)을 표상하는 시니피앙도 없습니다. 그래도 시니피앙들은 어떻든 신체가 향락하는 국소부위에 접근해 그 윤곽을 그려내고 한정할 수 있게 됩니다. 향락의 윤곽이 시니피앙에 의해 그려진다고 말할 때, 그것은 향락이 욕망의 추동으로서 성감대의 신체 구멍들로 그 가장자리 윤곽이 그려진다는 뜻입니다. 여기서 시니피앙은 신체 가장자리라는 측면에서 이해되고 있죠. 요컨대 정신분석은 전체적 향락이건, 대타자 향락이건 또는 국소적('남근적' 혹은 '잔류적') 향락이건 정신 에너지의 본질 자체인 향락의 성질을 알지 못합니다. 정신분석은, 향락이 살아 숨쉬는 공간으로서의 신체 부위들을 설정해주는 시니피앙적 경계들을 알고 있을 뿐입니다. 간단히 말해서, 정신분석이 향락의 윤곽을 그려낼 때 그것은 항상 국소적 향락에 해당합니다.

*

이제 향락의 개념과 긴밀하게 관련되어 있는 남근 개념을 설명할 때인 것 같군요.

남근은 향락의 표지

라깡의 이론에서 남근이란 단어는 남성의 생식기관을 가리키지 않습니다. 그것은 다른 모든 시니피앙들과 구별되는 매우 특별한 시니피앙의 이름입니다. 그것은 어떤 식으로든 성적인 차원에 속하는 모든 것을 의미하는 기능이 있습니다. 남근은 향락의 시니피앙이 되지 못하는데, 앞서 이미 말했던 것처럼 향락은 표상되는 것을 거부하기 때문입니다. 그래요. 남근은 향락의 본성 자체를 의미하지는 않고, 다만 향락의 경로 (순환하는 에너지의 흐름을 생각할 때는)와 욕망의 경로 (어떤 목표를 향해 있는 이 동일한 흐름을 생각할 때는)를 포괄합니다. 달리 말해, 남근은 그러한 경로의 노정들을 저마다 표시하고 의미하는 시니피앙입니다. 그것은 성감대의 구멍들로 구체화된 향락의 출처를 표시해줍니다. 또 향락이 조우하는 장애물(억압)을 표시하죠. 또한 남근은 증상이나 환상 혹은 행동의 형태로 향락이 외현화되는 것을 표시해 주기도 합니다. 마지막으로 남근은 문턱이 되는데, 그것을 넘어설 때 대타자 향락이라는 신화의 세계가 열리는 임계점이 되는 것이죠.

그렇다면 어떤 특권으로 우리가 이 시니피앙을 남근이라고 부를까요? 어째서 분명히 남성적인 성에 그 참조점을 둘까요? 어째서 '남근'일까요? 이 질문에 대한 답은 인간의 성 발달에서 정신분석이 거세의 시련에 부여하는 우선권에 있는데, 이 시련의 주축이 되는 것이 바로 남근이죠.[4)]

*

향락에 관한 이 부분을 마치기 전에 중요한 세부사항들을 확실히 짚고 가야겠군요. 우리는 앞서 에너지와 향락의 관계를 재정립한 바 있습니다. 이런 비교와 관련해 라깡은 분명한 명제들을 제시하였죠. 그는 향락을 에너지 실체로 받아들이지 않았어요. 향락이 수치 상수라는 에너지의 물리학적 정의에 상응하지 않는 범위 내에서는 말이죠.

4) '거세'와 '남근'이란 개념은 『라깡 정신분석의 주요한 일곱 가지 개념들에 관한 강의』(Paris, Rivages, 1988)라는 내 책에서 다뤄지고 있음

"에너지는 실체가 아니고, 물리학자가 계산으로 찾아내야 하는 수치 상수다"라고 라깡은 상기시켰고, 한 걸음 더 나아가, "어떤 물리학자도 에너지가 상수의 수치에 불과하다는 것을 분명히 안다"고 말했습니다. 특히 이런 면에서 향락은 "에너지가 되지 않고 그렇게 기록될 수 없다"[5]고 덧붙였죠. 라깡은 향락이 계산이란 수단에 의해 수학적으로 될 수 없기에 에너지가 될 수 없다고 본 겁니다. 극히 엄밀한 라깡의 이런 입장에도 불구하고 나는 에너지의 은유를 사용해 향락을 설명하고 또 정의하고자 했습니다. 이는 프로이트도 흔히 차용했던 방식인데, 나로서는 이런 에너지의 비유가 임상에 나타나는 향락의 역동적인 면을 가장 적절하게 설명해주는 것 같기 때문이죠.

에너지와 향락 사이의 관련성을 약화시키거나 정당화하는 논의들은 대략 이렇습니다:

라깡을 따라서 에너지라는 용어의 물리학적인 의미에 직면해 보면 향락은 분명 에너지가 아닙니다. 물리학적 관점에서는 향락이 에너지로 규정될 수 없습니다.

5) | 자끄 라깡의 『텔레비지옹』, Seuil, 1974, pp. 34, 35.

향락은 무의식의 에너지다

한편, 프로이트의 은유를 따라 향락을 추동으로 생각해본다면 향락은 에너지가 되기도 합니다. 이때 추동은 신체의 성감대에서 태어나 목표를 향해 가다 장애물을 만나기도 하고 출구를 찾기도 하고 축적되기도 합니다. 하지만 향락에 에너지의 위상을 부여해주는 또 다른 논거가 있는데, 무의식적 작업이 지니는 항속적인 힘이라는 특성이 그것이죠. 무의식이 작업할 때, 다시 말해서, 무의식이 활동적일 때 향락은 무의식적인 에너지가 됩니다. 게다가 무의식은 반복을 보장하면서 증상이나 다른 시니피앙적 사건과 같은 정신의 생산물(S1)을 통해서 끊임없이 외현화됨으로 항속적으로 일하고 있는 상태지요. 이런 의미에서 나는 『앙코르』에 나오는 라깡의 말을 인용해 보려 합니다. "…무의식, 그것은 존재가, 말을 함으로써, 향락한다는 것이다."[6)]

나도 비슷하게 향락을 다음과 같이 정의해 보고 싶습니다: 향락, 그것은 인간이 큰 실수를 저질러서 무의식을 실행시키는 것이다. 이것은 같은 것을 다른 두 가지 각도에서 말하는 겁니다: 무의식의 작업은 향락을 연루시키고, 향락은 무의식이 작업할 때 풀려나오는 에너지다.

6) | 자끄 라깡의 『세미나 20권 앙코르』, Seuil, 1975, p. 95.

*
* *

지금까지, 내게는 근원적으로 보이는, 라캉 이론의 두 가지 원리를 소개했습니다. 한 가지는 무의식과 관련되어 있습니다: "무의식은 언어처럼 구조화된 지식이다." 다른 하나는 향락과 관련돼 있죠: "성적인 관계란 없다." 이 두 가지 원리가 내게 근본적으로 보이는 까닭은, 이 원리들이 분석을 사유하는 방식을 규정해주기 때문입니다. 구조화된 무의식의 개념을 받아들이는 한 나는, 예를 들어, 해석을 분석수행자의 무의식이 정신분석가한테서 발현된 것이라고 여기게 됩니다. 또한 성적인 관계라는 것이 없다는 걸 인정한다면, 예를 들어, 나는 잔여향락 즉 잉여향락이 분석치료의 동인moteur, 다시 말해, 분석과정을 지배하는 중심부라고 생각하게 됩니다. 결국 나는 치료의 노정과, 이 노정의 한 점 한 점을 구성하는 분석경험의 순간들이라는 지평 위에, 우리가 말하는 실재계, 곧 우리의 생각을 뛰어넘는 미지의 공간이 광활하게 펼쳐져 있다는 것을 인정하게 됩니다.

*
* *

***질문** : 선생님이 방금 제시한 두 가지 기본원리들인, 무의식과 향락을 어떻게 서로 연결지을 수 있을까요?*

닥터 나지오 : 무의식이 실행중인 시니피앙들의 연쇄라는 점을 받아들였다면 이 연쇄 안에 한 가지 요소가 모자란다는 것을 또한 받아들여야 합니다. 그래요, 향락을 표상했어야 할 바로 그 요소가 빠져 있죠. 무의식에서 향락은 정확한 시니피앙적 표상은 갖지 않지만 하나의 자리, 곧 구멍이라는 하나의 자리를 차지합니다. 시니피앙 체계 내부에 있는 이 구멍은 언제나 환상들과 증상들의 베일에 가려 있습니다. 분석이론이 향락의 속성을 정확히 의미하지 못하는 그 무능함을 인정하듯이 무의식 또한 향락을 표상하는 시니피앙을 결여한다고 말할 수 있습니다. 그 자리에는 하나의 구멍과 그것의 덮개만 있을 뿐이죠. 내 대답을 보충하기 위해 부여한다면, 무의식에서 향락의 자리는 그 주요 형태들인 국소적 형태(잉여향락과 남근적 향락) 또는 전체적 형태(대타자의 향락) 중에 어떤 것으로 보느냐에 달렸습니다. 만일 우리가 두 가지 국소향락을 고려한다면 무의식에서 그것의 자리는 경계에 의해 테를 두른 구멍의 자리가 되는데, 이는 신체 성감대 입구의 구멍에 정확히 상응하는 이미지죠. 그와 대조적으로 대타자의 무한한 향락을 생각한다면 우리는 그것을 지평선 위에 열린 어떤 지점으

로 상상할 것입니다. 경계도 한계도 없이 펼쳐져 있으면서 특별히 어떤 계통에 속하지 않은 하나의 지점으로 말이죠. 그러니까, 대타자 향락은 한 계통의 특수한 부분으로 국소화되지 않고 – 앞에서 신경증 환자에 대해 우리가 논했던 바를 떠올려보면 알겠지만 – (마치 신기루와 같이) 주체에 의해 혼동된 방식으로 식별이 된다는 겁니다.

개체는 행복을 찾으려 한다는 것을 프로이트는 우리에게 항상 상기시켜 줍니다. 또한 그 개체가 행복에 도달할 수 없도록 장애물들을 만든다는 것도. 그렇다면 그 개체가 결국 찾아내는 건 무엇일까요 …?

… 소소한 행복이죠. 실제로 정신분석은 말하는 존재인 우리가 결국엔 매우 적은 것으로 만족한다는 것을 알려줍니다. 여러분이 알다시피 진솔한 행복, 삶에서 구체적으로 찾아지는 행복은 사실 큰 대가를 치르지 않고 얻게 되는 극히 제한된 충족입니다. 이런 한계를 넘는 어떤 다른 충족도 라깡 정신분석에서는 모두 대타자 향락이라고 부릅니다. 윤리적 관점에서 보면 정신분석은 윤리를 뒤집는 것인데, 그 이유는 지고선le bien suprême의 추구로서 인간의 행복 추구를 인정하는 특정한 철학사조들과 달리 정신분

석가들은 이렇게 말하기 때문이죠: 인간은 지고선을 추구하지만, 그 추구가 시작되자마자 매우 줄어든 만족이라는 구체적 현실로 그 이상이 둔갑해버리고 만다는 것을 인정하는 조건하에 인간이 지고선을 추구한다는 데에 우리는 동의하게 된다. 여러분은 이렇게 대꾸할 것 같습니다. "하지만 절대 행복이라는 신기루가 재빨리 소멸되어 상대적인 행복으로 대체된다는 것을 인정한다 하더라도 어떤 절대적 행복이 항상 추구되는 목표로 남는다는 것 또한 진실 아닌가요!" 정신분석은 이렇게 대답할 겁니다. "아니죠. 말하는 존재는 그런 무한한 향락을 바라지 않아요. 그는 향락하기를 거부하고, 향락하기를 바라지도 않으며 향락할 수도 없어요."

우리는 가장 좋은 예증을 임상영역에서 볼 수 있습니다. 만일 여러분이 신경증 환자란 무엇인가 내게 묻는다면 나는 절대적 향락을 피하기 위해 필요한 모든 것을 하는 사람이라고 주저 않고 정의할 겁니다. 물론 절대적으로 향락하지 않는 방식은 가까스로 향락하는 방식, 다시 말해, 자신의 욕망을 부분적으로 실현하는 것입니다. 신경증 환자가 최대한의 향락(대타자의 향락)을 피하기 위해 부분적으로만 향락하는 데는 두 가지 방식이 있습니다. 증상(남근적 향락)과 환상(잉여향락)이 바로 그것입니다. 증상과 환상은 사실상 측량할 수 없는 향락에 맞서고 그것을 제지하기 위해 신경증 환자가 사용하는 것입니다. 가장 좋은 사례가 히스테리지요. 히스테리 환자는 온갖 조각들을 가져다가 하나의 현실, 즉 자신만의 현실을 만들어내는 사람입니다. 다시 말해, 가장 갈망하는 향락을 자신에게 끊임없이 감추어 주는 하나의 환상을 실행하는 사람이죠. 라깡이 히스테리의 욕망, 그러니까 모든 욕망을 근본적으로 충족되지 못하는 것으로 특징지은 것도 바로 이런 이유 때문이죠. 욕망이 완전히 충족된 일은 결코 없으니까요. 그것은 환상과 증상을 통해서만 실현되기 때문입니다. 결코 충족되지 않는 욕망의 이런 면은 강조될 필요가 있어요. 왜냐하면 사람들이 욕망을 하나의 이상처럼 소중히 여겨야 하는 어떤 지고의 선un Bien이라고 믿었을 수 있기 때문이죠. 이는 "당신의 욕망을 포기하지 말라ne pas céder sur son désir"는 라깡의 유명한 격언을 한때 잘못 해석하고는 제대로 이해했다고 믿었던 것과 같습니다. 마치 이 말이 욕망을 부추기고 향락을 얻기 위한 슬로건이라도 되는 것처럼 말이죠. 그건 해석상의 잘못인데, 이것은 최상의 향락으로 가는 길 위에서 욕망을 예찬하는 용감한 선언이 아니라 오히려 향락에 대한 유일한 방어인 욕망을 방치하지 말라는 신중한 권고이기 때문입니다. 향락에 저항하고 싶다면 욕망하길 결코 멈추지 말아야 할 것이기 때문이죠.

욕망은 향락에 대한 방어다

증상과 환상을 가지고 부분적이고 제한적으로만 충족되는 것은 최상의 완전한 향락을 자신이 누리지 못하도록 확실히 해두는 것입니다. 요컨대, 욕망함에도 불구하고 대타자 향락에 도달하지 못하게 하는 최선의 방법은 끊임없이 욕망하는 것이고 증상과 환상이란 대리물과 차폐물로 만족하는 것이지요.

여기서 여러분은 이렇게 묻고 싶을 겁니다. "선생님이 더구나 도달할 수 없다고 말한 그 대타자 향락을 어째서 피하고 싶은 거죠? 도달 범위 너머에 있다면 어쨌건 아무런 위험도 없을 텐데 왜 그것을 피하려고 안달하는 거냐구요?" 이에 대한 답변은 신경증 환자가 그의 이상형을 다루는 매우 복잡한 신경증적인 방식에서 찾아볼 수 있습니다. 대타자 향락은 신경증 환자에게 다양하고 모순적인 방식으로 다가오는 어떤 천국과 같은 꿈으로, 신경증 환자한테는 다양하고 모순된 방식으로 나타납니다. 우선, 이 꿈은 그들에게 귀중한 것이고 그들이 열망하는 것입니다. 그리고 이들은 그 꿈이 실현 불가능한, 공상적이고 가닿을 수 없는 꿈이라는 것을 압니다. 결국 그들은 그것이 무엇보다 하나의 꿈이라는 것을 알고 있는데, 만일 그 꿈이 '불운'이나 '행운'에 의해 언젠가 실현된다면 그들의 존재를 위험에 빠뜨릴 거라는 것도 알고 있습니다. 그들은 자신의 존재가 사라지는 것을 보게 되는 극단의 위험을 두려워하지요. 여러분은 여기서 명백한 모순을 보게 됩니다. 게다가 이 모순은 우리가 매일 임상에서 확인하고 있는 것이죠. 다시 말해서, 그들은 대타자 향락을 **원하고**, 자신들이 그것에 도달할 수 **없다는 것을 알고** 있으며, 동시에 그들은 그런 향락을 **원하지 않는다**는 겁니다. 그들은 대타자 향락을 사랑하고 그 향락이 그들한테는 불가능한 것인데도, 이 향락은 그들을 두렵게 합니다. 임상에서 분석수행자들이 자신의 꿈과 두려움에 걸려든 상태에서 말하는 것을 듣다보면 우리는 이 모든 수준들이 뒤섞여 있음을 알게 됩니다.

"말이 실패하는 그곳에서 향락이 출현한다"는 문구를 어떻게 이해해야 할까요?

나는 보편적인 진술로 강의를 이렇게 시작했을 수도 있었습니다 – "신체는 언어에 종속된다." 혹은 또 다른 일반 문구를 인용할 수도 있었을 겁니다 – "우리는 말하는 존재다." 이런 명제로 시작했더라면 내 강의가 더 쉽게 받아들여졌을 텐데 말이죠. 우리가 말을 한다는 것과 분석에서 말이 중요하다는 것은 누구나 인정하니까요. 이렇게 덧붙일 수도 있었어요: 우리는 말하는 존재일 뿐만 아니라, 언어가 거주하는 존재이기도 합니다. 이렇게 보충해 말할 수도 있었지요: 우리는 언어가 거주하는 존재일 뿐만 아니라 무엇보다 언어에 의해 추월당하는 존재이고, 또한 우리들 앞으로 와서 우리를 넘어뜨리고 우리를 타격하는 어떤 말의 운반자이기도 합니다.

무의식, 그것은 인간에게 시니피앙이 거주한다는 것이다

자, 이제 단계별로 정리를 해보죠. 첫 번째 단계는 우리가 말하는 존재라는 것입니다. 이는 분석적 사유에 해당하지 않는 경험적 수준입니다. 분석은 더욱 멀리 나가서, 언어가 우리한테 거주하고 우리가 그 파급효과에 노출되어 있다고 주장합니다. 두 번째 단계는 우리가 언어에 노출돼 있으며 언어가 우리를 관통한다고 보는 것입니다. 그런데 이 단계는 세 번째 단계가 개입해 들어오는 곳이기도 합니다. 언어가, 더 정확히 말해서, 시니피앙이 나를 능가하여 나도 모르게 내뱉어진 '현행진술'의 형태를 취할 때 보충적인 하나의 요소가 첨가되는데, 그것은 바로 신체가 영향을 받는다는 것입니다. 주체는 자신이 무엇을 말하는지 알지 못한 채로 말한다고 보며 무엇보다 말에 의해 주체가 전복될 때 신체도 영향을 받는다고 보는 이런 엄밀한 조건에서만, 언어에 대한 주체의 관계를 사유하는 정신분석적 관념은 그 가치와 힘을 얻게 됩니다. 하지만 어떤 신체일까요 ? 그건 향락으로서의 신체지요. 유기체로서의 신체가 아닌, 순수 향락으로서, 순수한 정신 에너지로 규정되는 신체입니다. 이때 유기체적인 신체는 향락의 울림을 담아내는 공명상자일 뿐입니다.

위의 질문의 핵심은 이런 것입니다. 그러니까, 나는 문구를 고쳐서 향락하는 존재인 우리는 신체 속에 상징적으로 표시되어 있다고 선언할 수 있습니다. 또는 아주 단순하게 우리의 신체는 언어에 종속된다고 선언할 수도 있겠지요. 이제 "우리를 앞지르는 말에 의해 신체가 타격을 받는다"고 내가 주장할 때, 그것은 신체가 향락한다는 뜻이라는 걸 여러분은 알 것입니다. 신체가 향락한다는 것은, 주체가 의식 상태에서 느끼게 되는 고통이나 쾌락 등의 모든 감각을 넘어서, 무의식이 발현되는 순간에 에너지의 이중적인 현상이 일어난다는 뜻입니다. 한편으론 에너지가 방출되고(남근적 향락), 또 한편으로는 동시에 내부의 정신적인 긴장이 재활성화 됩니다(잉여향락).

그런데 정신분석은 인간의 열망에 대해 낙관적이지 못한 시각이라도 갖고 있다는 듯이, 어째서 욕망은 결코 충족되지 못한다고 말합니까 ?

당신의 신중함을 이해할 수 있습니다. 나는 다음과 같이 말함으로써 이에 답하고자 합니다: 욕망이 그 목표에 이르지 못하는 곳에서, 그러니까, 욕망이 실패하는 그곳에서 긍정적인 창조성이 출현한다. 창조적인 행위는 바로 그곳에서 생겨난다. 그렇다 하더라도, 당신은 어째서 욕망은 반드시 실패하게 돼 있느냐고 내게 묻습니다. 욕망은 우리가 말을 한다는 이유 하나 때문에 충족되는 일이 결코 없습니다. 우리가 말을 하는 한, 우리가 상징적 세계에 잠기는 한, 모든 것이 수많은 의미를 갖는 이 우주에 우리가 속하는 한, 우리는 욕망의 완전한 충족에 결코 이르지 못할 겁니다. 왜냐하면 여기로부터 욕망의 완전한 충족에 이르기까지는 수많은 미로들로 이루어진 무한한 영역이 펼쳐져 있기 때문이죠. 내가 말을 하는 존재이기 때문에, 가능한 모든 오해의 근원이 되는 수많은 애매함을 불러오는 데는, 내가 내 욕망의 길 위에서 가장 진정한 언행을 포함하여, 한 마디 말이나 어떤 행위를 한 가지 함으로써 충분하다는 겁니다. 이때 행위는 창조적일 수 있지만, 가장 순수한 행위나 가장 정확한 말이라도 욕망의 충족으로 가는 지름길로부터 나를 돌이켜 세우는 또 다른 행위나 또 다른 말의 출현을 결코 피할 수 없게 됩니다. 일단 그 말이 발설되고 그 행위가 행해지면 충족으로 가는 길은 다시 새로 열리게 됩니다. 목표에 다가가다가 삶

가장 순수한 행위들은 나의 욕망을 충족시킬 수 없다

이라는 어떤 행위를 하게 되면 또 다른 길이 열린다는 것이죠. 욕망의 노선이 정확히 분석의 여정을 만들어냅니다. 이 노정은 미리 알 수 없고 다만 매번 열리는 길입니다. 분석경험이 일어나, 한 점으로 새겨지면 이 지점으로부터 새로운 구간이 열리는 것입니다. 이렇게 해서 우리는 또 다른 새 지점이 나타날 때까지 그 구간을 달리게 되는데, 다른 새 지점에 이르게 되면 또 다시 새로운 노정이 출현하게 됩니다. 치료의 여정으로 생각해보면 분석은 확장 중에 있는 길인데, 일단 한계에 이르고 나면 또 한 눈금 앞으로 이동하기 때문이죠. 그것의 정확한 공식화는 이렇습니다: 경로로서의 분석은 제한적이지만 무한한 길이다. 제한적인 이유는 중단시키는 한계가 항상 나타나기 때문입니다. 또 무한한 까닭은 일단 한계에 도달하면 언제나 더욱 멀리 무한하게 이 한계가 이동하기 때문입니다. 우리가 욕망의 여정과 분석의 여정 둘 다를 이해하는 데에 적용할 수 있는 것이 바로 이러한 이동의 논리지요.

칸토르가 제안한 집합론에 따르면 확장 중인 이런 움직임은 한계의 이행 원리principe du passage à la limite라고 불리는 원리에 의해 지배됩니다.[7]

7) G. 칸토르의 「집합의 일반이론 기초」 in *Cahiers pour l'Analyse*, Seuil, 1969, pp. 35-52.

칸토르에게 한계로의 이행은, 한계에 도달하는 것이 무한 집합을 만들어낸다는 뜻입니다. 다시 내 용어로 말하면, 이렇습니다: 문턱에 도달하고 나면 그 즉시 무한수열이 열린다.

선생님은 향락에 대해서는 말했지만 쾌락에 대해서는 말하지 않았습니다. 쾌락과 향락은 등가적인 두 개념인가요? 아니면 서로 다른 세계를 가리키는 것인가요?

일반적인 접근방법으로 보면, 향락과 쾌락은 정신적 에너지 표현의 서로 다른 두 형태라고 할 수 있어요. 하지만 어떻게 이 에너지를 새롭게 정의할 수 있을까요? 알다시피 그건 쉬운 일이 아닙니다. 여러분이 실제로 물리학자한테 에너지를 정의해 달라고 하면 그도 정신분석가들이 향락과 쾌락의 특성을 설명할 때처럼 어려움을 갖게 될 것입니다. 과학자가 에너지를 정의하려면 먼저 그는 에너지를 맥락 속에 위치시킬 수밖에 없습니다. 그는 에너지가 나오는 환경에 따라 태양 에너지, 기계 에너지, 열에너지 등으로 모든 형태의 에너지를 정의하게 될 겁니다. 게다가 물리학자는, 앞에서 보았듯이, 에너지에 대한 정확한 계산을 토대로 작업할 수 있기 위해 대수공식, 수치상의 불변수를 만들어 낼 것입니다. 우리 분석가들에겐 쾌락이나 향락을 계산해낼 수 있는 대수공식이 없습니다. 쾌락도 향락도 그 자체로는 정확하게 정의될 수 없어요. 맥락에 따라 그것들을 위치시킬 수밖에 없지요. 즉, 쾌락에 있어서는 의식, 뚜렷한 느낌, 긴장의 완화를 고려하고, 향락에 있어서는 그것이 무의식적이라는 사실과 긴장의 증가와 일치한다는 것 그리고 뚜렷한 느낌이 반드시 동반되는 건 아니라는 것 등을 고려하죠.

향락은 쾌락이 아니다

쾌락은 에너지의 의식적 혹은 전의식적인 모습이지만 항상 에너지의 강하게 느껴지는 측면인데 반해 향락은, 특히 내가 여기서 주목하는 국소 향락은, 에너지의 무의식적인 모습으로 결코 즉각적으로 느껴지지 않습니다. 하지만 의식적이냐 무의식적이냐의 구분은 쾌락과 향락을 구분하는 하나의 매우 일반적인 기준일 뿐입니다. 경제적인 관점, 즉 에너지 강도의 변화라는 측면에서 볼 때 쾌락은 무엇보다 긴장이 감소될 때 자아가 지각하는 기분 좋은 감각입니다. 프로이트도 지적했듯이 쾌락에는 휴식과 이완의 측면에서의 정신적 긴장 감소가 관건이지요. 한편 향락은 긴장의 유지 혹은 긴장의 극적인 증가와 관련됩니다. 그것은 즉각 느껴지지는 않고 다만 주체가 신체와 정신을 모두 동원해서 최고의 시련들을 통과할 때 간접적으로 나타나게 됩니다. 향락은 도취ivresse와 낯설음이 혼재된, 수용할 수 없는 긴장을 견디는 경험을 가리키는 단어지요. 향락은 한계상황이나 파열의 상황에서 우리가 경험하는 에너지 상태로, 이때 개인은 절벽을 뛰어넘고 도전을 받아들이며 때론 고통스러운 특단의 위기에도 과감히 맞설 수 있게 되지요.

어린 아이의 놀이를 예로 들어봅시다: 친구들에 둘러싸여 가파른 지붕을 기어올라 떨어질 위험에 자신을 내맡기는 이 아이한테 향락이 존재합니다. 이것은 도전의 차원이죠. 그는 자신의 유사자semblable들한테 던진 도전 가운데서뿐 아니라 자기 한계를 시험한다는 그 사실에서 향락하게 됩니다. 쾌락은 정반대입니다. 이제 그 동일한 아이가 긴장을 풀고 그네의 유쾌한 움직임에 자신을 맡기고 있다고 가정해 봅시다. 그 아이의 내면은 휴식과 이완으로 가득합니다. 하지만 살살 그네를 타던 그 아이는 떨어질 위험이 있더라도 자신이 도달할 수 있는 한계를 알고 싶은 갈망에 갑자기 사로잡히는데, 그것이 바로 다시 떠오르는 향락입니다. 마찬가지로 분석에서도 분석에 나오는 쾌락을 느끼고 말함으로써 편안함을 느낄 수 있지만, 다른 한편으로는 극단적인 긴장과 심지어 고통의 순간까지도 경험할 수 있는데 이런 순간에 두드러지는 것이 바로 향락이지요.

따라서 도식적으로 나는 여러분에게 향락은 최대의 긴장과 같은 것인 반면 쾌락은 감소된 긴장과 같은 것이라고 말하고 싶군요. 향락은 신체가 시련에 놓이는 최고의 상태입니다. 아마 신체가 시련에 놓이는 가장 현저한 예는 흔히 충동 행동을 통하여 나타나는 무의식적인 고통일 겁니다. 나는 심지어 고통이야말로 잉여향락의 주된 모습 중 하나, 혹은 내가 세미나에서 입증한 바 있듯이 타대상 l'objet *a*[8]의 전형이라고 말하고 싶습니다.

하지만 향락이 직접 느껴지지 않는 것이라면, 여러분은 내게 이렇게 물을 것입니다. 내가 직접 겪어보지도 않고 어떻게 향락이나 고통에 대해 말할 수 있죠? 어떻게 우리가 '고통'과 '무의식'처럼 서로 모순된 두 용어를 병존시킬 수 있을까요? 같은 맥락에서 여러분은 또 이렇게 질문할지도 모릅니다: 만일 향락이 느껴지지 않는 긴장이라면 당신은 그걸 어디로부터 추론하죠?

8) 나지오의 『정신분석의 고통』(La douleur en psychanalyse), 출판되지 않은 세미나, 1984 및 『환각과 무의식적인 고통』(L'hallucination et la douleur inconsciente). 출판되지 않은 세미나, 1985.

오히려 사람들은 향락을 느끼지만 그걸 사후적으로만 느낀다고 말해야 하는 것이 아닐까요?

정말로 맞는 말입니다. 향락은 그 정점에서 즉각 느껴지지 않고 다만 사후적으로après coup 느껴진다고 말하는 것이 더 적절하죠. 자살충동 속에서 차를 운전해 고속도로에 들어가, 겨우 사고를 모면할 정도의 해리 상태dans un état second에서 운전하는 한 남성의 예를 들어봅시다. 힘든 순간이 지나자 멈춰서 정신을 차리고 자신의 '행동으로의 이행le passage à l'acte'을 되새겨 봅니다…. 우리는 그 순간으로부터, 이 주체가 죽음과 삶 사이를 오가던 그 순간 그가 향락했었다는 것을 추론할 수 있어요. 그 남자는 살인적인 긴장상태에 붙들려 자기-파괴적 충동을 경험한 겁니다. 이것이 바로 향락의 간접적인 파급효과지요. 그는 명확한 감각을 느끼진 않았지만, 자신을 행동으로 몰아가는 어떤 어렴풋한 힘은 감지했어요. 그런 발작적인 순간으로부터 우리는 이렇게 추론할 수 있습니다: 이 남자는 알코올이 아닌, 수천 배 더 강력하고 모든 작용하는 어떤 약물, 즉 조용히 지배하는 향락의 부하la charge를 경험했다.

향락의 침묵

마치 향락에서는 신체가 모든 것을 인수한다는 듯이 말

이죠.

여러분 "신체가 모든 것을 인수한다"고 말하는데, 나는 이것을 '행동'으로 번역할까 합니다. 향락은 말과 생각을 무시하고 다만 행동으로 말할 뿐이에요. 사실 우리가 정의하기를 향락의 상태는 분명하게 느끼지 못하는 높은 정신적 긴장으로, 향락의 가장 전형적인 발현은 '행위로의 이행', 일반적으로 말해서 위험스럽건 아니건 나 자신을 넘어서는 모든 행동이라고 할 수 있죠. 향락이 우세해질 때는 말이 사라지고 행동이 지배적이 됩니다. 향락의 짝은 행동이고 쾌락의 짝은 이미지입니다. 쾌락은 항상 내 앞에서 반사되는 이미지들의 왕래에 달려있어요. 쾌락은 자아에 의해 지각되고 경험되는 감각입니다. 반면에 화가가 자신도 모르게 캔버스에 그려내는 생산적인 활동이건 가까스로 죽음을 모면했던 그 운전자의 경우처럼 파괴적인 행동이건, 향락은 그렇게 맹목적인 행동으로 자신을 드러냅니다. 어떻든 모든 경우에서 향락은 행동인데, 그 행동에서 주체는 신체가 될 뿐이거나, 여러분이 말한 것처럼 신체가 모든 것을 차지합니다. 주체는 말하지도 않고 생각하지도 않습니다. 라깡이 데카르트의 코기토에 영감을 받았다면, 주체의 위치를 향락의 상태에 두면서 "나는 내가 생각하지 않는 바로 그 곳에 존재한다"라고 말했을 겁니다.

그러면 우리는 향락의 주체가 있다고, 주체가 향락한다고 말할 수 있습니까?

아닙니다. 무의식의 주체가 있는 것처럼, 향락의 주체가 있는 것은 아닙니다. 이런 차이는 본질적인 겁니다. 무의식의 주체는 항상 시니피앙에 의해 표상되는데, 그의 현존은 반드시 그를 가리키고 의미하는 표상에 의해 표시됩니다. 향락과 관련해서는 이미 표상적인 시니피앙의 부재를 강조한 바 있습니다. 라깡의 이론에서, 주체는 항상 시니피앙과 엮이는데, 라깡 입장에서는, 주체 없는 시니피앙은 존재하지 않고 또 시니피앙 없이는 주체도 없습니다. 따라서 우리는 이렇게 말하게 됩니다: 향락을 표상할 수 있는 시니피앙이 없기 때문에 향락의 주체도 없다. 그러니 여러분이 질문을 실제로 제기할 만하죠. 향락이 존재할 때 누가 향락하는 걸까요? 나는 아무도 향락하지 않는다고 답할 겁니다. 우리가 어떤 것을 향락하는 것이 아니라 어떤 것이 우리 안에서 우리를 넘어 향락한다고 답할 것입니다.

쾌락과 향락을 구분해주는 또 다른 측면이 있는데, 그것은 시간의 측면입니다. 시간성과 관련해서 쾌락과 향락은 서로 어떤 관계입니까?

나는 쾌락은 필시 일시적인 반면 향락은 근본적으로 영구적이라서 무시간적이 된다고 대답할 겁니다. 쾌락은 지나가고 사라지는 반면에 향락은 삶 자체 안에 있는 긴장이죠. 향락이 있는 한 삶도 있습니다. 왜냐하면 향락은 다름 아닌 반복을 보증하는, 생명 사건들의 불가피한 연속을 보증하는 힘이기 때문이죠. 만일 내가 라깡의 향락 개념과 프로이트의 반복 개념 사이를 연결해야 한다면 프로이트가 '반복강박'이라 불렀던 것과 향락을 동일시하는 것으로 결론을 내릴 겁니다. 향락과 비슷한 프로이트의 개념이 존재한다면, 반복을 보증하는 힘으로 생각되는 그런 개념이 존재한다면, 그것은 반복강박의 개념입니다. 이는 과거에 살짝 나타난 행위들을 완성해보려고 시도하는 가운데 미래를 향해서 살려는 인간의 완강한 성향으로 이해됩니다. 삶의 모든 힘이 바로 여기에 있지요.

정신병리학적 관점에서 향락과 성도착증의 관계는 무엇입니까?

성도착증은 향락의 몸짓을 모방한다

성도착증의 향락에 대해서는 다시 거론하게 될거라 지금은 간략하게만 말하겠습니다. 신경증과 정신증과 성도착증이란 세 가지 임상유형 중, 향락에 가장 가깝지만 가장 거짓되게 가까운 것이 바로 성도착증의 향락입니다. 이미 보여주었듯이 신경증 환자가 대타자의 향락을 회피하고 거부한다면, 도착증 환자는 향락을 찾아나설 뿐만 아니라 그것을 모방하고 꾸며냅니다. 도착증 환자는 향락의 몸짓을 모방하는 사람이지요.

분석치료에서 향락의 위치는 어떤 것입니까?

향락, 치료의 원동력

이것은 본 강의 전체를 통틀어 지속될 질문입니다. 이 질문이야말로 분석에 생기를 불어넣는 것을 이해하는 데서 핵심적이기 때문이죠. 지금은 치료에서 차지하는 향락의 위치에 대한 내 모든 논평들을 가장 잘 요약해주는 두 가지 언급만 하고자 합니다. 무엇보다도 먼저 향락 중에 특히 잉여향락의 양상, 다시 말해 높은 수준의 내적 긴장을 끊임없이 유지시키는 이 잉여가 치료의 원동력이고 분석을 이끌어가는 핵심부가 된다는 겁니다. 분석에서 지배적인 것은, 우리가 흔히 잘못 생각하는 것과 달리, 말이 아니라 지배하고 유인하는 향락의 기둥이죠. 여전히 첫 번째 언급의 맥락에서, 이후로도 이 점은 자주 언급할 테지만, 향락의 기둥은 순전히 추상적 개념이 아니라 치료에서는 젖가슴, 대변, 시선 등의 다양한 신체적 형태를 취한다는 점을 거듭 말해 둡니다. 전이 관계 속에서 분석수행자에 의해 의식적으로나 무의식적으로든 구성된 다양한 환상들 속에 서 발견할 수 있는 향락의 온갖 비유적 표상들이 바로 이런 것들이죠. 두 번째 언급은 분석가의 기능과 관련이 있는데, 분석가가 차지할 모든 위치들 중에서도 분석가가 향락(잉여향락)과 동일시되는 그 위치가 분석가가 적절하게 행동하기에는 가장 유리한 위치라는 겁니다.

선생님은 정신적 에너지라는 프로이트의 은유를 토대로 향락을 정의했고 또 다시 에너지 개념을 동원해서 향락과 쾌락을 구분했습니다. 어째서 그처럼 에너지 개념에 특권을 부여합니까?

향락과 에너지

프로이트의 용어와 라깡의 용어를 대조시킨 것은 나의 제안이므로, 그 책임도 전적으로 내게 있습니다만, 이러한 대조는 라깡의 향락 개념이 프로이트의 메타심리학을 풍요롭게 혁신한 것이라고 할 수 있음을 보여줍니다. 프로이트의 역동학과 정신 에너지에 대한 삼분할(방출된 에너지, 보존된 에너지, 불가능한 이상적 목표)을 존중하면서도 라깡은 마치 향락이란 단어 덕분에 정신 작용에 대한 기계적인 설명과 경제학적인 설명으로부터 벗어난 것처럼 보이지요. 이번 강의에서 봤듯이 라깡은 에너지와 향락을 대조시켰지만, 나는 이 두 가지를 접근시켰습니다. 이것이 향락에 대한 라깡의 이론을 설명하는 데서 그간 내가 찾아낸 것 중 가장 적절한 연결이 아니었나 싶습니다. 이렇게 명확화가 이뤄졌으니 이제 나는 (프로이트의 에너지 개념의 한계를 충분히 가만하면서) 라깡의 향락 개념을 더 잘 설명하는 데에 프로이트의 에너지 개념을 활용할 수 있겠습니다.

하지만 에너지란 단어를 향락이란 단어로 대체해서 얻는 게 뭡니까? 프로이트의 메타심리학에 대한 라깡의 수정이 가져오는 풍요로움은 어떤 것입니까?

라깡은 향락이란 단어로 두 가지 기본개념을 도입합니다. 하나는 '남근'이고 다른 하나는 '불가능한 성적 관계'입니다. 전자는 에너지의 방출을 여닫는 경계로서 기능합니다. 후자는 결코 도달하지 못하는 이상적인 목표의 기능을 합니다. 하지만 한계로서 남근이건 절대 신기루로서의 불가능한 성적 관계건, 라깡은 향락이란 단어로 정신분석 이론의 중대한 문제를 하나 해결합니다. 그것은 에너지 개념으로 해결하지 못한 문제인데, 에너지가 억압에 의해 봉쇄될 때는 무의식적 긴장에서 오는 불쾌를 경험하고, 또한 이 동일한 에너지가 방출될 때는 무의식적인 상대적 소강상태를 경험하는 주체의 속성에 관한 문제입니다. 실제로 라깡의 사유 논리는 파악하기 어려운데, 그 이유는 라깡이 주체와 향락을 연결할 때 모순되는 행보를 보이기 때문입니다. 내가 보기에 처음에 그는 부분적으로 정신적 에너지를 주체화하기 위해 향락이란 단어를 도입했는데, 이는 또한 프로이트가 '이드의 자가-지각 autoperception du Ça'에 대해 말하면서 1938년에 직감했던 현상을 잘 보여주기 위한 것이었습니다. 프로이트에 따르면 이드의 내부에서 에너지 긴장의 변화는 이드 자체에 의해 지각됩니다. 프로이트처럼 욕동의 저장소인 이드가 그 자신의 에너지 변화를 자가-지각한다고 말하는 대신에 라깡은 무의식이 작업한다고 제안하는데, 작업함으로써, 다시 말해 반복을 보증함으로써 무의식은 향락하게 됩니다. 무의식이 향락한다고 언술하는 것은 우선 무의식을 주체화하는 것이고 인격화하는 것이며 무의식을 한 주체로 가정하고 '알가주S.s.S.'의 여러 모습들 중 하나로 설정하는 것입니다. 하지만 곧장 라깡은 주체성에 대한 모든 참조를 철회하고, 도리어 무의식이 향락한다고 향락하는 주체가 존재하는 것은 아니라고 주장합니다. 요컨대, 향락이란 단어로 라깡은 주체를 도입하는데, 이건 주체를 더 잘 끌어내리기 위해서지요.

다음 강의에서는 언어처럼 구조화된 무의식의 원리에 대해 더 자세히 다룰 것입니다.

*
* *

제2 강

무의식

키워드

무의식은 분석 영역 안에서만 존재한다

우리들 각각에게 고유한 무의식은 없다

라랑그Lalangue

구조란 무엇인가?

얼굴 붉어짐에 대한 두려움

시니피앙은 주체에서 주체로 도약한다

주체 없는 시니피앙은 없다

주체의 탄생

우선 무의식과 관련해, 정신분석을 믿지 않는 한 친구가 최근에 내게 "나는 무의식을 갖고 있지 않아." 하고 언급했습니다. 선생님은 어떻게 생각합니까? 무의식을 갖지 않는 게 가능할까요?

감히 이렇게 말해도 된다면, 당신 친구 말이 옳다고 생각해요. 그는 무의식을 갖고 있지 않습니다.

어떻게 그가 옳을 수 있나요?

무의식은 정신분석의 영역에서만 존재한다

내 관점에서는 무의식이 존재한다면, 그것은 정신분석의 영역 안에서만 존재할 수 있고, 더 정확하게 말해, 치료 영역 안에서만 존재할 수 있기 때문에 그는 옳습니다. 지금 당신 친구는 이 영역의 바깥에, 그러니까 무의식의 바깥에 그 자신을 위치시키는 것으로 보입니다. 내 입장이 당신에게는 너무 제한적으로 보이고 이에 반대하는 의견도 많다는 것을 압니다. 예를 들어, 여러분이 『일상생활의 정신병리』와 같은 프로이트의 여러 저작을 내게 상기시킬 수 있다고 생각하는데, 그는 이런 저작들을 통해 치료와는 무관한 영역인 일상 생활에서도 무의식이 존재함을 보여주려고 했었죠. 그렇지만, 언어처럼 구조화되어 있는 무의식에 대한 라깡의 원리와 첫 번째 강의에서 발전시킨 우리의 논의를 다시 고려한다면, 사실 무의식은 오직 분석치료 내부에만 존재한다고 결론을 내리게 됩니다. 이런 방식으로 두 번째 강의를 시작하게 될 줄은 몰랐군요. 여러분이 위처럼 질문하니 나도 오직 분석 안에만 무의식이 있다는 내 주장을 뒷받침할 일련의 제안들을 곧바로 제시해 보도록 하지요. 이런 제안들은 라깡의 저작에 대한 내 독서의 결과이지 라깡이 결코 그렇게 진술한 건 아니라는 점을 명시하고 싶군요. 나의 제안들은 "언제 무의식이 존재한다고 말할 수 있는가?" 라는 질문에 일종의 대답이 될 것입니다.

*

먼저 무의식은 말하는 분석수행자analysant의 의도를 알아채고 넘어서는 행위에서 드러납니다. 주체는 자신이 원하는 이상으로 말하고, 말함으로써 자신의 진실을 드러냅니다.

*

이런 행위는 이미 거기 존재하는 어떤 무의식을 드러낸다기보다 무의식을 생성해내고 그것을 존재하게 합니다.

*

무의식이 존재하기 위해서는 그것이 또한 청취되어야 한다

그런데 실제로 이런 행위가 무의식을 존재하게 하려면 다른 주체가 무의식의 효력을 청취하고 인식하는 것이 필수적인데, 이 다른 주체가 바로 정신분석가지요. "무의식은 다른 누군가가 그것을 청취하고 있다는 것을 함축할까요? 내 견해로는 그렇습니다" 라고 라깡은 말했어요.[1]
실제로 무의식이 존재하기 위해서는 그것이 인식되는 것이 필요하지요.

*

그러나 이러한 인식은 사유의 인식이 아니라 존재의 인식이죠. 다시 말해, 정신분석가는 자신의 존재와 자신의 무의식으로부터 출발해 타자의 무의식을 행위로서 인식합니다. 분석수행자의 행위가 무의식의 실행이라는 것을 인식하기 위해서는 다른 행위인 분석가의 행위가 있어야만

1) | 자끄 라깡의 『텔레비지옹』, Seuil, 1974, pp. 26.

하는 것이죠. 분명히 분석수행자의 행위와 분석가의 행위에는 많은 차이가 있고, 분석수행자의 말실수는 분석가의 해석과 다릅니다. 그렇지만 우리의 관점에서는, 즉 무의식을 구조로 간주하는 관점에서는 이 두 행위는 형식상 동일합니다. 말하자면, 둘 다 시니피앙입니다.

*

분석가가 그의 분석수행자의 무의식의 존재를 확인할 수 있다면, 그것은 이미 그가 환자로서 분석의 길을 밟아보았기 때문입니다.

*

치료 영역에서 무의식을 실행시키는 이들 두 행위의 결합은 다음과 같은 세 가지 가설을 제시하도록 해줍니다.

- 무의식은 그것을 드러낼 해석을 기다리며 이미 거기에 숨겨져 있는 심급이 아니라, 무의식의 행위로 생각되는 분석가의 해석이 분석수행자의 무의식의 행위를 인식할 때 생성되는 심급입니다.

- 이렇게 생성된 무의식은 분석 파트너 쌍방에 의해 공유되는 단 하나의unique 구조입니다. 따라서 우리는 앞의

가설을 바로잡아, 한편에는 분석수행자에게 또 다른 한편에는 분석가에 속한 무의식이 있는 것이 아니라고 결론을 내려야 합니다. 전이의 영역에 고유한, 생성되어진 단 **하나의 무의식**이 있다(il n'y a qu'un seul inconscient)고 말해야 하죠.

- 마지막으로 세 번째 가설은, 무의식의 존재에 관한 문제는 라깡도 매듭짓지 못한 채로 끝냈음을 떠올리며 오로지 치료의 내부에서만 무의식의 존재를 생각한다고 제안했던 나의 첫 명제에 대한 재확인이 되기도 합니다. "저는 관찰의 영역인 분석상황에서만 정신분석이 효과적이라고 말했어요" 라고 하던 어떤 대화자의 언급에 라깡은 다음과 같이 답했었죠: "그게 정확히 내가 말하려던 바입니다. 우리에겐 정신분석의 외부에 무의식이 존재하는지 알 수 있는 방법이 없습니다." 2)

*

무의식이 해석되었을 때, 그것은 무의식을 파악했다고 가정하는 것입니까?

2) | 자끄 라깡의 『Scilicet 6/7』, Seuil, 1976, pp. 25.

무의식은 우리가 직접 파악할 수 없는 지식입니다. 지식으로서의 무의식은 가설 그 이상이고, 명제에 더 가까우며, 나아가 원리 또는 공리에 더 가깝습니다. 다시 말해, 우리는 무의식을 알지 못하고 그것을 파악할 수 없으며 손으로 만져볼 수 없고, 허수 *i*처럼 만질 수도 없습니다. 그것을 파악할 수 없지만 우리는 그것에 이름을 부여합니다. 프로이트는 무엇을 할까요? 이름을 붙입니다. 기초를 세우고 명명합니다. 프로이트는 예기치 못한 사건에, 즉 주체를 놀라게 하는 꿈에 이름을 붙이고서, "여기, 우리가 무의식이라고 부를 또 다른 지식이 있습니다" 라고 말합니다. 이것이 아버지의 무모한 부분입니다. 아버지는 창시하길 두려워하지 않을 때 무모해집니다. 아버지가 창시할 때 그는 그 이름과 자신을 동일시하고 그 이름이 되며 한 이름 안에서 자신의 존재를 소외시키고, 그 자신이 부명Nom-du-père의 시니피앙이 됩니다. 프로이트가 "이것이 무의식이다" 라며 무모한 확신으로 밀고나갈 때, 그는 미친 사람이었습니다. 수많은 철학자들한테 이미 존재하는 용어를 새롭게 사용했다는 점에서가 아니라 이 용어에 미증유의 새로운 일관성을 부여했다는 점에서 미쳤었다는 것이죠. 왜냐하면 "이것이 무의식이다" 라고 선언하는 것으로 그는 만족하지 않고, "이것이 무의식이고 우리는 그것이 표상들의 연쇄라고 추정한다" 라고 덧붙였기 때문

무의식은 하나의 이름이다

창시하는 행위에는 항상 무모함이 있다

입니다. 게다가 "우리는 무의식에 대해 두세 가지 관념, 즉 역동적 개념, 지형적 개념, 그리고 경제적 개념을 갖는다"라고 말합니다. 그가 명명하기 시작하여, 전에 없던 사물이 존재하게 된 것이죠. 물론, 어떤 이름도 단독으로 존재를 수립할 수는 없습니다. 그 이름이 구조 안에서 반복되고 새겨져야 하지요. 명명한다는 것은 단순히 이름을 붙이는 것이 아닙니다. 명명은 한 요소를 존재시킬 뿐 아니라 일관성을 부여하고 구조를 생겨나게 하는 행위입니다. 프로이트가 명명함으로 무의식이 존재하게 되었고 그것의 정합성이 발전된 것이죠.

그런데 종종 치료의 범위 내에서 정신분석가의 해석은 이런 행위, 즉 명명 행위에 한정됩니다. 정확한 해석은 일어난 사건에 분명히 적절한 이름을 부여해주는 것입니다. 이런 방식으로 해석이 무의식의 구조를 존재하게 하죠. 그러나 문제는 너무 많은 생각을 하지 않으면서 해석해야 한다는 겁니다. 해석은 사려 깊거나 계산된 개입이 아니에요. 해석은 그다지 많은 지식 없이 주어진 이름인데, 이 이름이 주어질 때 도약이 일어납니다. 해석은 이름의 도약이죠. 그것은 통과, 뛰어넘기, 젖어 들면서 걸어서 통과하는 것입니다. 알다시피 명명 행위로서의 해석은 자기 노출의 위험을 포함합니다.

*

어떤 객관적 자료를 기반으로 선생님은, 라깡이 무의식은 언어처럼 구조화되어 있다는 원리를 추론했다고 보십니까?

당신의 언급은 우선 언어langage와 랑그langue[3] 사이의 매우 중요한 차이를 떠오르게 합니다. 분명히 무의식은 언어의 구조를 갖지만 그것의 효과들은 랑그의 영역, 즉 말해진 언어의 영역에서 나타납니다.

그런데 무의식의 언어적인 구조를 추론하게 해주는 구체적이고 객관적인 자료는 무의식의 외면화입니다. 무의식이 표출되는 각각의 표현은 형식적으로는 시니피앙, 더 정확히는 일자의 시니피앙의 자격으로 열거되리라는 것에 대해서는 앞서 언급한 바 있습니다. 또한 나는 이런 외면화들이 신체적 제스처, 예기치 않은 파롤, 다른 어떤 사건 등 다양한 현실로 표현된다고 말했습니다. 그런데 무의식이 자신을 표현하는 이런 현실들 중에서도 랑그의

3) 랑그와 파롤parole은 소쉬르가 『일반언어학 강의』에서 구분한 개념임. 언어활동langage에는 사회적 관습으로서 한 체계가 관여하는데 이런 사회적 산물을 랑그라 함. 그런 랑그를 실제로 사용할 때 거기에는 개인적인 요소인 파롤이 포함되어 있음 – 역주

현실은 무의식의 구조적 질서에 접근할 수 있는 가장 좋은 기회가 됩니다. 프로이트가 꿈이 무의식으로 가는 왕도라고 했다면 라깡에게 그 왕도는 랑그의 현실이었던 것이죠.

라깡은 이처럼 소쉬르가 랑그와 언어 사이에 수립했던 차이를 고려합니다. 랑그는 말해진 언어입니다. 예를 들면, 칼리의 방언인 랑그가 먼저 있습니다. 내 생각에 칼리 사투리는 수도인 보고타의 사투리와는 사뭇 다릅니다. 그런 다음 무엇보다도 엄마에 의해 말해진 랑그로서 모국어가 되는 특별한 랑그가 있습니다. 그런데 무의식은 바로 이 랑그 안에서 자신을 드러냅니다. 사실상 가장 좋은 정의는 "무의식은 언어처럼 구조화되어 있고, 어머니에 의해 말해진 랑그 안에서 자신을 나타낸다"가 될 것입니다.

그러면 우리는 스페인어로 말하니, 우리의 무의식은 스페인어로 구조화되어 있겠네요?

아닙니다. 스페인어는 무엇보다 무의식이 표현되는 랑그이지, 그 안에서 무의식이 구조화되는 언어는 아닙니다. 한때 나도 유사한 질문을 나 자신에게 제기한 적이 있지요. … 하므로 무의식은 라틴어로 구조화돼 있는 게 아닐까 하고 말이죠.

그것을 이해하기가 어렵기 때문이겠죠!

아닙니다. 내가 중세 논리학을 공부하면서, 샤이어스우드[4)]나 오캄[5)] 같은 논리학자의 무의식을 생각하면서 스스로에게 이렇게 말했기 때문이죠: "이 사람들은 라틴어로 쓰고 라틴어로 논리학을 했기 때문에 그들의 어머니의 랑그가 중세 영어고, 또 당시에는 정신분석가가 없었을지라도 그들의 무의식 구조는 라틴어에 의해 강하게 영향 받았을 것이다." 아뭏든 무의식은 주체가 말하는 다양한 랑그, 특히 그의 모국어에 영향을 미치는 언어처럼 구조화되어 있다는 건 받아들이도록 합시다.

그런데 언어와 랑그의 차이는 우리가 아이와 그 엄마의 관계를 고려하는 데 도움이 됩니다. 모국어, 즉 엄마가 말

4) William of Shyreswood의 유명한 저서로 13세기에 파리에서 출간된 『논리학 입문』이 있음. 이 책의 흥미로운 특징은 올바른 삼단논법 식들을 쉽게 외울 수 있도록 말도 안 되는 기억용 시를 첨가 했다는 것 – 역주

5) William of Ockham(1285-1349)은 영국의 스콜라 철학자. 그의 입장은 유명론唯名論이고 중세의 사변신학 붕괴기에 근세의 경험론 사상의 시작이 됨

"향락이 표현되는 라랑그"(라깡)

하는 이 랑그는 피부의 랑그, 신체와 관련되는 모든 것의 랑그, 한마디로 향락의 랑그라고 말할 수 있기 때문입니다. 라깡은 무의식이 하나의 랑그에서 어떻게 스스로를 나타내는지 강조하면서 '라랑그lalangue'라고 씁니다. 그리고 이런 무의식의 표현들을 토대로 분석 이론은 언어처럼 구조화된 무의식을 가정합니다. 하지만 어째서 라랑그라는 신조어를 만들었을까요? 중요한 것은 칼리의 랑그나 어떤 지역의 방언이 아니라는 점, 무의식이 그 효과들을 나타내는 곳은 무엇보다 라랑그라는 것을 이해시키기 위해서지요. 관사와 명사를 결합하는 이런 라깡의 신조어는 언어학적인 의미의 랑그로부터 무의식의 랑그를 구별할 수 있게 해줍니다. 이 환자도 저 환자도 내게는 이 라랑그로 말을 걸어오지요. 각각의 환자가 결국은 서로 다른 랑그로 말합니다. 왜죠? 이것은 단지 프랑스어의 문제가 아니라 저마다 익숙한 자신만의 특이한 역사와 관련된 모국어와 관련이 있기 때문입니다. 환자가 이중언어 사용자고 프랑스어를 잘 하지 못한다면, 서툰 프랑스어가 그의 라랑그가 될 것입니다. 우리는 이중언어 사용의 현상으로 더 깊이 들어가서 환자가 하나가 아닌 두 개의 랑그를 말할 때, 즉 하나가 아니라 두 랑그의 젖을 빨았다면 무의식의 효과가 어떻게 더 쉽게 출현하는지 관찰해 봐야 합니다. 라랑그는 우리가 젖을 빨아먹듯 섭취한 어떤 것입

무의식 그 자체는 없지만, 라랑그 자체는 있다

니다. 그것은 랑그의 모성적이고 향락적인 부분이죠. 라랑그는 신체와 밀접하게 연결되어 있고, 따라서 현저하게 의미로 채워져 있습니다. 라랑그는 의미로 가득 찬 의미의 랑그입니다.

'라랑그가 빨아들이는 것'이라면 우리는 유명한 스페인 속담을 바로잡아야 할 것입니다. '울지 않는 아이는 젖을 빨지 않는다'를 '젖을 먹지 않는 아이는 말하지 않는다'로 고쳐야 할 것입니다.

의미, 그것은 신체에 속한다

당신의 영감은 아름답고 나에게 이것을 떠올려줍니다. 실제로 말하기 위해 젖을 빨아야 한다면 쓰기 위해서는 무엇을 해야 할까요? 글을 쓰는 것은 사람이 젖을 빨면서 되는 것은 아닙니다. 글을 쓸 때는 파열의 차원에 속하는 어떤 것이 있습니다. 어떤 찢김이 있지요. 쓰기는 모국어보다 구조로서의 언어에 더 가깝습니다. 그러므로 무의식이 그 효과들을 생성하는 라랑그는 신체에 연결된 랑그입니다. 그런데 '신체에 연결된'은 의미로 차 있다라는 뜻이 아니고, 무엇이겠습니까? 사물에 의미를 부여할 때 신체는 그 한가운데에 있습니다. 우리는 우리가 가지고 있는 우리의 신체를 통해서 의미를 부여합니다. 의미를 드러내는 정신분석가의 모든 개입은 신체가 스며 있는 개입이지요. 신체는 지식 안에, 텍스트의 읽기 안에, 쓰인 것의 이해 안에, 그리고 "나는 이해해!" 라고 외치는 단순한 행동 안에 존재합니다. 그곳에 바로 신체가 있는 겁니다. 지식은 신체의 이미지와 연결되어 있어요. 헤겔이 처음으로 지식의 신체적이고 상상적인 기초를 세운 인물입니다. 헤겔적 직관에 따라 라깡이 편집증적인 지식의 개념을 고안해냈던 거고요. 라깡에게 모든 지식은 편집증적인 지식입니다. 즉, 우리는 지식 안에서 세상의 대상들에 의미를 부여하면서 그 대상들을 고정시키고 굳혀버린다는 것이죠. 그것도 신체의 이미지를 따라서 그렇게 한다고 나는 덧붙이고 싶군요. 그래요. 지식은 신체의 이미지를 통해 의미를 생성하는 것입니다. 폴 발레리는 "우리는 신체의 문턱을 거쳐야만 지식으로 들어간다." 라고 말했어요. 나도 이 문구를 내 것으로 삼고 싶습니다.

*

무의식은 라랑그 안에 나타납니다. 그런데 라깡은 무의식 체계를 생각해내기 위해 왜 언어라는 더 일반적인 참조들을 사용할까요? 왜 언어를 선택했을까요?

구조란 무엇인가?

먼저, 언어를 그 고유의 대상으로 구성해야 하는 신학문의 모델로 구조주의 언어학이 제시되면서 강하게 영향력을 발하던 시기에 라캉의 경구들이 태어났음을 상기해봅시다. 그런데 언어는 구조를 지배하는 기준에 매우 잘 부합하고 모든 구조들의 원형이 됩니다. 분명히 라캉은 언어학의 이런 탁월한 형식적 관점에서 무의식의 개념을 언어의 지위, 곧 시니피앙적 요소가 그 단위가 되는 구조의 지위로 끌어올린 것입니다. 무의식은 모든 구조를 정의하는 요구조건들을 만족시킵니다. 그 조건들은 무엇일까요?

- 구조는 물질적 현실에서는 서로 구분되는 요소들의 연쇄지만, 동일한 집합에 속한다는 점에서는 유사자들(semblables: 빼쏜꼴)의 연쇄가 됩니다. 이런 요소들을 시니피앙이라고 부릅니다.

- 서로 연결된 시니피앙들은 결합(환유)과 치환(은유)이라는 이중의 움직임을 따릅니다. 환유는 연쇄의 방식으로 일자의 시니피앙과 다른 시니피앙, 즉 하나의 고리와 다른 고리를 연결시키는 결합입니다. 환유는 어떤 순간에 이 연쇄가 하나의 시니피앙을 일자一者l'Un의 주변 장소로 파견할 수 있도록 보증합니다. 은유에 관해서 말할 것 같으면, 은유는 치환의 기제를 가리키는데, 이 기제

작업하는 끊임없는 앎...

…또한 시니피앙을 생산한다

덕에 일자 주변으로 시니피앙의 파송이 일어납니다. 즉, 은유는 무의식이 시니피앙(은유적 시니피앙)의 형태로 외재화 되게끔 하는 그러한 기제를 말해요.

- 시니피앙들의 결합과 치환이라는 이중의 움직임이 구조를 끊임없이 활성화시킵니다. 다시 말해, 그것의 요소들 중 하나를 계속해서 주변부에 놓아두게 합니다. 주변부로 옮겨진 시니피앙 – 이제 구조의 테두리와 경계가 된 시니피앙 – 에 의해 비워진 그 구멍이 연쇄 안에 새겨진 결여입니다. 이 결여가 집합을 움직여나가는 효과를 불러오지요.

따라서 간단히 무의식의 구조적 기능을 상기해보면, 무의식은 모든 언어의 작용입니다. 첫 번째 강의를 이런 구조적 기준으로 명료화하여 내가 한 말들을 재고해 본다면, 이렇게 하나의 공식으로 정리해서 말할 수 있습니다: 무의식은 향락의 힘으로 움직여서 하나의 열매인 은유적 시니피앙과 하나의 효과인 무의식의 주체를 만들어내기 위해 환유적 연쇄처럼 작업하는 지식이다. 알다시피 '언어'라는 단어는 사실 끊임없이 스스로를 드러내는 시니피앙적 배열의 정보를 감추고 있습니다. 나는 여기서 매일 임상에서 만나는 사실을 표현하고 있을 뿐입니다. 다시 말해서, 무의식은 하나의 유의미한 진술이 항상 갱신되어 방출되는 모습으로 끊임없이 활동하는 어떤 과정이라는 것이지요.

이러한 갱신은 라깡의 반복 개념과 일치합니까?

반복한다는 것은 일자의 장소를 차례차례로 차지하는 것이다

그렇습니다. 은유적 시니피앙의 갱신은 라깡 이후에 반복 자동증이라는 명칭으로 생각할 수 있는 것처럼 반복의 과정과 일치합니다. 명백히 갱신과 반복은 서로 모순적인데, 갱신은 옛 것을 다른 새로운 것으로 대체하는 것이고, 반면에 반복은 동일한 요소의 재출현을 보여주는 것이기 때문입니다. 갱신은 대체인데 비해 반복은 동일한 것으로 돌아오는 것입니다. 그렇지만 정신분석에서 이러한 모순은 단지 허울일 뿐입니다. 이런 반복에서 동일함은 하나의 장소, 즉 일자라는 시니피앙의 장소가 항상 동일하다는 것임을 받아들인다면 말이죠. 이 장소는 매번 다른 현실의 사건들에 의해 연속적으로 점유되는 장소라는 점에서, 똑같은 것으로 돌아오는 그러한 반복은 아닙니다. 이런 장소를 점유하게 되면 그 사건은 일자와 동일시되고, 그것을 점유했다는 사실에 의해 시니피앙의 기능을 부여받으며 즉각 다른 모든 시니피앙들과 함께 환유적 연쇄 안에 놓이게 됩니다. 결국 우리가 반복을 말할 때, 우리는 반복되어진 것이 일자의 장소의 점유임을 깨달아야 합니다. 일자의 역할이라는 면에서 그 요소는 그것의 특이성을 잃어버리고 그것에 앞섰던 요소나 뒤따르게 될 요소와 동일해집니다.

이 반복자동증의 논리는 이해하는 데는 특별한 사유의 노력이 항상 필요하기 때문에 이렇게 재차 강조하고 싶습니다: 이러한 반복에 있어서는 두 개의 장소를 고려해야 한다. 갑자기 발생한 사건 – 예를 들어, 증상 – 에 의해 점유된 일자의 장소와, 전에 일자의 장소를 차지했던 사건이 이제 연쇄 안으로 편입될 때 차지하는 장소가 그것입니다. 그 사건이 일자의 장소를 점유할 때, 그것은 저절로 일자와 동일시됩니다. 그리고 연쇄 안에서 다른 것들과 놓이게 될 때는 시니피앙들 중의 하나가 됩니다. 어떤 요소 – 증상이나 무의식의 다른 모든 발현 – 가 일자의 장소를 차지할 때마다, 즉시 이미 일어난 반복들의 과거와 앞으로 다가올 반복들의 미래도 열리게 됩니다.

첫 번째 강의에서 나온 우리의 공식을 다시 생각해 봅시다. 증상이 발생할 때 그것은 행위로써 미래 증상들의 반복을 예고하고 또 이것이 이미 지나간 증상들의 반복이라는 것을 상기시켜 줍니다. 발생한 증상은 한계를 설정하는 일자의 장소를 점유하는데, 과거와 미래의 다른 증상들은 환유적 연쇄를 나타냅니다. 내가 이미 지나간 증상들의 수열과 다가올 증상들의 수열을 결합하고 또 이것들을 하나의 공통집합으로 추상화 해낼 때 나는 두 개의 심급을 발견하게 됩니다. 하나는 현행중인 단독의 증상이고 하나는 지나간 증상들과 다가올 증상들의 가상적 집합입니다. 나는 무의식이 무한하지만 제한된 연쇄라고 말하려고 합니다. 은유의 생성에서 무한히 활성화되어 있기에 무한하지만 생성된 은유에 의해 그 활동은 제한되어 있기 때문입니다. 그 연쇄는 정체되어 있지 않고 교대와 반복 운동을 통해 움직여 나갑니다. 오늘은 이런 진술 이런 증상이 나타나지만, 내일은 다른 증상이 같은 장소, 즉 일자의 장소에 나타날 것입니다. 진술이 망각될지라도 다양한 다른 증상들이 나타날 것입니다. 그러나 항상 일자의 시니피앙이라는 동일한 장소에 나타나죠.

"시니피앙의 전치는 교대되는 기능 때문에 번쩍이는 광고 전광판과 비교될 수 있다" (라깡)

우리는 도식(그림 2)에서 반복의 논리를 요약해볼 수 있습니다. 일자의 기능을 작동시키는 사건의 예는 분석수행자의 의지에 반하여 그에 의해 언술된 현행진술이고, 다른 시니피앙들의 연쇄는 잠재진술들의 집합으로 표현됩니다. 현행진술은 잠재진술을 언술하는 행위를 뜻합니다. 이와는 반대로 잠재진술은 말하려고 하는 것, 아마 언젠

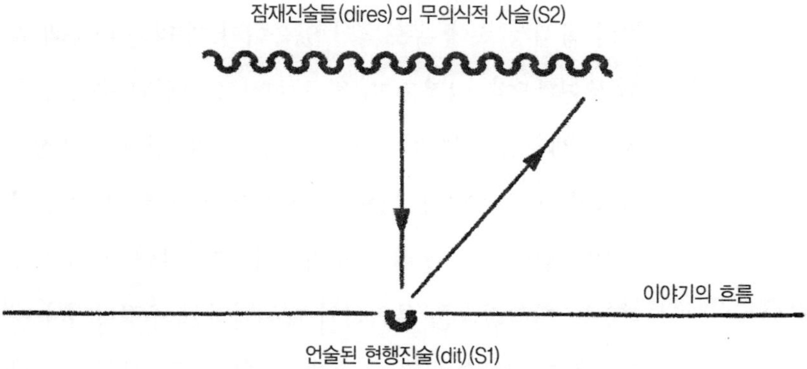

〈그림 2〉 무의식은 현행진술의 행위 안에만 존재한다.

가 말해져야 하는 것, 또는 이미 말해진 것을 뜻합니다. 말해지길 기다리고 있거나 이미 말해졌던 것으로 잠재적이고 무의식적인 상태에 있는 것들은 잠재진술입니다. 나는 지금 하나의 진술을 언술하고 있지만, 또 다른 진술이 언제 또는 어디서 다시 나타날지 알지 못합니다. 아마도 오늘밤 꿈이나 다음날 예기치 못한 사건으로 그것은 나를 놀라게 할 것입니다. 한마디로 잠재진술은 아직 말해지지 않은 진술 또는 과거에 이미 말해지고 다시 나타나길 기다리는 진술로 정의될 수 있습니다. 현행진술은 행위의 가치를 지닙니다. 그것은 말의 행위입니다. 현행진술은 항상 하나의 행위인 반면, 잠재진술은 과거와 예기의 잠재성 속에 유보되어 있습니다. 우리는 다음과 같이 부연함으로 이것을 더 잘 표현하고 보완할 수 있습니다: 현행진술은 분명 하나의 행위이지만, 정확히 예정된 시간에 무의식적 잠재진술들의 연쇄 전체를 그 안에 농축시켜 담아내는 행위인 것입니다. 그렇다면, 우리는 의미있는 현행진술은 무의식의 행위화라고 주장하거나 무의식은 현행진술의 행위 속에 존재한다고 말할 수 있을 것입니다. 부연하자면 잠재진술들/현행진술이란 쌍의 논리는 억압된 표상들/피억압물의 회귀라는 프로이트의 쌍으로 번역될 수 있다는 것이죠. 그렇다면 우리는 "현행진술은 억압된 진술들의 회귀다.[6]"라고 간단히 주장해도 됩니다.

*
* *

무의식은 현행진술의 행위 안에 존재하기에, 따라서 현행

6) 잠재진술dire과 현행진술dit의 차이는 내가 강하게 추천하는 텍스트에서 라깡에 의해 광범위하게 다루어졌습니다. 자끄 라깡의 『L'Etourdit』, 『Scilicet 4』, 쇠이유, 1973, pp. 5-52.

진술로 환원됩니다. 동시에 언어처럼 구조화되어 있고, 어떤 구조의 규모를 갖습니다. 그런데 여기에는 모순이 있지 않나요?

이들 두 공식화는 전혀 모순되지 않습니다. 무의식이 존재할 때, 그것은 말의 행위 안에만 존재합니다. 그 이전도 그 이후도 아닙니다. 반면에 무의식은 구조로서 가정되는데, 이것은 그 행위 이후에 가정되는 것입니다. 우리가 라깡을 따라 무의식이 언어처럼 구조화된 지식이라고 말할 때, 이는 가정된 구조의 문제이고, 현행진술을 기반으로 가정된 구조입니다. 더 좋은 표현으로, 무의식은 실현된 구조이고, 시니피앙의 특성을 가진 현행진술의 형태로 실행되는 구조입니다. 무의식은 일자의 질서에 속하는데, 이 질서를 실현시키는 것은 현행진술입니다. 또한 무의식은 구조의 질서에도 속하는데, 이 구조는 일자를 구성하는 연쇄입니다. 따라서 무의식은 현행진술이면서 동시에 집합입니다.

"무언가가 존재하기 위해서는 어딘가에 구멍이 있어야 한다" (라깡)

선생님이 무의식은 행위 안에 존재한다고 말씀할 때, '존재'라는 이 단어는 무엇으로 이해해야 합니까?

먼저, 무의식은 그물망에서 삐져나온 하나의 요소에 의해 그 테가 둘러진 집합이라는 것을 이해해야 합니다. 우리가 하나의 집합과 그 집합의 내부로부터 추출되어 그 가장자리에 다시 나타난 하나의 요소라는 한 쌍을 받아들인다면, 우리는 무의식의 구조를 그 1로 테두리를 두르고 그 1을 빼낸 집합으로 정의할 수 있습니다. 이렇게 그것은 그 안에 구멍이 뚫린 집합이 되겠지만 가장자리에 의해 경계가 정해질 것입니다. S1이란 요소는 항상 플러스 1이거나 마이너스 1이 될 것입니다. 플러스 1 또는 마이너스 1은 무엇을 의미할까요? 이것은 그 1이 항상 그 집합의 바깥에 있다는 뜻입니다. 그런데 그 1이 플러스인지 마이너스인지는 우리가 그 집합을 보는 각도에 달려 있습니다. 우리가 그물망의 내부에서 바라본다면 하나의 요소가 결여되어 있다고 말할 것입니다. 그러니까 그 1이 부족합니다. 그 반대로 그것을 천정에서 바라본다면, 다시 말해, 그것의 확장과 가장자리의 관점에서라면, 그 그물망의 내부에서 결여된 그 1이 그 집합을 둘러싸고 경계를 정하는 테두리로서 자리잡는다고 우리는 말할 것입니다. 그것은 그물망의 테두리를 둘러싼 가장자리로서 혹은 글씨의 필치 trait d'écriture처럼 플러스 1이 됩니다. (그림 3)

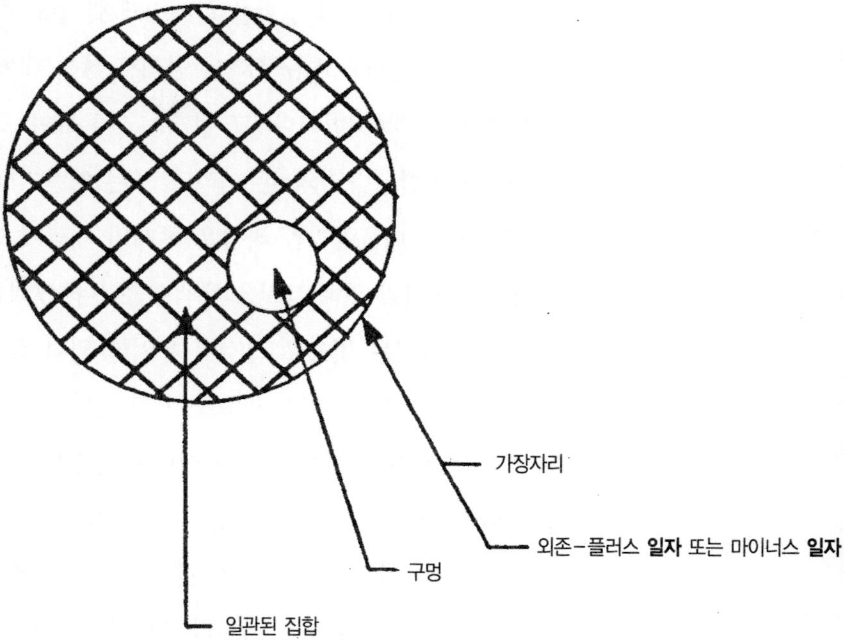

〈그림 3〉 구조의 모체 : 집합, 구멍, 그리고 일자

분명하게 존재의 개념은 요소 S1이 구조의 외적 경계라는 사실을 우선 드러냅니다. 외-존 l'ex-sistence은 항상 일자의 질서 및 외재성의 질서와 관련됩니다.[7)]

7) 외존이라는 개념은 라깡이 무의식의 주체를 위치시킬 기발한 장소를 지정하기 위해 채용되었다는 것을 명확히 밝혀둡니다. 우리는 일자의 자리를 지정할 때, 유사한 의미에서 탈존ek-sistence과 같은 단어를 사용하는데, 그 일자가 정확히 주체를 표상하는 시니피앙이기 때문입니다. 우리의 의도로는 그 일자가 집합을 외존하게 한다고 말할 때, 외존이라는 단어가 다른 의미라는 것을 강조하려는 것입니다.

그 일자는 '외존하고' 그 집합을 존재하게 합니다. 즉 그것은 그 집합이 일관되고 구조화된 연쇄로 남는 데에 필수적인 견고성을 부여합니다. 그 일자는 외존하여 그 집합을 존재하게 합니다. '외-존'이라고 쓰는 이런 방식은 하이데거에게서 떠올랐지만 라깡은 존재의 개념에 독특한 지위를 부여하기 위해 그것을 채택했습니다. 그러니까 '외-존'이란 단어는 첫째로 그것이 유일한 외적 요소라는 것을 의미합니다. 둘째로 이 요소가 그 집합의 플레이스홀더[8]라는 것이고, 셋째로는 그 집합이 연결된 그물망으로 조직화되어 있으면서 실의 한 가닥이 빠져있는데(구멍), 그것이 이젠 가장자리가 되는 것입니다. 정신분석가는 이런 논리에 익숙해져야 합니다. 그것을 유지시키기 위해 어떤 것은 바깥에 있어야 됩니다.

"인간과의 관계에서 상징계의 이러한 외재성이 무의식의 개념 자체이다" (라깡)

이런 논리적 도식은 예를 들면 프로이트의 책인 『토템과 터부』에서 원시부족의 아버지의 신화처럼 다른 형태들에도 적용될 수 있습니다. 그 부족의 아들들은 부족으로 '구성되기' 위해 원초적인 아버지를 죽이고 격식을 갖춰 그를 먹을 필요가 있습니다. 그의 보호 하에 모두 함께 살아남기 위해 그 일자를 바깥에 놓아두어야 합니다. 그런데

8) 어떤 집합의 임의의 원소의 명칭으로 바꾸어 놓을 수 있는 수식 내의 기호로서 빠져 있는 다른 것을 대신하는 기호라고 함 – 역주

배제된 사람이 바로 아버지이고, 아버지의 형상이 배제의 가장 뚜렷한 원형 가운데 하나입니다. 배제된 아버지 자리인 부성기능을 아버지가 맡기에 일반적으로 아주 어려운 것은 이런 이유 때문입니다.

*

무의식의 논리에서 우리는 두 개의 용어들을 갖게 되는데, 일자의 외존과 타자들의 견고성입니다. 그런데 이런 기본적인 한 쌍에 한 가지 보충, 즉 구멍을 추가해야만 합니다. 무의식의 구조적인 모습은 삼자관계인 구멍과 존재와 견고성을 포함합니다. 그 구멍에 관해서는 지금 외부의 테두리에 있는 일자가 더 이상 점유하지 않는 장소로 정의할 수 있습니다. 그 구멍은 '떠나서' 그물망의 경계에 자리잡은 일자에 의해 남겨진 결여입니다(그림 3). 우리는 여기에서 그 구멍이 그물망 구성단위들의 운동과 이동을 가능하게 해준다는 것을 기억해야 합니다. 일자가 그 집합의 견고성을 보증하는 것처럼, 그 구멍은 그것의 역동성을 보증합니다. 정말로 이런 논리적 도식을 완벽하게 하기 위해 네 번째 용어를 추가할 필요가 있습니다. 이는 아마 가장 중요한 것으로 무의식의 주체입니다. 이에 대해서는 뒤에 상세히 논할 것입니다. 무의식의 주체는 모든 구조가 움직이고 있을 때 만들어지는 효과라고 잠정적으로 말해둡시다.

*
* *

무의식에 대한 관점의 종합

무의식을 일자와 또한 그 일자를 뺀 시니피앙들의 집합이라는 것으로, 즉 그 일자의 결여에 의해 구멍이 뚫린 집합으로 생각하는 것과 같은 난제에 접근을 시도하기 위해서 사용하는 개념적 틀의 다양성을 여러분은 지금 볼 수 있습니다. 우리는 서로 다른 개념 쌍들을 연속적으로 사용했습니다. 은유와 환유, 일자와 연쇄, 경계와 무한한 연쇄, 현행진술과 잠재진술들, 피억압물의 회귀와 억압된 표상들, 하나의 의미화 쌍인 S_1과 S_2, 마지막으로 행위와 무의식. 이들 각쌍의 두 번째 파트너인 환유, 연쇄, 무한한 연쇄, 잠재진술들, 억압된 표상들, S_2, 그리고 구조로서의 무의식 – 이것들이 구멍을 가진 그물망으로 상상되어야 한다는 점을 주목해봅시다. 그 구멍은 일자의 자리를 일시적으로 차지했던 시니피앙에 의해 비워진 자리입니다.

지금 이러한 모든 개념적 접근들은 가장 순진무구한 질문으로 환원될 수 있습니다. 현행진술이 미래의 진술들을 말하고 과거의 진술들을 반복한다면 자문할 곳이 생겨납니다. "옛날의 내 꿈은 어디에 있을까? 또한 다가올 것들

지나간 나의 꿈과 다가올 나의 꿈은 어디에 있는가?

은 어디에 있을까? 나의 과거는 어디에 머무를까?" 이것은 우리의 질문일 뿐 아니라 예를 들어 철학자 마르틴 하이데거의 질문도 됩니다. 우리에게는 과거를 질문하는 것이 무의식을 질문하는 방식입니다. 무의식은 어디에 있습니까? 하지만 라깡은 무의식이 어디에 있는지 자문하지 않고 오히려 그것이 어떻게 조직되는지를 자문했습니다. 초기에 그는 "무의식은 언어처럼 구조화되어 있다"고 제안했지만 그것으로는 충분하지 않습니다. 그는 "무의식은 반드시 어떤 논리에 복종해야 한다"고 되뇌이며 말을 이어나갔습니다. 당시 라깡에게 "그렇지만 무슨 논리입니까?"라고 누가 물었다면 그는 "시니피앙들의 논리"라고 답했을 겁니다. 우리가 "하지만 이런 시니피앙들은 어디에 있습니까?"라고 끈질지게 물어본다면 그는 "중요하지 않다!"라고 답했을 것입니다. 과학자들 역시 이런 식으로 작업합니다. 그들은 사물들의 정확한 의미를 요구하지 않으면서 앞으로 나아갑니다. 해결할 수 없는 문제들이 돌출할 때, 그들은 그것을 옮겨놓고 명명하고는 그들의 연구를 추구해갑니다. 나는 라깡의 방식도 동일한 방향을 따른다고 믿습니다. 라깡은 형이상학자의 방식대로 과거와 미래의 본성 또는 일반적인 시간의 본성을 묻지 않고 종종 과학에서 흔히 진행해가듯 나아갑니다. 그는 '어디에서'라는 질문을 '어떻게'라는 질문으로 대체하고 '어떻게'라고 자문하면서 명명하고 공식화합니다. 문제가 나타나고 그것이 해결할 수 없는 것으로 드러나면 한 글자로 명명해서 이름을 주게 됩니다. 그리고 그 질문의 불투명함이 점차로 적어질 때까지 이 이름과 함께 그 작업은 계속됩니다. 앙리 푸앵카레Henri Poincaré는 연구도정에서 가장 어려운 단계는 정확한 시기에 정확한 이름으로 그 곤경들을 명명하는 거라고 항상 상기시켜 줍니다.

라깡은 피억압물과 피억압물의 회귀라는 프로이트의 용어들을 되풀이하기보다 차라리 명명하고 특히 글자로 쓰는 것을 선호합니다. 그는 공식화하고, 문자들과 숫자들과 이름들을 붙입니다. 이름은 항상 문자를 수반합니다. 그런데 그는 무엇을 써놓을까요? 그는 현행진술을 S_1로 표기하는데, 왜냐하면 그것은 1이고 항상 1이기 때문입니다. 또한 시니피앙이라서 S입니다. 그는 잠재진술들의 집합, 즉 연결되고 억압된 요소들의 집합을 S_2로 표기합니다. 이런 방식으로 우리가 개념들을 쓰고 공식화하는 것은 다음과 같이 주장하는 것과 같습니다. "자아, 그 단어의 뜻은 잊어버리고 이제 다시 시작합시다." S_1과 S_2라는 두 가지 표기법을 가지고 우리는 어떤 논리안에서 작업합니다. 우리는 용어들의 의미작용은 잊어버리지만 S_1이 일자의 차원에 속하고, S_2가 집합의 차원에 속한다는 것을

"사유하는 경악은 질문으로 말한다"
(하이데거)

잊어버리지는 않습니다. 이런 방식으로 일자와 집합 간의 관계에서 엄격한 논리를 그려냅니다. 일자는 배제라는 것으로 집합에 연결됩니다.

처음에 우리는 순진하게 놀라면서 가장 단순한 질문을 제기하게 되는데, 그건 무의식의 장소에 대한 질문으로 '어디'라는 질문입니다. 그런 다음 우리는 S_1과 S_2 같은 형식적인 명칭을 가지고 우리 스스로 새롭게 자문하게 될 때까지 작업해 나갑니다. 그런데 이 모든 개념적 명칭들과 내가 스스로 제기했던 단순한 질문들은 무슨 관계가 있나요? 분석가의 정신적 작업은 바로 이것입니다: 가장 단순한 질문에서 출발해 가장 형식적인 개념들－시니피앙, 주체, 타대상objet *a* 등－로 옮겨갔다가 다시 가장 단순한 그 질문들로 되돌아오는 것.

* * *

무의식의 영역을 형식화하도록 해준 그 논리가 미친 영향은 무엇입니까?

나는 우리가 논리학자도 아니고 언어학자도 아니라는 것을 명확히 밝혔습니다. 하지만 논리학자들의 기본적인 텍스트들을 연구해서 그들로부터 우리 분야를 분명히 밝혀 줄 모든 명제들을 끌어내야 할 필요가 있습니다. 그렇지만 임상 교육에 대한 명백한 우선순위는 결코 포기하지 말아야 합니다. 확실히 분석 담론은 과학 담론과 다릅니다. 하지만 정신분석은 우리의 환자들과 함께 하는 경험을 이해하기 위해 다른 학문들에서 배우는 일에 항상 관심을 두어야 합니다. 예를 들면, 다음과 같은 임상적 사실을 가끔 확인하게 됩니다. 주체가 말하고 있다가 깜짝 놀라게 하는 낱말을 내뱉고, 갑자기 멈추고서 외칩니다. "나는 결코 그렇게 생각해 본 적이 없어요!" 우리가 보았듯 이런 경악은 파롤의 유의미한 특성을 보여주고, 그런 낱말이 어떻게 환자에게서 돌출될 수 있었는지 그 방식에 대한 의문이 그 환자한테 즉각적으로 떠오르게 됩니다. "그 낱말이 나한테서 생겨나 자문하게 되는 것은 어찌된 일인가요?" 아는 것과 원하는 것 이상으로 말하는 주체의 이런 주된 임상적 사실에 기반하여, 정신분석은 우리가 발전시켜왔던 것처럼 어떻게 시니피앙이 무의식을 실현시키는지를 보여주는 S_1/S_2라는 유의미한 한 쌍의 이론을 정립하게 됩니다.

그런데 분명히 여러분은 하나의 시니피앙과 무의식적 시니피앙들의 연쇄 사이에 이뤄진 역동적 관계에 대해 우리가 논리학에서 무엇을 배울 수 있는지 묻습니다. 여러분의 질문에 대한 가능한 답변은 논리학 분야에서 라깡의 이론이 받았던 세 가지 영향을 간단하게 떠올려주는 것입니다. 나는 페아노G. Peano의 공리, 프레게G. Frege의 논리학, 그리고 특히 칸토르G. Cantor의 명제들에서 나온 집합론을 생각하고 있습니다. 이것은 우리가 시니피앙의 문제를 서로 다르게 접근할 수 있도록 해주는 세 가지 논리적 개념들과 내가 다른 저술들에서 연구한 적이 있는 개념들입니다. 페아노의 공리는 수열의 틀 안에서 영zéro의 장소와 후자successeur의 장소를 고려합니다.[9] 칸토르는 자신이 제안한 두 가지 원리들에 따라 집합의 무한하면서 동시에 유한한 특성을 우리에게 보여줍니다. 그것은 생성의 원리와 경계로의 이동 원리입니다. 마지막으로 프레게는 무엇보다 특히 개념과 대상 사이를 구별하여 라깡이 주체와 시니피앙의 상태를 더 잘 공식화하도록 했습니다. 우리가 이런 원리들을 분석의 영역에 세심하게 적용하자고 제안하지는 않겠습니다. 차라리 우리 자신의 목적을 위해 그들을 이용한다고 말하겠습니다. 연결된 분야로부터 빌려온 개념을 사용하고 정신분석 영역의 고유한 필요성에 따

9) 우리는 라깡의 시니피앙 이론과 페아노의 공리의 관계를 『로르의 눈: 자끄 라깡의 이론에서 타대상의 개념 *Les Yeux de Laure: Le concept d'objet a dans la théorie de Jacques Lacan*』(Aubier, 1987)에서 발전시켰습니다.

라 그들을 수정했기 때문에 라깡은 여러 차례 비난을 받았습니다. 효과적으로 정신분석에 도입된 개념을 이용하기 위해 그로부터 원어의 특수성을 빼앗아버릴 위험에도 그것을 수정해야만 한다는 것이 불가피하게 입증되었습니다. 라깡이 남근기능에 관한 남자와 여자의 특수한 관계(성화의 공식들)를 설명하기 위해 논리적 한량기호를 만들어 특이하게 이용하고 있는 것으로 생각합니다.[10)]

기본적으로는 두 개의 논리적 한량기호들이 있습니다. 하나는 '존재existence기호'이고 다른 하나는 '보편universel 기호'입니다. 전자는 ∃라고 쓰고, 후자는 ∀라고 씁니다. 이런 한량기호들의 부정을 나타내는 라깡의 표현은 각각의 기호 위에 횡선을 그은 ($\overline{\exists}$)와 ($\overline{\forall}$)입니다. 라깡은 한 분야에서 다른 분야로 개념의 순환을 상상하는 모든 방식을 취합니다. 예를 들자면, 그의 노작은 실재계, 상징계, 상상계 사이에 있는 밀접한 표현을 보여주려고 보로메오 매듭과 함께 설계했습니다. 이런 경우에 라깡은 매듭 이론 같은 정신분석과 다른 영역에 속한 개념을 빌려오고 수정할

10) 러셀 그릭 교수는 양화사quantificateur와 한량기호quanteur를 동의어로 보지만, 핑크 교수는 라깡이 양화사보다는 한량기호로 말하면서 정량이나 양화와 상관없다고 해석함. 그런 소견에 대해서 그릭은 해석의 문제로 간주하고 두 용어 사이에 연결이 있다고 주장함. 양화사를 철학에서는 한량기호라고도 부름. 그릭의 『라깡과 언어와 철학』(김종주·김아영 옮김, 인간사랑), 제6장 "라깡과 바디우: 부전의 논리학" 특히 151쪽과 역주(299쪽) 참고.

뿐만 아니라 위상수학이란 상대적인 최신의 주제까지 원용해 보강하려는 것으로 보입니다.

라깡, 소쉬르의 독자

도입된 개념들의 수많은 예 중, 가장 잘 알려진 것은 소쉬르로부터 빌려온 시니피앙입니다. 그렇지만 그것의 정신분석적 의미는 언어학적인 의미와 다릅니다. 수년 전 한 언어학자는 라깡이 '시니피앙'이란 단어를 잘못 사용하고 있으며, 소쉬르를 대각선으로 읽는, 피상적으로 읽었다고 비난 했습니다. 나는 라깡이 반응했을 방식을 쉽게 상상할 수 있습니다. "대각선이라고?" 그는 이렇게 답할 것입니다. "대각선으로 읽는 것이 당신한테 의미하는 바에 대해 의견일치를 봐야 하겠군요. 대각선으로 읽는다는 것이 피상적으로 읽는 것을 의미한다면, 나는 결코 당신의 이의를 인정하지 않을 겁니다. 반대로 내가 집합과 순서 사이의 관계를 설정하기 위해 대각선 체계를 이용하는 것을 의미한다면, 다시 말해 칸토르가 초한수를 발견하게 해준 바로 그 체계를 이용하는 것을 의미한다면, 그래요, 시니피앙의 정신분석적 개념을 세우기 위해서 나는 대각선으로 소쉬르를 읽어야 했습니다."

이런 답변이 적절할 것입니다. 분명히 칸토르는 여러 가산집합들의 결합이 그 자체로 셀 수 있다는 것을 보여주려고 대각선 계산법을 사용했기 때문입니다. 그는 가산집합들의 기수의 표기로 또한 가장 작은 초한기수로서 알레프 제로aleph zero라는 문자($\aleph_0$)를 도입했습니다. 히브리어 알파벳의 첫 번째 문자인 알레프에 아래첨자가 붙은 겁니다. '대각선으로 읽기'는 칸토르로 하여금 새로운 요소를 생성하도록 해준 방법입니다. 이 또한 제 상상이지만 라캉이 칸토르를 알았다면 이렇게 덧붙였을 겁니다. "당신의 언급이 칸토르의 대각선 계산법에 따라 내가 소쉬르를 대각선으로 읽은 것이 내게 새로운 요소를 발견하게 해주었다는 뜻이라면, 당신의 언급은 옳습니다. 내가 만든 시니피앙의 개념은 소쉬르에게 없는, 완전히 새로운 생산물이기 때문입니다."

여러분은 인식론적인 관점에서 볼 때 앞으로 연구할 거대한 영역이 있다는 것을 이해했을 것입니다. 그것은 학문간 개념들의 교환과 그 결과에서 나온 풍성한 새로운 생산물들 사이의 관계를 탐구하는 영역입니다.

*
* *

주체는 상징계의 경로를 따라가고…

이 행렬을 붙잡는 것은 그 주체뿐만 아니라

상호주체성 안에 있는 모든 주체들이며(…)

시니피앙의 이동은 주체들의 행위와 운명과

거부와 무분별과

성공과 저주의 측면에서 그 주체들을 결정하는데, 이 결정에는

주체들의 타고난 재능이나 사회적 기득권도 상관 없고

성격이나 성도 고려되지 않는다.

좋든 싫든 간에

시니피앙은 시니피앙 자신의 행렬을 따라갈 것이며…

– 자끄 라깡

시니피앙은 아무에게도 말을 걸지 않는다

이제 나는 유의미한 한 쌍의 논리로 되돌아와, 우리 분석 수행자들과의 작업을 위해 아주 중요한 첫 번째 결론을 끌어내고 싶습니다. 시니피앙이 항상 시니피앙들의 연쇄로 결합되어 있다는 가설을 받아들일 때, 이것이 우리 임상에 미치는 파급효과는 무었일까요 ? 글쎄, 그것은 하나의 시니피앙이 결코 한 사람을 향해 있지 않고 그것과 결합을 이루는 다른 시니피앙들을 '향해 있으며' 시니피앙 고유의 삶을 영위한다는 것이겠지요. 사실, 시니피앙은 내가 그것을 발신하거나 그 충격을 받아들인다는 사실을 뛰어넘어서 두 번째 시니피앙과 연결됩니다.

나는 다음과 같은 라깡의 문구를 한 예로서 설명하고 싶어요. “하나의 시니피앙은 오직 다른 시니피앙을 위한 시니피앙이다.” 한 가지 증상 사례를 다시 들여다봅시다. 증상에서 기호의 측면을 제거하고 시니피앙의 측면에서 그 증상을 고려해 보죠. 매력적인 젊은 여성 앞에서 얼굴이 붉어지는 것을 막을 수 없기 때문에 내게 진찰 받으러 온 환자가 생각 납니다. 그런 순간이면 그는 얼굴에 열기가 오르는 걸 느끼고 낯을 붉히면서 달아나 숨을 수밖에 없는 자신을 봅니다. 우리는 이것을 적면공포증erithrophobie이라고 부르죠. 환자는 어떤 카페에 앉아 있었던 이야기를 합니다. 그는 갑자기 세 테이블 떨어진 자리에서 예쁜 여성의 존재를 알아차리게 되고, 그때 얼굴이 붉어지면서 모든 사람의 시선에 노출될까 불안해졌다는 거예요. 정신병리적 관점에서 보면 적면공포증은 분명히 공포증 구조의 증상입니다. 하지만 우리의 정신분석적 관점에서 본다면, 어떤 점에서 적면공포증은 증상일까요? 분석가에게 흥미를 끄는 것은 무엇일까요? 우선 우리에게 흥미로운 것은 환자가 그렇게 된 이야기를 자세히 하는 방식인데, 사용된 단어들이나 만들어낸 은유들이 그렇습니다. 그 다음은 그가 불편함을 얘기하는 과정에서 돌출해 나오는 우연한 실언, 오류들 또는 오해들입니다. 마지막은 임상의사로서 우리와 관련된 것인데 증상을 정의하면서 끌어냈던 특성

시니피앙은 주체에서 주체로 뛰어다닌다

들 가운데 하나, 곧 분석가는 증상의 일부가 된다는 사실을 떠올려 봅시다. 우리 자신 안에서 그런 증상의 효과들을 인식하는 것이 우리에게 특히 중요해요. 그 환자의 사례에 관하여 여러분한테 말하면서, 나는 방금 나도 모르게 내 손으로 내 뺨을 만지게 되었어요. 아마 이런 제스처는 단순히 내 설명을 보여주기도 하겠지만 환자가 호소하는 적면공포증의 증상에 직접적으로 연결될 수도 있어요. 여러분 앞에서 자연스럽게 실현된 나의 이런 제스처도 환자 무의식의 시니피앙들에 연결된 한 가지 시니피앙의 가치를 지닐 수 있지요. 그 제스처가 시니피앙의 가치를 지닐 수도 있다는 것은 무슨 뜻일까요? 그것은 나의 외부에서, 나를 넘어서고 내 환자를 넘어서서, 내 손들의 제스처와 그의 얼굴에 나타난 몹시 걱정스러운 홍조가 우리들 외부의 관계 속에서 연결되고 있다는 겁니다. 달리 말해서, 그의 무의식적 욕망이 내 욕망을 통해 어떻게 반복되는지는 나도 내 환자도 똑같이 모른다는 것입니다.

내가 여러분 앞에서 취하게 되는 이런 분석가의 입장은, 내 환자의 증상에 나 자신을 포함시킬 뿐만 아니라 특히 증상의 의미화 가치를 인식하기도 합니다. 그런데 이런 입장은 홍조를 기호로 간주하여 "당연히 그는 페니스처럼 빨개지죠!" 라고 말하게 될 임상의사의 모습과는 완전히 대조가 됩니다. 또는 그 위에다 배의 돛대를 표현한 아이의 데생을 보면서 "그건 남근이구나!" 라고 말하는 의사와도 반대가 되죠. 적면공포증에 대한 더욱 섬세한 다른 해석도 상상해봅시다. "실제로 이 증상은 그의 아버지에 대한 환자의 여성적 위치를 나타내는" 거라고 다른 임상의사는 생각할 수도 있어요. 이 분석가는 이전의 희화적인 해석보다 훨씬 엄격하고 정확한 이런 결론에 그가 어떻게 도달하게 되었는지 알고 또 설명할 수 있을 겁니다. 하지만 이렇게까지 다듬어진 해석에도 불구하고 분석가는 증상을 기호로 받아들이지 시니피앙으로 보고 있지 않아요. 왜 그럴까요? 그가 증상에 의미를 부여하면서 해석했기 때문입니다. 그러면 여러분은 내게 묻겠죠. 우리가 시니피앙으로써 증상에 접근할 때 어떤 태도를 취해야 할까요? 증상의 유의미한 충격을 증명하는 유일한 반응은 경악입니다. 시니피앙에 의해 충격을 받은 정신분석가는 말이 없어지고 게다가 생각도 없으며 침묵하고 당황하게 됩니다. 여러분이 언제 기호보다는 시니피앙으로서 그 증상에 사로잡혔는지 알고 싶다면 하나의 유일한 지표가 있을 뿐인데, 여러분한테 충격을 준 그 경악입니다.

"시니피앙의 전치가 주체들을 결정한다..." *(라깡)*

시니피앙은 모든 의미에 저항하는 것임을 강조하고 싶군요. 가장 적합한 해석에 의해 생성된 의미조차 시니피앙은 결코 받아들일 수 없는 운명이죠. 시니피앙은 주체들을 통과하며 분석가나 분석수행자가 그것에 부여할 수 있는 의미를 넘어섭니다.

하지만 나는 여러분이 내게 이렇게 곧바로 묻는 것을 듣습니다. "증상-시니피앙이 가장 올바른 해석을 포함한 모든 의미에 저항하고 모든 도달거리 바깥에 유지된다면, 어떻게 우리가 환자에게 조금이나마 증상 완화를 기대해 볼 수 있겠나요?" 나는 증상-시니피앙을 다루는 방식은 다른 시니피앙으로 이것을 대치하는 것이고, 분석가가 제공할 수 있는 가장 좋은 해석은 결코 그것이 드러내는 의미에 의해서 작용하는 것이 아니라 그것이 점유하는 시니피앙의 장소에 의해 작용하는 것이라고 대답하겠습니다. 분석가한테 일어나는 경악이 환자의 증상이 분석가에게 가하는 유의미한 충격의 지표가 되는 것처럼, 환자한테서 일어나는 경악도 분석가의 해석이 환자에게 미치는 유의미한 충격의 확실한 지표가 되지요.

해석은 무의식적인 연쇄에 삽입되는 한 가지 시니피앙이다

시니피앙의 파악할 수 없는 특성은 정신분석가한테 청취의 문제를 불러일으킵니다. 여기, 시니피앙의 능력을 너무 문자 그대로 받아들이는 사람의 희화화된 이의제기가 있습니다: "좋아요, 시니피앙이 혼자만의 힘으로 반복하고 있다면, 그것이 연쇄에 연결되어 있다면, 그것이 드러난 모든 의미에 저항한다면, 그것이 지식이나 생각보다 더 멀리 가버린다면, 분석가는 안락의자에서 잠이나 자면 되겠군요. 시니피앙 혼자서 자신의 길을 열어 나갈테니까요." 시니피앙에 대한 우리의 개념에 따르면, 사실 이것은 분석가의 기능에 대한 가능한 이의제기입니다. 나는 엄밀한 관점에서 분석의 기능은 반복의 운동성을 유지하고 보장하는 것이라고 대답할 것입니다. 결국 일자의 장소를 점유하는 시니피앙의 교체를 도와주는 것이 분석가의 일이지요. 왜냐하면 무의식이 자동으로 움직이는 것이라 하더라도, 반복자동증이 불가피하다 하더라도 분석가는 일자의 자리에 어떤 시니피앙이 엉겨붙어버리는 걸림돌을 보게 될 수도 있으니까요. 끈질기게 남아있는 증상이 이런 경우에 해당되죠. 혹은 향락이 일자의 자리를 침습하여 의미화 체계의 정체stagnation를 불러와 장애물이 되기도 하는데 정신신체 질환이 이 경우에 해당합니다.[11)]

달리 말해서, 분석가는 시니피앙의 반복의 유동성을 활발하게 유지시키고 욕망도 활발하게 유지시켜 줍니다. 더 구체적으로 말해서, 분석가가 치료에서 욕망을 따라가고

11) 시니피앙 S1에 대한 향락의 장악의 임상적 예는 다섯 번째 강의에서 심층 논의되고 있음.

보존하고 유지하는 기능을 감당하려면 매번의 상황에서 어떤 몸짓과 개입과 말대꾸와 반응을 해야 좋을지가 질문으로 남는다는 것이죠.

*
* *

여기에 내가 시니피앙에 관한 라깡의 이론으로부터 끌어오려고 했던 임상적 결론이 있습니다. 우리는 시니피앙의 추상적 정의를 되살릴 수 있습니다. "하나의 시니피앙은 다른 시니피앙들을 향해 주체를 표상하는 것이다." 우리는 이것을 더 깊이 파고들어 다시 손질할 수 있지만, 결코 그것의 임상적 파급효과란 시각을 잃어버려서는 안 됩니다. 여러분이 시니피앙을 해석하자마자, 다시 말해 그것에 의미를 부여하자마자 그것은 시니피앙이 되기를 멈추고 기호가 됩니다. 그렇지만 엄밀하게 이 마지막 문구를 바로잡는 것이 중요합니다. 나는 시니피앙이 해석되기 때문에 본질적으로 시니피앙이 되기를 멈춘다고 말하는 것은 아닙니다. 그래요. 시니피앙은 필연적으로 시니피앙의 상태로 남습니다. 그렇지만 여러분이 시니피앙을 해석하는 순간부터 그 시니피앙은 여러분을 위한 기호로 바뀌어 버립니다. 시니피앙이 누군가를 위한 시니피앙이 되는 순간부터 그것은 기호가 되고 더 이상 시니피앙이 아니기 때문입니다.

본질적으로 그것은 계속해서 시니피앙으로 남는다는 겁니까?

그럼요. 증상은 두 가지 측면을 지닌다고 주장할 수 있는 것도 바로 이런 이유 때문입니다. 우리와 함께 하는 기호의 측면만큼이나 우리를 벗어나는 시니피앙의 측면도 갖고 있죠. 하지만 오해하진 마십시오. 완전히 이질적인 것일지라도 이 두 측면은 서로가 없으면 존재하지 못합니다. 나는 특히 시니피앙이 오직 의미 기반 위에서만 떠오른다는 것을 말하고 싶습니다. 시니피앙은 우리가 그것을 우리에게 말을 거는 의미있는 기호라고 간주할 때만 비로소 우리들을 넘어서는 시니피앙 고유의 생을 살 수 있습니다. 분명히 나는 분석수행자에겐 증상의 유의미한 가치 그리고 분석가에겐 해석의 유의미한 가치에 특권을 주게 됩니다. 그렇지만 이 가치는 우리가 분석에서 의미의 생산을 적극적으로 촉진할 때에만 나타납니다. 증상은 항상 해석될 수 있습니다. 항상 그것에 의미를 부여할 수 있고, 증상에 의미를 부여한 첫 번째 사람은 그것으로 고통 받는 환자 그 자신입니다. 환자가 의미를 생산하지 않고 고통의

시니피앙은 오직 … 작용한다

원인을 찾지 않게 된다면 이 점은 우리가 첫째 강의에서 강조한 바 있는데 분석가는 때맞춰 이와 같이 질문하고 요구하게 됩니다. "당신에게 일어난 일에 대해 당신은 어떤 생각을 합니까?" "당신에 의하면 병의 원인은 무엇인가요?" 나는 예비면담 상황뿐만 아니라 특히 환자가 분석 공간에 대하여 더 이상 욕망이 없다는 듯이, 의례의 단조로움에 안주한 것처럼 보이는 그런 치료 순간들에서 이 같은 질문들을 제기합니다. 환자는 찾아와서 말을 하지만, 그는 자신의 말로부터 부재해 있습니다. 따라서 분석가도 그의 청취로부터 부재하게 돼요. 분석수행자가 그들의 증상을 기호로 간주하여 의미를 생산하고 그가 앓고 있는 고통에 관한 이론을 세우도록 분석가가 재촉할 필요성은 바로 이런 때에 있다고 저는 봅니다. 한가지 더 주목할 것은 환자가 말하고 자신을 설명하는 범위 내에서 전이 사랑 또한 관여되고 발전된다는 것입니다. 분석에서 일어나는 사랑은 기호들에서 양분을 얻는 의미의 중요한 모습 중 하나이지요. 우리가 의미를 찾으면서 말을 더 많이 할수록 우리는 우리가 말을 거는 그 대상을 더욱 사랑하게 됩니다. 간단히 말해, 증상이 시니피앙의 예리한 무게를 가지도록 하기 위해서는 임상의사가 기호로 간주되는 이 증상에 의해 생겨난 의미를 보존하고 촉진하는 것이 적절합니다. 시니피앙은 의미의 욕조에 담겨있을 때에만 작용

오로지 의미의 욕조에 잠길 때만...

하기 때문입니다.

*
* *

이제는 더 이상 의미와 관련되지 않고 다른 시니피앙들과 연결되어 있는 그 시니피앙에 대해 다시 논하려고 합니다. 시니피앙이 자율적인 방식으로 자신의 생애를 이끌어 가거나 우리도 모르게 우리를 관통해 지나간다거나 그것이 다른 시니피앙들과 연결된다고 주장할 때, 우리는 반복의 사실을 인정하게 됩니다. 그러므로 S1이 다른 시니피앙들인 S2를 위한 시니피앙이라는 것을 나타내는 화살표(S1→S2)를 통해 우리는 반복 현상을 도표로 나타내는 표상을 갖습니다. 내가 여러분한테 적면공포증환자에 대해 말할 때 일어난 내 제스처의 '흘림'을 통해서 여러분은 반복의 과정이 한 사람에게만 국한되는 것이 아니라, 시니피앙이 주체로부터 주체로 도약하는 것처럼, 한 사람과 다른 사람들 사이를 연결해주는 공간에 펼쳐진다는 것을 이해했을 것입니다. 내 공포증 환자가 나라는 분석가와 전이적 유대를 유지하는 한, 그의 증상의 반복은 나 자신에게 새겨지고 아까처럼 저절로 일어나는 제스처의 형태로 나타납니다. 무의식적인 시니피앙들의 환유적 연쇄는 우리에게 공유된 것인 반면 은유적 시니피앙의 일자의 장소는 그 지지대를 바꾼 것인데, 이전에는 그 지지대가 환자였다가 아까는 나였던 것이죠.

무의식은 시간과 공간과 사람을 벗어나 있다

우리가 무의식이 어떻게 기능하는지 이해한다면, 반복이 이른바 개인이라는 상상적 단위에 제한되지 않는다는 것을 인정할 것입니다. 두 주체들 사이에 펼쳐진 무의식이라는 이런 논리적 관념 덕분에, 우리는 연대순의 시간, 유클리드 공간, 개인적 단위라는 세 가지 직관적인 편견과 결별할 수 있게 되었습니다. 우리가 무의식의 개념을 작업한다면, 그것을 끊임없이 생각하고 다시 생각한다면, 그리고 우리의 진료를 무의식의 개념으로 비춰본다면, 연대순의 시간, 유클리드 공간, 사람의 자아적 단위에 관한 우리의 편견들이 점차 사그라지는 것을 보게 됩니다. 우리는 더 이상 사람이라는 용어로 말하지 않을 것이고, 과거나 미래나 현재 시간이라는 용어로 말하지 않을 것이며, 또한 무의식의 장소를 나타내기 위해 더 이상 저장공간이라는 용어를 쓰지 않을 것입니다. 우리는 다른 용어들로 생각하는 연습을 해야 합니다. 우리는 임상의사로서 성숙해지고 청취를 다듬어 감에 따라, 우리는 애써 무의식을 시간과 공간과 개인을 넘어서서 생각해보는 일에 직면하게 됩니다.

라깡이 정신분석가한테서 이런 편견들을 끊어내려고 투쟁했던 유일한 사람은 아닙니다. 나는 특히 비온Bion을 생각하는데, 그는 라깡과는 다르게 정신분석에서 시간과 공간의 문제를 제기했습니다. 두 가지 질문이 이 앵글로-색슨 분석가의 작업에 스며들어 있습니다: 임상의사에게서 해석의 출현 시기는 언제인지, 분석수행자한테 해석적 진술이 어떤 시간과 공간에서 효과를 만들어내는지? 비온은 분석의 공간을 '은하 공간'으로 상상하면 왜 안 되는지 의문를 품었습니다. 나는 그가 이런 질문들로 더 깊이 파들어 가길 바랐지만, 질문들이 공식화되었다는 사실만으로도 이미 가치는 충분했다고 생각합니다. 여러분도 알다시피 분석 안에서 공간과 시간에 대한 직관적 개념들을 뒤엎었던 이런 의문들이 오로지 라깡의 방식에서만 도출된 것은 아닙니다. 이런 질문들은 분석가의 작업에 내재되어 있다고 믿습니다. 나는 이런 문제제기들이 얼마나 자의적이거나 사변적이거나 추상적이지 않은지를 여러분이 느꼈으면 합니다. 예를 들어 우리 환자들과의 임상 작업과 가르침 사이의 관계를 의문시할 때, 이러한 질문들이 생깁니다. 내가 가르치는 과정에서 여러분과 함께 있다는 이 사실과 적면공포증에 관해 나에게 말해줬던 환자 사이의 관계는 실제로 무엇일까요? 내가 오늘 이 임상사례를 자세히 설명하고 있다는 사실과 그 분석수행자와의 전이적 경험 간에 어떤 관계를 수립할 수 있을까요? 지리적으로, 그는 지금 프랑스에 있고 나는 여기 콜롬비아에 있기에 바다가 우리를 갈라놓고 있지만, 정신적으로 우리는 행동으로 긴밀하게 연결되어 있어요. 연대기적으로도 수년의 간격이 있는 것이, 환자가 내게 자기 증상에 대해서 말해준 것이 2년이나 지났기 때문입니다. 그렇지만 오늘 그의 사례를 떠올리고 내가 했듯이 손으로 얼굴을 만지는 그의 몸짓을 모방하는 일은 너무도 큰 현존의 힘으로 다가와 시계상의 시간을 뛰어넘고 뒤엎는 결과를 가져옵니다. 치료의 내부는 어디에 있고 치료의 외부는 어디에 있을까요? 분석에서 현재는 어디에 있고 또 과거는 어디에 있을까요?

*
* *

적면공포증과 같은 증상이 분석가에게서 반복된다는 것을 가리키는 기호들은 무엇인가요?

내가 이미 여러분에게 답했다고 생각되는군요. 환자의 증상들 가운데 하나가 나한테서 반복되는 것은 내가 환자에 관해 말하고 있거나 내가 방금 한 것처럼 내가 그와 동일시하고 있는 때입니다. 여러 해 동안 분석가로서 작업하다 보면 결국 이런 현상을 알아차리게 됩니다. 자, 누군가가 여러분 앞에 있습니다. 그는 카우치에 누워 말을 하고 불만을 늘어 놓습니다. 우리는 그에게 할 수 있는 한 경청하고 환자가 따라가는 길을 이해하려고 노력합니다. 그런데 치료의 강렬한 순간들에, 분석가는 환자의 삶의 시니피앙들이 그 자신에게서 반복된다는 것을 발견하고 놀라게 됩니다. 분석가의 삶은 환자들의 증상들이 회귀함으로써 구멍이 숭숭 뚫리게 됩니다. 여러분이 앞에서 던진 질문이 얼마나 적절한지 아시겠지요? 예를 들어 여러분 앞에서 내가 보인 그런 몸짓처럼 분석가한테는 증상들의 반복이 여러 가지 양상으로 존재하는데, 프로이트는 이런 현상을 분석가가 환자와 동일시하는 것으로 보았을 것입니다.

앞서 내가 말했듯이 증상은 그 영향범위를 모르는 행위입니다. 그런데 한번 알게 된다면, 그것이 재출현할 다음 장소를 예상할 수 있을까요? 누군가에게 나타났다가 사라지고 다른 사람에게서 다시 나타나는 그 시니피앙의 실마리를 우리가 따라갈 수 있을까요? 결코 아닙니다. 누구도 결코 시니피앙의 실마리를 따라갈 수 없습니다. 따라가 보면 그 시니피앙은 그 자신의 움직임에 있어 확실히 자율적일 테이지만, 우리 눈에는 금새 기호로 둔갑할 것입니다. 이것은 언어의 유희가 아닙니다. 이것은 내가 "우리는 해석하고 생각하고 사물들에 의미를 부여하지만, 우리가 그 사물에 부여한 의미 너머와 그 의미 바깥에서 사물들 스스로 제 갈 길을 간다는 것을 알아야 합니다"라고 말하는 것과 같습니다. 내 생각에는 바로 이런 이유 때문에, 환자의 증상이 분석가한테 반복되는 일이 가르치거나 이처럼 세미나를 하거나 심지어 손짓을 해보이는 분석가의 행동 가운데 실현됩니다. 또는 치료 환경이라면, 적절한 해석을 해내는 분석가의 행동 가운데 이러한 반복이 실현되는 것 같습니다.

내 환자들과의 작업이, 예를 들어, 내가 가르치는 활동의 근원에 있다고 생각한다면 곧바로 하나의 질문이 떠오르게 됩니다. 가르치는 행동에서 우리는 분석의 내부 영역에 있나요, 외부 영역에 있나요? 외부로부터 내부를 분리하는 경계는 무엇입니까? 더 이상 경계는 없다고 언제 우리는 말할 수 있나요? 정신분석가는 분석수행자의 세계가 진료실의 벽에 국한된다고 생각해서는 안 되고, 그가 진료실을 떠날 때도 증상의 장소 안에 그를 떼어놓는다고 생각해서는 안 됩니다. 분명히 아니죠. 그런데 울타리가 전혀 없어서, 분석가는 오직 정신분석의 특유한 세계에 산다는 결론을 내려야 할까요? 시니피앙들의 세계에는 경계가 없고 모든 주체들처럼 분석가도 거기에 꿰뚫려 있는 것은 사실입니다. 그렇지만 시니피앙의 영향력을 조절하는 일종의 독특한 여과기가 있습니다. 나는 임상의사의 배우자에 대해 생각하는 겁니다. 배우자는 사실 정신의 장벽 역할을 해주는 결정적인 사람입니다. 임상의사한테 환자의 증상이 반복되는 것에 대한 제방 역할을 해주는, 투과하고 조절하는 내벽으로서 기능하는 존재지요. 분석가의 배우자는 청취에 기인하는 긴장의 과도함을 완화시키는 장벽처럼 기능합니다.

*

말해질 수 있는 메타언어라는 것은 없다

알다시피 우리가 시니피앙의 반복으로서의 무의식 개념을 받아들인다면, 그때 우리는 완전히 새로운 방식으로 정신분석가의 삶에 미치는 그것의 영향력과 기능을 생각하게 될 것입니다. 이것이 메타언어는 없다고 주장하는 라깡에 동의할 수 있는 이유입니다. 이 문구는 무엇을 말하고 싶은 걸까요? 메타언어가 없다는 것은 메타-언어나 대상-언어[12)]가 없다는 것을 의미합니다. 실제로 언어가 스스로 외면화하려 하고 대상-언어에 관해 말하려는 순

12) 대상언어는 사물에 대해 말할 때 사용되는 보통의 언어체계(내용적 어법)이고, 메타언어는 대상언어의 구조에 대해 논할 때 사용되는 고차적인 언어체계(형식적 어법)임 – 역주주

간부터 그것은 실패하게 됩니다. 그것은 결코 그 스스로 완전히 폐쇄될 수 없습니다. 메타언어는 모든 언어를 외부로 열리게 하는 균열을 피할 수 없습니다. 이것이 추정된 어떤 대상-언어를 메타언어가 둘러서 담아내는 데 실패하게 되는 이유이기도 하죠.

메타언어에 관한 이런 설명이 어째서 필요할까요? 정확히 이것을 해명하기 위해서입니다. 누구도 무의식 그 자체에 영향을 받는다는 것을 인정하지 않고는 무의식에 대해 말할 수 없습니다. 우리는 무엇을 말하려는 걸까요? 우리는 우리가 무의식 범위 너머에 존재하는 것처럼 무의식에 대해 말할 수 없다는 겁니다. 우리가 무의식의 능동적 특성, 곧 한결같이 효과들을 생산해내는 그 능력을 받아들인다면, 또한 그것이 모든 말에, 무엇보다 무의식에 관해 말하는 우리의 말에 영향을 줄 수 있음을 인정하게 됩니다. 구체적으로, 어떤 분석가가 자유로운 태도로 어떤 인격적 관여도 없이 무의식에 관해 말한다고 한다면 그는 무의식에 관해 말하는 것이 아닙니다. "메타언어라는 것은 없다"는 문구는 무의식이 그 언어를 파기하는 일 없이, 무의식을 참조지점으로 삼는 소위 외부적이고 폐쇄적인 언어가 없다는 것을 뜻합니다. 모든 언어는 무의식의 효과출현에 노출되어 있는 언어입니다. 무의식에 영향

받지 않는 말은 없습니다. 나는 '꽉찬말parole pleine', 즉 영향력이 있는 말에 대해 언급하고 있습니다. "메타언어라는 것은 없다"는 문구는 이런 것을 의미합니다: 무의식에 영향을 받지 않는 그런 말들을 가지고 무의식에 관해 영향력 있게 말할 수 있는 방도란 결코 없다.

메타언어에 관한 명제는 논리학의 전초기지라는 것을 강조하려고 합니다. 대상언어와 메타언어의 차이를 발견한 사람은 사실상 논리학자들입니다. 하지만 논리학자는 그 명제의 형식 구조에 몰두하는 반면에 정신분석가는 이렇게 자문합니다. 그와 같은 명제는 무의식에 의해 어떤 방식으로 영향 받는가? 논리학자가 명제들 간의 논리적 공식화를 작업하는 그 자리에서 분석가는 이렇게 자문합니다. 이런 명제들 뒤에서 말하는 주체는 누구인가?

*

정신분석과 과학의 차이는 정신분석이 주체를 그것의 작업 재료로 택하는데 반해 과학은 원칙적으로 주체를 배제하고 내쫓는다는 것입니다. 과학적 담론은 주체를 거절하고, 다시 말해, 그것은 과학자의 욕망에 의문을 제기하지 않고, 연구의 대상이 연구자에게 유발하는 효과들을 무시합니다. 이런 연구자들이 공식을 가지고 작업한다는 사실을 넘어서 과학의 관심은 우선 그 공식이 발전하고 풍부해지는 방식을 엄격히 따르는 것입니다. 이것이 공식을 만들어낸 사람들과는 별개로 발전하는 공식의 유의미한 특성입니다. 엄밀한 형식적 관점에서 보면 계산법을 발전시킨 사람이 누구인지는 별로 중요하지 않습니다. 알다시피 계산법은 시니피앙의 매우 좋은 예이지만, 주의할 것은 그것이 주체 없는 시니피앙이라는 것입니다. 어째서 주체가 없을까요? 정신분석적인 의미에서 계산법은 시니피앙이 아니기 때문이다. 계산법은 그것을 제시한 사람에 의해 이해되지 못한 행위가 아니기 때문입니다. 계산법에서 우리에게 흥미를 끄는 것은 그것이 새로운 요소들의 생산과 포용을 허용함으로써 발전한다는 것입니다. 계산법으로서의 시니피앙과 우리가 말하는 시니피앙과의 차이점은 과학 공식 같은 시니피앙 뒤에는 주체가 없다는 것입니다. 반대로 치료 과정에서 조우하게 되는 모든 시니피앙들 뒤에서는, 그것들의 무의미한 특성에도 불구하고 정신분석은 주체를 발견하게 됩니다. 우리에게는 주체 없는 시니피앙이 없는데 반해 과학에서는 시니피앙이 주체를 배제합니다.

주체 없는 시니피앙은 없다

선생님이 주체에 대해 말할 때, 이는 어떤 주체와 관련됩니

까? 라깡이 말하는 무의식의 주체인 것입니까?

예. 완전히 그렇습니다. 정신분석가의 관점으로 보면 과학 담론은 주체를 배제하고 축출하는 담론입니다. 그때, '축출된 주체'는 과학 담론에는 부재한 주체라고 말할 수 있습니다. 지금 여러분은 내가 어떤 주체를 의미하는지 묻고 있습니다. 개인에 관련될까요? 아닙니다. 내가 이미 보여줬던 것처럼 개인의 자아 단위는 무의식 개념에 의해 전복됩니다. 그래서 우리가 습관적으로 정해진 이름과 신체를 가진 사람으로 생각하는 개인과는 구별된 '개인'의 다른 상태를 생각할 필요가 있습니다. 한 사람도 아니고 자아도 아니면서, 내가 주장하는 바 우리 분석작업의 중심에 있고 과학담론에 부재한 '개인'의 다른 상태란 무엇일까요? 그것은 라깡에 의해 소개된 '무의식의 주체'입니다. 라깡 이론의 이 핵심적인 개념에 대한 보다 확장된 논의를 위해서는 주체의 문제만 집중해서 다룬 내 강연을 수록한 6장을 참조하세요(269~303쪽).

*

그렇기 때문에 나는 라깡적인 영감에서 나온 일종의 논리적 허구로 이 둘째 강의의 결론을 맺으려 합니다. 이 허구는 주체의 형식적 탄생이란 꽤나 특별한 관점에서 무의식의 주체가 무엇인지 보여줍니다. 프로이트는 아들들에 의한 원초적 아버지의 '함입'이라는 신화의 형태로 주체의 탄생을 이미 상상한 바 있습니다('일차적 동일시'). 라깡은 주체의 탄생에 대한 신화적 관념 보다는 논리적 관념을 제안합니다. 실재계와 구멍과 시니피앙 개념들 간의 논리적 결합을 통해 라깡은 소위 무의식의 주체의 탄생에 대해서 설명을 시도하게 됩니다.

주체의 탄생

프로이트가 아들들에 의한 아버지 신체의 함입에서 어떻게 자아가 탄생할 수 있는지 자문하던 바로 그곳에서 라깡은 아주 특정한 논리적 과정에서 주체가 어떻게 태어나는지 묻고 있습니다. 그래서 우리는 물을 수 있습니다. 무의식의 주체는 어떻게 생겨나는가? 이것은 그에 대한 대답이 우리로 또 다른 질문을 던질 수밖에 없게 하는 어려운 문제입니다. 어떻게 주체는 무rien로부터 태어날 수 있는가? 모든 존재가 완전히 비어 있는 행성에서 어떻게 무언가가 생겨나는가? 이에 답하기 위해서는 '박탈'이란 용어를 사용해야 합니다. 이 용어는 여성의 성과 관련해 좌절과 거세라는 개념에 연결된 것으로 어니스트 존스Ernest Jones가 정신분석에서 처음으로 사용했다는 것을 떠올려 봅시다. 박탈이라는 이 동일한 용어를 라깡이 완전히 새로운 의미로 사용한 것은 흥미롭습니다. 그는 논리적인 방식으로 주체의 탄생을 설명하기 위해 박탈의 개념을 사용하는 어떤 도약을 행합니다. 아무것도 없는 행성에서 도대체 어떻게 하나의 존재가 생겨날까요? 어떻게 하나의 존재가 무로부터, 실재계로부터 솟아날 수 있을까요? 그런데 하나의 존재가 실재계로부터 솟아나기 위해서는 실재계에 구멍이 하나 뚫려야 하거나 실재계 안에서 무언가가 소실되어야 하거나, 실재계가 어떤 한 가지 것을 박탈당해야 할 것입니다. 라깡적 사유의 전적인 힘은 여기에 있습니다: 실재계에서 주체의 명확한 돌출을 생각해내기 위해 서는 먼저, 우리가 거기서 한 가지 요소를 빼내버린 어떤 전체un tout로서 실재계를 생각해야 한다.

두 단계로 나누어 좀 더 명확히 살펴 보죠.

실재계는 어떤 황량한 행성이 아니라 오히려 너무도 충만하고 무한히 가득 찬 행성이라고 상상해 보세요. 사물들과 존재들로 너무 가득 차 있어서 하나의 빈 공간un vide과도 같은 그런 행성이라고 말이죠. 실재계는 텅 빈 심연이란 뜻에서 허공이 아니라 무한히 가득 차 있다는 뜻에서 만물Tout이 가능한 장소입니다.

만물이 가능한 이런 장소에서 하나의 유일한 불가능성,

단 하나의 장애물, 단 하나의 마이너스가 생길 때, 그때 양성적인positif 존재의 탄생이 일어날 것입니다. 이 양성적 존재, 곧 우리의 무의식의 주체는 오직 무한히 충만한 것 내에 뚫려 있는 구멍의 상관물로서만 등장합니다.

요컨대, 라깡에게 무의식의 주체의 탄생은 한 가지 요소, 그것도 단 하나를 도려냄으로써 실재계에 뚫리게 된 그 구멍을 토대로 해서만 이해될 수 있습니다. 달리 말해서, 주체는 무한히 가득 찼다는 의미에서의 실재계가 하나의 결여를 배정 받는 바로 그 곳에서만 일자로서 불쑥 나타난다는 것이죠. 용어를 바꾸어 말해보면, 실재계가 만물이 가능한 장소라고 할 때, 무의식의 주체는 하나의 불가능이란 장애물이 솟아나는 바로 그 지점에서 정확히 태어난다고 하겠습니다.

무의식의 주체에 관해서는 이 정도로 그치고, 다음 3강에서는 자끄 라캉 이론의 주된 개념인 '타대상objet *a*' 개념을 다시 한번 다루도록 하죠.

*
* *

제 3 강

타대상의 개념

키워드

추방

치료의 열정

망각의 가장

정신분석가의 여성성

타대상

구멍이란 무엇인가?

타대상의 신체적인 모습

욕구, 요구, 욕망

욕망 대상으로서의 젖가슴

지난 강의에서, 선생님은 정신분석가의 역할을 시니피앙의 반복적인 유동성의 흐름을 확보해 주는 것으로 정의하였습니다. 그렇다면 선생님은 반복의 운동성이 분석치료의 목표이고, 심지어 반복한다는 것이 치료된다는 것과 동의어라고 주장하는 것입니까?

이번 강의에서는 타대상objet *a*이라는 라깡의 개념을 공부하겠습니다. 먼저 여러분의 질문에 답하려고 합니다. 분석의 기능은 사실 무의식의 활동성을 활발하게 유지시키는 것입니다. 그러나 정신분석가가 의미 있는 형성물들의 활동을 통한 외면화라는 것을 유일한 목표로 삼는 것으로는 충분치 않습니다. 정신분석가는 분석수행자의 가장 깊은 내면의 심급들instances[1]의 외면화를 도와주어야 합니다. 제 방식으로 설명하자면 분석은 그 주체가 자기 자신에 대하여 낯설게 되는 조건들을 만들어 주는 것이라 생

1) 불어 instance는 옛영어 instance와 마찬가지로 '간청'을 의미하고, 법원의 제1심, 2심처럼 재판권이나 판결권의 권위를 의미함. 라캉의 영어번역주가 '문자의 심급'을 문자의 '기관' agency으로 잘못 잘못 번역했음 –역주

각됩니다. 나는 정신분석은 근본적인 분리, 주체의 정신적 현실을 재편성하는 본질적 상실, 내가 '추방'이라고 부르는 상실을 불러오는 경향이 있어야 한다고 주저 없이 말할 것입니다. 정신분석은 환자에게 변화를 가져오고,

추방은 분석의 목표

또한 변화나 치유라는 용어로 분석의 목표를 설정하기보다는 주체가 자기 존재의 가장 내밀한 것이 밖으로부터 오는 것 같은, 자기 자신한테 낯선 것과 만나게 되도록 조건을 만들어주는 것을 목적으로 합니다. 우리들 각자 속에 있는 이방인과의 만남, 다시 말해 우리 존재의 가장 비개인적인 심급과의 만남을 나는 프로이트의 유명한 격언들의 하나에 영감 받아 이런 문장으로 요약하고 싶습니다: "이드le Ça가 있었던 곳에 자아le moi가 도래해야 한다." 우리가 '자아'라는 용어를 '주체'라는 용어로, '이드Id'라는 용어를 '우리 존재의 가장 내밀하면서 동시에 가장 낯선 것'이라는 표현으로 번역하면 다음과 같은 격언에 도달할 수 있습니다. "정신분석의 목표는 주체로 하여금 생소하고 비개인적인 거시기Ça[2]를 만나게 하는 것이며, 거시기는 우리 내부에 있지 않고 외부에 있어서 자기 성찰을 통해서가 아니라 환각적인 지각을 통해 만나야 합

2) 사람이나 사물의 이름을 대신하는 말로 정의되는 우리말임. 이드는 독일어 Das Es의 라틴어 번역인데 '에스'는 주체sujet의 머릿글자에 해당하기도 함. 따라서 무의식이 말한다는 뜻의 불어 'Ça parle'를 번역할 때 '그것'이나 '이드'보다는 우리말 '거시기'로 옮기는 것이 편리함을 예상한 것 –역주

니다.” 정신분석가인 우리는 우리의 작업에서 무엇을 기대해야 할까요? 우리 환자가 진화해 나가거나, 오히려 자기로부터 추방당하고, 단 한번이라도 자기 자신을 자신과 다른 것으로 인식하게 되는 예외적인 경험을 하기를 바라야 합니다. 내가 정신분석의 방향을 정해본다면 이 추방을 기준으로 삼을 것입니다. 내 관점에서는 낯선 것과의 만남이 증상의 경감이란 치료효과를 증진시키는 것처럼 나 자신으로부터 추방당하는 것도 회복의 한 형태를 이룰 것입니다.

*

나는 분석의 치료목표와 관련해 라깡의 입장을 상기시키고 싶은데, 라깡은 프로이트를 따라 분석수행자의 치유가 치료의 부차적 효과이며, 부수적인 이득으로 분석가의 의지와 상관없이 일어나는 현상으로 여깁니다. 이런 입장은 환자의 아픔을 경감시켜주는 것이라는 일반적으로 퍼져있는 정당한 기대에 비하면 황당하게 보일 겁니다. 그러나 뜻밖에 찾아오는 치유는 분석 기법의 사용에 있는 것이 아니라 임상가가 치유를 떠올리고 기대하는 방식에 달렸다는 점을 받아들여야 합니다. 정신분석가가 치유하고자 한다면, 확신하건대, 치유를 얻을 수 없을 것입니다. 반대로 치유는 분석가 자신에게 달려있는 것이 아니라 덤으로 얻는 이득이라는 것을 알고 자신의 욕망을 자제한다면 환자의 고통이 경감되는 기회가 생길 것입니다. 사실상 우리는 진실에 관하여 '이성의 간지une ruse de la raison'를 적용하고 있습니다. 진실이 나타나도록 하기 위해서는 그것을 우회하는 척, 심지어 그것을 잊어버린 척해야 합니다. 환자가 고통스러워하거나 증상이 집요하게 반복될 때 임상의가 치료하고 싶은 열정furor sanandi의 함정에서 벗어나는 일은 분명히 매우 어렵습니다. 분석가는 흔히 의사라면 가지게 되는 치유의 열정에 사로잡힙니다. 그것은 분석수행자의 아주 강한 요구에 의해 깨어나는 열정이며, 임상의사가 치료자의 전능성을 스스로에게 부여할 때 활성화되지만 나르시시즘에서 태어난 열정입니다. 바로 그 요구가 치유하려는 맹목적인 열정을 불러일으키며, 이것과 유사한 다른 열정으로는 이해하고 싶은 열정이 있습니다. 치유하고자, 이해하고자 하는 의욕은 정신분석가에게 있어 배제와 추방의 과정에 역행하는 두 가지 성향입니다. 그런데 치유라는 것이 분석가에 의해 추구되는 목표가 될 수도 없고 되어서도 안 된다면, 분석가는 무엇을 바라야 할까요? 무엇을 기대해야 할까요? 나는 아주 단순한 현상이 나타나기를 기대합니다. 나는 내 분석수행자에게 변화도 치유도 기대하지 않습니다. 분석 중에 즉흥적인 사건이 불시에 생겨나기를 기다리죠. 나는 나 자신이 놀랄

치유하려는 열정

준비를 합니다. 분석가가 희망하는 가장 좋은 일은 환자가 그를 놀라게 하는 겁니다. 물론 환자가 고의적으로 그를 놀라게 하는 것을 말하는 게 아닙니다. 대개 계산된 것은 실패합니다. 놀라움은 환자와 임상의를 동시에 덮치는 것이어야 합니다. 분석가에 대한 나의 당부는 다음과 같이 요약될 수 있습니다: 환자가 그들의 고통으로부터 구조되기 위해서는 분석가가 고통을 덜어주려 하지 말고 놀라움에 마음을 열어놓고 있어야 한다.

*

그런데 임상의가 경악의 충격을 받아들이기 쉽고 민감하게 되는 아주 특별한 상태가 있습니다. 그것은 사건을 마주한 정신분석가의 본질적 태도인데, 라깡은 외장外裝 le semblant[1]이란 이름을 붙였어요. 외장이란 말의 의미는 '겉모습을 꾸미는' 또는 '…인 체하는'과 같은 일상적인 뜻과는 반대입니다. 정신분석가에 의해 행해지는 외장은 흉내 내는 것과는 다릅니다. 그것은 차라리 자기 자신을 대하는 어떤 상태, 또는 내적인 성향이지, 다른 사람들을 향

1) 외장이란 건축물의 바깥면을 마감하면서 장식으로 꾸미는 건설 용어입니다. le semblant은 가장·걸치레·외관 등으로 번역되지만 모두 적당치 못하거나 조금 모자라 보이고, 『라깡 정신분석 사전』의 '모사'는 더욱 적절하지 못한 용어입니다. 그저 외장이란 글자 그대로의 뜻을 취해 '바깥쪽 장식' 쯤으로 봐주기 바랍니다 -역주

해 꾸며낸 태도는 아닙니다. 외장은 아무것도 기록되지 않은 순수한 표면이 될 때까지 모든 생각이나 감정 혹은 열정을 백지화하는 것입니다. 내가 아무것도 모르고 있다는 것을 나 자신에게 깊이 납득시키는 일은 쉽지 않습니다. 자신 안에 빈 공간을 만드는 일은 쉽지 않지만, 이렇게 하는 것이 분석가로서 우리 역할을 적절하게 감당하는 유일한 방법입니다. 프로이트는 이렇게 말했습니다. "정신분석가는 자기 자신의 고유한 무의식적 정신활동에 자신을 맡기고, 최대한 사유나 의식적인 예단들을 내려놓고, 그가 들은 것 중에 아무것도 기억 속에 고정시키지 않으며, 또한 이런 식으로 환자의 무의식을 분석가 자신의 무의식으로 포착할 때 가장 적절하게 행동하는 것이다." 이것이 바로 내가 잊어버린 체하는 것이라고 부르는 외장의 상태입니다. 망각을 가장해야 하고, 망각을 연습해야 하며, 기꺼이 놀랄 수 있고, 초심의 순수성 속에 있어야 합니다. 이런 상태를 라깡의 아주 멋진 표현을 따라 여성적 스타일의 표현으로 이렇게 부를 수 있습니다: "속아주기." 내가 여성적인 스타일이라고 하는 까닭은 여성성과 외장에는 매우 밀접한 관계가 있기 때문입니다.

망각한다는 것은 창조하고, 재창조된다는 것이다

여성적 위치는 보일(반투명의 얇은 천)을 사용하는 방법인 가리는 방식으로 그 분명한 특징을 보여줍니다. 그러나 그것은 다른 사람의 눈에서 사라지는 방식이 아니라 자기 자신을 숨기는 정숙한 몸짓이며 이 몸짓은 아주 자연스러워 신체를 자연스럽게 연장한 것처럼 보이기도 합니다. 이런 위장duperie은 여성성, 타자가 아닌 자기 자신 쪽으로 향해 있는 여성성 특유의 상태입니다. 특히 고대 그리스의 무녀들과 장례에서 보일을 다루는 모방할 수 없는 기교가 생각납니다. 거기에는 스스로를 가리는 여성 특유의 방식이 있는데, 그건 바로 잘 속아주는 것입니다. 이런 위장과 관련하여 우리는 여성성과 남성성의 차이를 인식할 수 있습니다. 여성성과 남성성은, 그들의 성sexe과는 무관하게, 자기 몸을 숨기는 특별한 방법을 가지고 각자 자신의 신체에 거주하는 특수한 방식에 따라 정의됩니다. 그것은 대상을 감추는 서로 다른 양식이며, 향락을 감추고 포장하는 두 가지 다른 방식이지요. 여성은 감출 때 타자에 마음 쓰지 않고 자기 자신에게 스스로를 감춥니다. 이런 방식으로 그녀는 자신의 신비를 언뜻 내보입니다. 반면에 남성은 감출 때 우선 타자의 눈에 감춥니다. 결과적으로 남성은 숨기려고 시도함으로써 그 몸짓이 노골적으로 드러납니다. 실제로 여성이 숨길 때는 신비를 제공하고 놀라움을 주지만, 남성은 수수께끼를 해소하고 의문을 꺼버립니다. 여성과 남성이라는 말은 (해부학적 – 역주) 성과 상관없이 모든 존재가 차지할 수 있는 여성적 입장, 남

정신분석가의 여성성

성적 입장이라는 용어로 이해되어야 한다는 걸 강조하고 싶습니다.

따라서 정신분석가의 외장은 꾸민 태도도 아니고 교묘하게 계획된 행동도 아닙니다. 여성성의 경우처럼 타자에 대한 것이 아닌 자기 자신에 대한 주관적 내적 성향입니다. 분석가는 치유하려는 것도, 이해하려는 것도 아니면서 단지 알지 못하는 것처럼 전념하려고 하는 이런 상태 덕분에 아마 진실에 의해 놀랄 기회가 생길 겁니다. 해석의 형태로 드러나는 분석수행자의 진실이든 분석가 고유의 진실이든 말이죠. 나는 라깡이 명확히 설명해주는 구절을 상기시켜줌으로 외장의 위치가 갖는 비옥함을 표현해보고 싶습니다: "분석가는 타대상을 외장의 자리에 둠으로써 그가 마땅히 해야 하는, [무의식적인] 지식과 같은 진실과 관련된 것을 탐문하는 데서 가장 좋은 자리에 있는 사람이다." 나는 이 문장을 다음과 같이 바꿔 보고 싶습니다: 분석가는 자기 안에 침묵을 들여 놓음으로써 (외장), 해석하기에 가장 적당한, 다시 말해서, 무의식적 지식을 향해 열려있는 시니피앙의 하나로 그 증상을 변형시키기에 가장 적당한 위치에 놓여 있다.

*
* *

타대상이란 무엇인가?

이제 타대상이라는 개념에 더욱 명확하게 접근해 보죠. 이 개념에 대해서는 다른 책에서 여러 장에 걸쳐 기술한 바 있습니다. 이번에는 라깡이 자신의 이론에서 중요하게 여기는 것이 무엇인지 상기해보는 것으로 시작하죠. 라깡은 타대상을 자신이 발견하고 발전시켰다고 믿었습니다. 그것은 문자 '*a*'라는 상징으로 기록되는 특징이 있는 대상입니다. 이 상징 '*a*'는 알파벳의 첫 번째 문자를 나타내는 것이 아니라, 타자autre라는 말의 첫 글자를 나타냅니다. 라깡 이론에서는 소문자 'a'의 타자와 대문자 'A'의 대타자가 있습니다. 대문자 A는 시니피앙 사슬의 중첩결정이 갖고 있는 힘이 의인화되어 나타나는 것들 중 하나이며, 문자 'a'가 정의하는 타자는 자신의 유사자semblable, 다시 말해 타자아alter ego를 나타냅니다. 따라서 '대상 소문자 *a* objet petit *a*'의 고안은 여러 문제에 답하지만 무엇보다도 "타자란 누구인가?, 나의 유사자는 누구인가?"라는 질문들에 대한 답입니다.

『애도와 멜랑콜리』란 논문에서 프로이트는 잃어버리고 애도하는 사람을 언급할 때, '사람personne'이라는 단어를 사용하지 않고 '대상'이란 단어를 썼습니다. 프로이트는 이미 라깡의 '타자란 누구인가?'라는 질문에 대한 대답과 타대상의 개념을 세울 수 있는 기초를 상세히 기술하고 있지요. 내가 사랑했고 이제는 사라지고 없어서 내가 애도하는 타자는 누구일까요? 프로이트는 '대상'이라 부르고 라깡은 '타대상'이라고 합니다. 라깡은 "『애도와 멜랑콜리』를 읽었고 타대상을 찾는 데는 이 글을 읽는 것으로 충분했다"고 고백합니다. 그것은 사라진 타자가 타대상으로 불린다는 것을 의미하는 것이 아니라 타대상이 '타자란 누구인가?'라는 질문에 답한다는 것을 의미합니다. 왜 그럴까요? 더 잘 이해하기 위해서 타자에 대한 문제를 더 복잡하게 다음과 같이 물어봅니다. "내 앞에 있는 사람은 누구인가? 그것은 누구일까? 그는 육체인가? 이미지인가? 상징적인 표상인가?" 우리 자신이 카우치에 누운 분석수행자의 입장이 되어 질문해 봅니다. "내 뒤의 있는 존재는 무엇일까? 목소리일까? 숨결일까? 꿈일까? 생각의 산물일까? 타자는 누구인가?" 분석가는 "타자는…"이라고 응답하지 않을 것이며, "그런 질문에 대답하는 방식으로 우리가 타대상을 만들자"라고만 간단히 말할 겁니다. 문자 a는 이러한 난제에 이름을 붙이는 하나의 방식입니다. 이 문자가 무응답을 대신하는 거죠.

타자란 누구인가?…

문제를 풀어주는 대신 그것에 이름을 붙여주는 라깡식 접근법의 정신을 기억하기 바랍니다. 이 접근방법의 가장 좋은 예가 바로 타대상입니다. 타대상은 분명 라깡식 대수학의 가장 주목할 만한 예입니다. 타대상은 모든 정신분석 알고리듬의 전형이라고 말하고 싶습니다. 타대상은 무엇일까요? 타대상은 오직 문자일 뿐이고 문자에 다름 아니며, 이 문자가 해결되지 않은 문제에 이름을 붙이고 나아가 부재를 뜻하는 중심적 기능을 하게 됩니다. 어떤 부재입니까? 끊임없이 반복되는 질문에 대한 대답의 부재이지요. 우리가 기대되고 요구된 해답을 찾지 못하기 때문에 우리 무지의 불투명한 구멍을 단순한 문자로 대신 표기하게 된 것입니다. 타대상은 불가능한 것, 이론적인 전개에 저항하는 지점을 표시합니다. 제동장치에도 불구하고 이런 표기 덕분에 지식의 연쇄가 끊이지 않은 상태에서 우리도 탐구를 지속할 수 있게 됩니다. 알다시피 타대상은 결국 불가능함의 암석을 우회하려는 분석적 사고에서 나온 책략입니다. 이렇게 실재계를 하나의 문자로 표상하면서 실재계를 넘어가는 것이죠. 그런데 이 비어있는 무의미한 단순한 문자인 '*a*'로 그 대답이 귀결되는 질문은 무엇입니까? 이 질문은 이론적인 맥락에 따라 다르게 표현될 수 있는데 타대상에 대해 즉시 떠오르는 질문은 이것입니다: 타자, 내 파트너, 사랑했던 사람은 누구인가?

프로이트가 주체는 잃어버린 대상을 애도한다고 기술할

때, '사랑하고 잃어버린 사람'이라 하지 않고, '잃어버린 대상'이라고 했습니다. 왜 그랬을까요? 잃어버리고 사랑했던 사람은 누구일까요? 지금 사랑하거나 과거에 사랑했던 그 타자가 존재하든 사라지든 그는 내게 무엇을 의미할까요? 사랑했던 그 '사람'은 나에게서 어떤 위치를 차지할까요? 그런데 그것은 실제 사람일까요? 어떤 사람들은 "그것은 이미지다. 사랑하는 사람은 우리가 사랑한 우리 자신의 이미지다."라고 주장할 수 있습니다. 그것도 옳지만 충분치는 않습니다. 다른 대답은 "사랑하는 사람은 이미지가 아니다. 사랑하는 사람은 자기 신체의 연장이다."일 것입니다. 이 대답도 맞지만 역시 충분치는 않습니다. 마지막으로 세 번째 대답은 사랑하는 사람을 지나간 모든 경험들 곧 역사의 표상대리로써 묘사할 수도 있습니다. 더 정확히 말해서, 이 사람은 일생 동안 내가 사랑했던 모든 사람들에게 공통된 표시나 특색을 가지고 있습니다. 이 점에 대해서는 프로이트의 『집단심리학과 자아분석』을 참조하기 바랍니다. 거기서 프로이트는 세 가지 유형의 동일시를 구분하는데, 그 중 하나는 대상의 한 특색, 다시 말해 우리가 사랑한 모든 사람들이 지닌 한 가지 특색에 대한 주체의 동일시라고 말합니다. 프로이트는 이 논문에서 어떻게 남녀 한 쌍이 형성되는가를 이해하는 데 중요한 관찰을 제시하고 있습니다. 우리들은 전에 사랑한

…하나의 이미지

…내 신체의 한 부분

…한 가지 특색

대상의 특색을 갖고 있는 사람을 사랑합니다. 그래서 우리가 살아가는 동안 사랑한 모든 존재들은 하나의 특색에 의해 서로 닮았다고 단정할 수 있습니다. 실제로 새로운 만남이 이루어질 때, 사람들은 그 사람이 전에 사랑한 사람의 표시를 갖고 있다는 것을 확인하고 놀라는 일이 흔히 있습니다. 프로이트의 천재적인 발상은 한 사람의 역사 속에서 첫 번째, 두 번째, 그리고 연속되는 다른 모든 파트너들에게서 지속되고 반복되는 이런 표시는 하나의 특색이며 또한 이 특색은 우리 자신에 다름 아니라는 것을 밝혀냈다는 거죠. 주체는 살아가는 동안 사랑했고 잃어버린 대상들의 공통된 특색이 됩니다. 그것이 바로 라깡이 단일의 특색le trait unaire이라고 명명한 것입니다.

"타자란 누구인가?"라는 질문에 대한 세 가지 가능한 답변들을 다시 생각해보면 이렇게 말할 수 있습니다: 사랑하는 타자는 내가 사랑하는 나 자신의 이미지다. 사랑하는 타자는 내 신체를 연장시키는 하나의 신체다. 사랑하는 타자는 내가 동일시하는 반복적인 특색이다. 하지만 그런 세 가지 대답들 가운데 – 첫 번째는 상상적(이미지로서의 타자)이고, 두 번째는 환상적(신체로서의 타자)이며, 세 번째는 상징적(역사를 압축하는 특색으로서의 타자) 인데 – 이 세 가지 답변 중에 어느 것도 사랑하는 타자의 본질은 나타내지 못합니다. 결국 우리는 선정된 타자가 누구인지 알지 못합니다. 그러니 바로 여기, 무응답non-reponse의 자리에 타대상이 등장하는

…하나의 환상

것입니다. 그래도, 타자를 정의하는 상상적 환상적 상징적이란 세 가지 가능한 접근 중 두 번째 것이 가장 직접적으로 라깡의 타대상 개념을 가리키고 있습니다. 선정된 타자는 나를 연장하면서도 나를 벗어나는, 내 신체의 환상적이고 향락적인 부분이지요.

*
* *

'타자'라는 수수께끼에 대한 무응답으로 간주되는 타대상은 어떻게 무의식의 구조인 시니피앙들에 연결될 수 있을까요?

"타자란 무엇인가?"라는 질문은 타대상을 위치시키는 유일한 방법이 아니고 다양한 방법 중의 하나입니다. 예를 들어서, 또 다른 질문은 우리가 이미 제1강의 끝에서 제기한 것입니다: 정신적인 삶의 기반이 되는 에너지는 어떤 성질일까요? 또는 우리의 욕망을 부추기는 원인은 무엇일까요? 우리가 이러한 질문들에 대답할 수 없기 때문에, 문자 *a*를 쓰는 것입니다. 이것을 사용하여 우리는 풀 수 없는 문제에 집착하지 않고, 쓰인 다른 기호들로 형

식화의 움직임을 계속해 나갈 수 있죠. 따라서 욕망의 원인의 성질을 쓸데없이 탐색하는 대신에 나는 그것을 문자 *a*로 나타냅니다.

내가 '타자란 누구인가?'라는 질문을 제기한 것은, 타대상 개념의 고안이 한 이론가의 임의적 결정에서 나온 것이 아니라 임상진료의 요청과 필요성에 부응하기 위한 것이었음을 여러분이 더 잘 이해하도록 하기 위해서였습니다. 일단 '타자란 누구인가?'라는 질문이 제기되고 나면, 분석이론은 오로지 타대상이란 형식적 표기를 가지고 작업하기 위해 이 질문은 잊어버립니다. 한 가지 개념의 기원에 있기 때문에 본질적인 단순한 질문들이 존재하는데, 그럼에도 불구하고 마치 최초의 질문은 더 이상 존재하지 않는 것처럼 당분간은 형식적 실체만 가지고 작업해야만 하는 경우들이 있지요. 지난번에 우리는 무의식에 관한 다양한 논리학적 도식들을 '과거란 무엇인가?'라는 기본적인 질문 속에 압축해버렸습니다. 그런 다음에 중요하지만 이 인위적인 질문은 뒤로하고 오로지 S_1, S_2라는 한쌍의 시니피앙만을 가지고 작업했지요. 나는 지금 '타자'와 타대상이라는 수수께끼에 대해서도 똑같은 방식을 적용하고 있습니다.

*

잠시 타자의 문제는 놓아두고, 타대상의 형식적 지위를 잠깐 다뤄보려고 합니다. 그래야 시니피앙들의 집합과 일자l'Un라는 시니피앙과 맺어진 *a*와의 관계에 대한 위의 질문에 답할 수 있습니다. 나는 우선 형식적으로 타대상을 시니피앙의 집합이란 그물망에 이질적인 것으로 정의하겠습니다. 다시 말해 이 그물망 체계는 타대상에게 이질적이거나 낯선 것을 과도하게 생산합니다. 이러한 생산은 전혀 다른 질서의 것이지만, 시니피앙 S_1의 외면화와 유사합니다. 이 대상에 관해서는 더 이상 외적인 요소라고 말하지 않고 잔류물, 그 체계의 '과잉분surplus'이라고 말하게 됩니다. 타대상은 시니피앙들의 형식적 체계에 의해 발생된 초과분으로서 이질적인 것입니다. 그것은 테두리로서 그 집합에 일관성을 부여하는 시니피앙의 요소와는 매우 다른 초과분으로 나타나는 산물입니다. 이 대상은 시니피앙의 집합과 동질적인 요소가 아닙니다. 오히려 그것은 일관성을 부여하는 이질적인 산물입니다. 따라서 체계가 구성되려면 두 가지 요인이 필요한데, 그것은 외부적인 요소(S_1)와 제거된 산물(*a*)입니다. 외부적인 시니피앙인 S_1은 시니피앙의 집합과 동질적이어서 그 관계는 상징적입니다. 반면에 실재적인 성질의 *a*는 시니피앙의

타대상의 형식적 지위

집합에는 이질적인 것입니다. 상징적 질서는 그 경계를 이루는 것(S1)을 포함한 그것의 모든 구성요소가 동질적이라는 사실을 뜻합니다. 다시 말해 그것들은 시니피앙 논리의 법칙에 지배를 받습니다. 한편 타대상은 이와 대조적으로 그러한 논리에서 혼자 벗어나 있습니다.

타대상은 시니피앙 체계의 원인인, 잉여향락이다

우리는 확실히 타대상을 무의식의 구조 속에 있는 구멍un trou으로 확인할 수 있는데, 다시 말해 그 경계가 되어버린, 연쇄의 시니피앙에 의해 비워진 자리로 확인하는 것이 사실입니다. 하지만 대상과 구멍의 동일시는 그 구멍을 정적인 시각에서 보지 않고 빨아들이는 공간으로 본다는 조건에서만 정당화될 수 있습니다. 여러분이 시니피앙들을 끌어당겨 그것들에 활기를 불어넣고 연쇄에 일관성을 부여하는 흡인력으로 생각한다면, 타대상은 구조의 구멍입니다. 대상을 살아있는 구멍으로 상상하기에 다다르면 향락(잉여향락)의 모습이 우리한테 나타나게 됩니다.

타대상과 구멍의 관계에는 뉘앙스가 풍부하기 때문에 명확히 해둬야 합니다. 우리가 세 가지 사항을 받아들인다면, 타대상은 무의식의 구조 속에 있는 구멍이라고 말할 수 있습니다. 구멍은 우선 그 체계를 활성화시키는 견인의 중심(원인)이고, 이 구멍의 힘을 향락(잉여향락)이라 부르며, 마지막으로 향락은 가마솥의 중심에 있는 에너지의 소용돌이라기보다 구멍의 테두리를 맴도는 항구적인 다량의 흐름입니다. 그런데 이 대상/구멍의 관계를 더 잘 이해시키기 위해서는 형식적 관점을 떠나 "구멍이란 무엇인가?" 라는 질문을 솔직하게 던지며 신체적인 차원을 다룰 필요가 있습니다.

*

구멍이란 무엇인가?

형식적인 구성을 떠나서 그러면 우리가 구멍에 대해 갖고 있는 정신적 표상이 무엇인지 자문해 볼까요? 그림3처럼 의식적이고 시각적인 이미지가 아니라 우리의 무의식에 새겨진 정신적인 표상에 대해서 말입니다. 예를 들어, 특히 나는 발기부전을 겪는 한 환자가 생각나는데, 남자나 여자는 여성 성기인 질이라고 하는 구멍의 전형을 어떻게 표상해 내고 있을까요? 질의 입구를 상상하는 것보다 여성 성기의 돌출 부분인 음핵이나 음순을 상상하는 것이 훨씬 더 쉬울 것으로 생각됩니다. 다른 용어로 표현해봅시다. 구멍의 정신적 표상과 특히 질의 정신적 표상은 억압의 영향에 굴복이라도 하는 것처럼 통하기 일쑤죠. 반면에 음핵이나 유방 혹은 음경과 같은 돌출부에 대한 정신적 표상은 상상계에 더욱 적합하고 의식의 표면에 훨씬 더 분명하게 나타납니다. 질의 표상에 대한 억압과 그와 반대되는 돌출부의 표상에 대한 과잉투자surinvestissement 사이의 대조를 여러분은 보실 수 있습니다. 구멍은 우리가 쉽게 잊거나 부정하지만, 돌출부는 쉽게 우리 마음을 사로잡습니다. 돌기의 지각에는 즉각적으로 민감하지만 구멍에 대해서는 결코 잘 알지 못합니다. 과연 구멍은 어떤 속성을 갖길래 억압을 야기하며 또, 돌출부는 어떤 속성이 있기에 과잉투자를 유인하는 것일까요? 확실히 나는 이런 질문에 대한 답을 갖고 있지 못합니다. 그렇지만 구멍의 내재적 본성의 문제를 제기하는 것은, 신체의 입구, 다시 말해, 신체의 색정적érogenè 개구부의 내재적 본성이란 문제를 제기하기 때문에 중요합니다. 이렇게 "구멍이란 무엇인가?"라고 자문하는 것은 "입구의 개구부란 무엇인가?"라고 자문하는 것과 마찬가지입니다.

구멍은 …이란 테두리다

그런데 색정적 입구가 구멍이라고 말할 수 있을까요? 혹은 그와 반대로 입구가 구멍이기는커녕 하나의 테두리, 더욱 정확하게는 테두리들, 혹은 더 나은 표현으로 박동 속에서 구멍이 만들어진 직후 사라지는 점액의 주름이라고 생각해야 하지 않을까요? 그러므로 나는 우리의 색정적인 세계에서는, 엄격히 말해서 원으로 경계가 설정된 어떤 입구라고 우리가 습관적으로 상상하는 것과 같은 그런 구멍은 없다고 말하겠습니다 그런 구멍이 아니라, 일시적으로 공동空洞 creux을 만들어내는 수축과 팽창이 가능한 테두리들이 있을 뿐입니다. 이 테두리들은 향락이라 불리는 에너지, 곧 그 테두리를 두루 돌아다니는 에너지의 흐름으로 활성화되면 두근거리게 됩니다. 바로 이것이 내가 언급하고 싶었던 점입니다. 우리는 무의식의 구조 속에 위치한 구멍에 대한 형식주의적 시각에서 출발해 (그림 3), 신체의 입구들이라는 수수께끼에 도달해서 결국 구멍을 산출하고 창조하는 것은 향락에 의해 활성화된 테두리들이라는 사실을 추론하기에 이르렀습니다. 이런 테두리들을 두근거리게 만드는 향락이 없으면 구멍도 없는 것이죠.[2] 요컨대 색정적인 생활, 곧 결과적으로 무의식적인 정신생활에서는 긴장과 운동에 의해 발생된 구멍만이 있을 뿐입니다. 주목할 것은 신체 구멍에 대한 이런 성찰들은, 우리가 테두리들과 그 테두리들을 두루 돌아다니는 향락의 흐름이 욕망하는 또 다른 신체의 존재에 의해 부추겨진다고 생각할 때에만 그 근거를 갖게 된다는 겁니다.

…향락의 흐름에 의해 주름이 남겨진 것이다

*
* *

2) 독자는 그 테두리들을 활기차게 하고 요동치게 만드는 에너지가 없으면 구멍도 없다는 이 명제p에 접근해볼 수 있을 것이다. 이 명제는 라깡이 스톡스Stockes의 정리로부터 발전시켜서 다듬어낸 것이다.(Écrits, Seuil, 1966, p. 847) 스톡스의 정리에 대해서는 퍼셀E.M. Purcell의 훌륭한 저서인 『버클리: 물리학 강의』, 제2권(아르망 콜랭, 1982, p. 66)을 참조

…젖가슴, 딱딱한 대변, 시선, 목소리: 떼어낼 수 있지만 근본적으로 신체에 연결되어 있는 그 부분들이 타대상에서 문제되고 있는 것들이다.

자크 라깡

타대상은 향락의 지속적인 흐름이다

구멍에 대한 이러한 제안들을 통해 우리는 타대상이 그 본질에 있어서 신체 입구의 테두리를 맴도는 향락의 흐름으로 간주되어야 한다는 점, 그리고 타대상은 이런 점에서 무의식을 움직이고, 활동하게 하는 국부적 원인으로 간주되어야 한다는 것을 알게 됩니다. 하지만 라깡의 이론에는 *a*에 대한 또 다른 접근이 있습니다. 그 접근방식에 따르면 대상은 향락 자체일 뿐만 아니라 신체에서 떼어낼 수 있는 일련의 부분들입니다. 그런데 우리는 이런 신체적 단위들이, 엄밀히 말하면, 신체의 구체적인 조각이나 신체기관의 요소들이 아니라 향락의 실재를 둘러싸고 있는 환상과, 표현된 모양과, 시뮬라크르[3]들이라는 것을 알게 됩니다.

3) 타대상 그 자체에 형태를 부여하는 시뮬라크르simulacre나 신체적인 외장外裝 semblant은 로마 시인이었던 루크레티우스가 기술했던 외장을 참조한 것이다. "시뮬라크르는 대상들에 의해 발신되고 그것들의 표면에 돌출해 있는 미묘한 형상과 이미지로 되어 있다. 그것은 신체의 표면으로부터 분리되어 공중에서 사방으로 날아다니는 가벼운 막membrane들이다."(루크레티우스 『자연에 관하여』,(레 벨 레트르, 1956, II, IV, p. 7).

타대상의 신체적 지위

프로이트가 『성 이론에 관한 세 편의 논문』에 발표한 유아기 성 발달이론에 따르면, 유아는 신체 기능에 소용되고 소모된 후 버려지는 일련의 시들어버리는 대상들로부터 차례로 분리됩니다. 여러 발달 시기를 거치며 주체는 태반과 젖가슴, 그 다음엔 대변, 그리고 시선과 목소리를 차례로 소모하고 잃어버립니다. 이것들이 타대상의 수많은 신체적인 다양성들 중에 라캉이 특별히 거론한 다섯 가지 분리된 형상들입니다. 물론 갖가지의 신체적인 상실이 있지만 타대상의 가장 대표적이고 전형적인 것은 앞에서 언급한 다섯 가지입니다. 예를 들어 환자가 자신의 월경 문제에 대해 말하면서 월경의 혈액이 타대상의 외장들의 하나로 생각될 수 있는지 나한테 물어볼 수 있습니다. 월경을 타대상의 형상들에 포함시켜야 하는 특별한 경우를 제외한다면 우선 나는 아니라고 말할 것입니다. 그 대신에 나는 더 큰 확신을 가지고서, 고통이 어떤 조건하에서는, 분리될 수 있는 한 단위, 더 정확히 말해서 타대상의 일종이란 생각을 할 수 있다고 봅니다. 신체로부터의 그러한 분리를 타대상으로 볼 수 있는지 그 여부를 판단하는 데에 기초가 되는 정확한 기준들은 확실히 있습니다.

우리는 일반적으로 타자는 누구인가라는 질문에서 출발했습니다. 특히 『애도와 멜랑콜리』에서 제기된 질문들로

시작을 했죠: 사라져버린 타자는 누구일까?, 잃어버린 대상은 무엇일까? 이로부터 우리는 적절히 설정된 어떤 조건하에서는 '*a*'처럼 보일 수 있는, 신체로부터 떨어져나온 부분들을 떠올리게 됩니다. 신체에서 분리 가능하다고 모두가 타대상인 것은 아닙니다. 분리가 있고 이런 분리가 '*a*'의 자격을 지녔다고 볼 수 있기 위해서는 세 가지 조건이 필요합니다. 하나의 상상적 조건과 두 가지 상징적 조건이 있습니다.

*
* *

젖가슴과 대변이라는 타대상의 두 가지 특별한 종류는 중요한 상상적 조건에 의해 결정되어 있습니다. 이것들은 잡을 수 있고 신체로부터 떼어낼 수도 있으며 심지어 뽑아내기 쉽도록 신체에서 튀어나온 돌출 형태를 보입니다. 예를 들어 젖가슴의 돌출된 모습은 그것을 손으로 잡고 입 안에 넣거나 깨물도록 유도합니다. 따라서 문제되는 것은 우선 그것들이 매달려 있는 표면에서 입체적으로 튀어나와 있고 그 표면에 부착되어 있지만 떼어낼 수 있는 것처럼 붙잡고 싶게 만들어져 있는 신체의 형상들입니다. 나는 여기서 제롬 보슈의 판화에 대해 자세히 설명하지는 않겠지만, 그의 그림은 모든 환상적인 돌기들을 보여주는

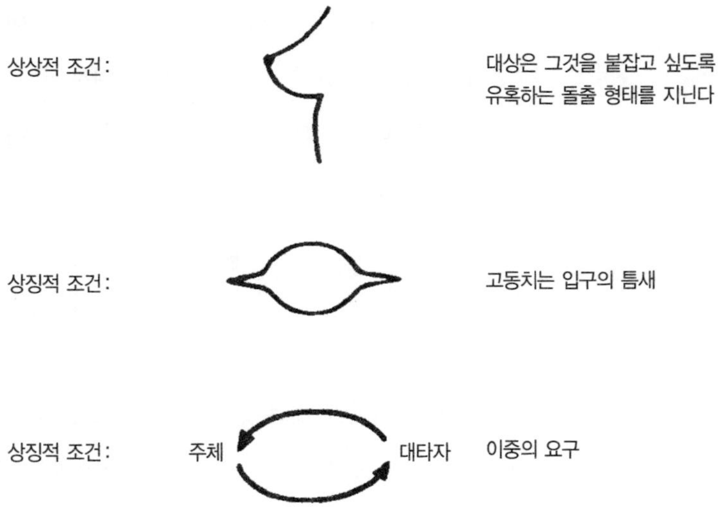

〈그림4〉 대상은 신체로부터 떼어낼 수 있는 부분이고, 그것의 분리는 세 가지 조건들에 의해 결정된다. 한 가지 상상적 조건과 두 가지 상징적 조건들

데 그것들은 손으로 움켜잡을 준비가 되어 있거나 입의 왕성한 식욕을 요구하는 것처럼 보입니다. 이러한 상상적 조건은 신체의 어떤 특수한 부분들에만 적용된다는 사실을 강조하고 싶습니다. 예를 들어 팔꿈치는 특별히 움켜잡거나 뽑아내기를 부추기지 않습니다. 돌출되고 분할할 수 있는 신체의 모든 형태들의 토대가 되는 원형은, 다름 아닌 우리가 남근이라고 부르는 돌기라는 것은 여러분도 분명히 이해했을 겁니다.

*

첫 번째 상징적 조건은 분리되게끔 돼 있는 신체의 장소들 가운데 특히 젖떼기에서의 젖가슴과 배변에서의 대변은 박동하는 자연적인 입구와 직접적인 관계에 있다는 사실에 있습니다. 젖가슴에 대해서는 입이 그렇고, 대변에 대해선 항문이 사실입니다. 정확히 말해 해부학적인 돌출부나 입구의 테두리가 시니피앙이기 때문에 우리는 이런 조건을 상징적인 것이라고 규정합니다. 이것들은 대상을 잘라내고 부분으로 나누는 시니피앙들입니다. 이 시니피앙들은 향락의 순환을 지탱하고 그것에 영속성을 부여하는 윤곽들입니다. 다른 두 대상들인 목소리와 시선은 전혀 상상적 조건에 의거하지 않고 대신 동일한 상징적 조건, 곧 입이나 항문처럼 그들 식으로 진동하는 테두리에 의해 생산된다는 조건에 의해 결정됩니다. 예를 들어 시선을 낳기 위해 깜빡거리는 눈꺼풀과 목소리를 낳기 위해 진동하는 성대성문의 벽이 그렇습니다. 목소리와 시선은 입구의 해부학적 특성에 의해 제공된 상징적 조건에 의거하는 것이죠. 상상적 관점에서 이것들은 형상을 상상하기 어려운 대상들입니다. 둘 다 조형적으로 재현될 수 있는 어떤 형태와도 상응하지 않기 때문입니다. 목소리나 시선을 그려내는 일은 불가능합니다. 이렇게 열리고 닫히는 수축성이 있는 틈새들 – 특정한 신체적 방출을 타대상의 형상이라고 말하기 위한 상징적 조건 – 을 프로이트가 성감대zones érogenès라고 불렀다는 사실을 기억해 둡시다.[4)]

*

"향락은… 신체의 테두리들에서 그 영속성을 취한다" *(라깡)*

이제 마지막으로 두 번째 상징적 조건을 살펴 봅시다. 그것은 이 대상들이 오로지 말parole의 작용으로 신체로부터 떨어지고 분리된다는 사실입니다. 이 대상들을 신체로부터 분리시키는 것은 언제나 파롤입니다. 그렇지만 예컨대 어떤 파롤이 젖가슴을 신체로부터 분리시킬까요 ? 어떤

4) 여기서 우리는 입구의 틈새로 나타나는 타대상을 생산해내는 상징적 조건이 입술의 특수성이란 개념에 연결된다는 것을 주목해봐야 한다. 그 개념은 Rene Thom이 『구조적 안정성과 형태발생』이란 책에서 제시한 것이다. 우리의 <그림 4>에서 틈새(입술의 특수성)를 나타내는 그림은 『그 자신에 의해 설명된 르네 통』(in Pistes 제1권, 1989, p. 48)에서 빌려온 것이다.

말이 신체를 재단할 힘을 가질까요? 어머니의 신체로부터 젖가슴을 떼어내고 그 젖가슴을 유아의 입에서 떼어내는 가장 원초적인 파롤이자 첫 번째 파롤은 근본적으로 울음소리입니다. 왜냐하면 젖 빨기를 요구하는 울음소리를 통해 유아는 자신을 확인하고 욕망의 주체로서 어떤 의미에서 자율성을 갖기 때문입니다. 이 주체는 어머니의 신체로부터 자신을 구별하면서 젖가슴을 가져가는 것처럼 보입니다. 이렇게 해서 어머니의 젖먹이는 가슴을 이제부터 그에게 속하는 정신적 젖가슴으로 변형시키게 되는 것이죠.

울음소리라는 시니피앙적 단절

울음소리는 우리에게 요구의 가치를 갖습니다. 모든 요구와 마찬가지로 그것은 파롤을 관여시킵니다. 누가 누구에게 요구하겠습니까? 사실상 요구는 이중의 요구입니다. 이번에는 대문자 A로 쓰는 타자로서 어머니인 대타자에 대한 주체의 요구와 또한 역으로 주체에 대한 대타자의 요구로서 유아에 대한 어머니의 요구를 말합니다. 오로지 대타자에 대한 주체의 요구와 주체에 대한 대타자의 이중적 요구라는 상징적 조건하에서만 젖가슴이 분리됩니다. 그런데 왜 요구를 단절이라고 말할까요? 파롤이 신체를 베어 낼 수 있다는 말을 어떻게 이해하면 될까요? 그것은 파롤로서의 요구가 원하는 대상을 정확히 가리키지 못한다는 뜻입니다. 우리는 사물과 언어 사이, 내가 원하는 것과 그것을 얻기 위해 내가 언술하는 파롤 사이, 내가 요구하는 젖가슴과 내 부름의 울음소리 사이에 근본적인 부적절함이 있음을 알고 있습니다. 유아가 배고파서 울고 있을 때 어머니는 아이가 춥다고 생각하는 등, 오해는 계속됩니다. 간단히 말해, 요구가 시니피앙적 단절이라고 말하는 것은 그 요구가 그 대상을 놓친다고, 요구가 겨냥하는 실질적인 대상을 정신적인 추상개념으로 곧 환각된 이미지로 변형시킨다고 말하는 것과 같습니다. 정확히 이러한 이미지를 우리는 욕망의 대상 혹은 타대상이라고 부릅니다. 이렇듯 요구된 젖가슴은 파롤의 중개를 통해 욕망의 환각된 젖가슴이 됩니다.

어머니의 신체에서 분리된 젖가슴은 …

유아는 자신의 배고픔을 충분히 충족시킬 수 있지만 그와 동시에 마치 먹어보지 못했던 것처럼 젖가슴을 환각할 수 있습니다. 왜 그럴까요 ? 환각된 젖가슴은 욕망의 젖가슴이 되기 때문입니다. '욕망의 젖가슴'은 무엇을 말할까요 ? 그것은 유아가 정신적인 젖가슴과 맺는 관계는 어머니가 자신의 신체와 맺는 관계와 직접 관련되어 있다는 것을 뜻합니다. 유아가 욕망하는 젖가슴은 그 젖가슴을 주려는 어머니의 욕망에 의존합니다. 이런 어머니의 욕망은 어떤 것일까요 ? 그것은 유아에게 젖을 주려는 욕망이 아니라 성애적 욕망의 변두리에 있는 욕망입니다. 일반적으로 어머니가 순전히 젖을 먹이는 행동만은 아닌 어떤 성애érotisme가 표시된 행동임을 체험하지 않으면서 젖가슴을 내주는 일은 드물 것입니다. 우리는 여기서 오이디푸스에서와 동일한 문제틀problematique을 발견하게 됩니다. 프로이트가 우리에게 말했던 오이디푸스 문제는 유아가 엄마와 동침하길 원하는 것만은 아닙니다. 그것은 무엇보다도 어머니 자신도 자식을 성애적으로 욕망한다는 것입니다. 오이디푸스의 열쇠는 어머니의 욕망과 유아의 욕망이란 두 가지 욕망이 작용하지 않는다면 근친상간의 욕망도 없다는 것입니다. 내가 상담했던 어머니들은 젖 먹일 때부터 오이디푸스기까지 어머니의 욕망도 유아의 근친상간 욕망만큼이나 강렬하고 참기 어렵다는 것을 내게 잘 가르쳐 주었습니다.

…이 욕망의 환각된 젖가슴이 된다

그러니까 우리의 관심을 끄는 젖가슴은 어머니의 신체기관으로서의 젖가슴이 아니라 어머니의 젖가슴이 파롤의 작용에 의해 상징적으로 분리되고 상실될 때 만들어지는 정신적인 젖가슴입니다. 유아는 배고프면 마실 것을 요구하고 젖을 빨아 배고픔을 채우면 잠이 듭니다. 그런데도 유아는 잠자는 동안 마치 만족되지 못했던 것처럼 젖가슴을 환상하는데, 배불리 먹지 못했던 것처럼 젖을 먹고 싶은 것이 아니라 욕망하고 싶은 것처럼, 다시 말해 욕망을 유지하고 싶은 것처럼 젖가슴을 환각하게 된다는 겁니다. 어머니의 신체와 젖먹이의 입에서 분리된 젖가슴은 정신적인 젖가슴이 됩니다. 그 젖가슴은 유아의 환각 속에서 이미지로 다시 나타납니다. 유아는 배고픔에 대해서는 충족되지만 요구에 대해서는 충족되지 않습니다. 여기서 라깡이 젖가슴의 분리를 설정해둔 『에크리』의 한 구절을 떠올려 봅시다. "욕망에서 젖가슴을 문제의 그 잃어버린 대상으로 만들어주는 분리의 평면이 젖가슴과 어머니 사이에 놓이게 됩니다."[5)]

아주 엄밀하게 말해서 타대상이 환각된 젖가슴의 형태를 취할 때 우리는 욕망의 대상의 지위를 알게 됩니다. 하지만 정확히 말해 궁극적으로 타대상은 환각된 젖가슴이 아닙니다. 그것은 에너지이고 정의할 수 없는 잉여-향락이거나 젖가슴의 환각된 외장에 의해 옷이 입혀진 구멍입니다. 한마디로 타대상은 욕망의 환각된 젖가슴이 아니라 외장-젖가슴이 숨겨놓은 것 그 자체입니다. 다시 말해 이 외장에 의해 가려진 어떤 것 자체로, 이는 한 점막이 손상되지 않고 변질될 수 없는 어떤 핵을 덮고 있을 수도 있는

5) | 라깡의 『에크리』, p. 848(B. Fink의 완역본에는 p. 719).

것과 같습니다.

*

순전히 기관 차원에서 신체로 되돌아 온다면, 선생님은 어머니의 젖가슴에 대해 어떻게 생각하십니까? 선생님이 젖을 먹이는 젖가슴으로 규정한 그 젖가슴 말입니다.

실제로 유아가 빠는 그 젖가슴에 정신분석이 관심하는 것은 아니죠….

그것은 육아 분야에 속합니까?

육아법 분야 말인가요? 아마도 그렇겠지요. 정신분석가로서 우리는 육아전문가들이 손가락으로 젖꼭지를 잡고 그것을 유아의 입에 갖다 대주는 방법을 젊은 엄마에게 어떻게 가르치는지 알아야 합니다. 그것은 특히 초산부의 어머니들에게는 언제나 어려운 동작이니까요. 그것이 쉽지 않은 까닭은 어머니가 욕망으로 흥분되어 있기 때문이라고 생각되는데, 실제로 그 욕망은 그녀에게 참을 수 없는 것입니다. 자신의 아이에게 젖꼭지 물려주는 방법을 알지 못하는 것과 욕망의 참을 수 없는 특성 사이에는 긴밀한 관계가 있다고 봅니다. 육아전문가들도 이런 걸 생각했는지는 모르겠지만 그녀들과 이 점에 대해 토론하면 흥미로울 것 같습니다.

*

선생님은 이유sevrage라는 단어를 한 번도 사용하지 않고서 유아와 어머니의 젖가슴의 분리에 대해 말합니다. 선생님에 따르면 타대상으로서 젖가슴으로부터의 분리는 이유와 유사한 것인가요?

생리학적으로 말하면, 이유는 수유의 점진적인 중단이고, 특히 더 단단한 고형음식물로 우유라는 식품을 교체하는 것입니다. 대부분은 어머니의 욕망으로 이유가 결정된다 하더라도 이유는 무엇보다 신체적 욕구들의 영역에서 일어난 변화이지 욕망의 영역에 생긴 변화가 아니라는 점은 여러분도 아는 바입니다. 그렇습니다. 내가 방금 전에 정의한 이유는 타대상으로서의 젖가슴에서 분리되는 일과 같다고 볼 수 없습니다. 우리가 말하고 있는 젖가슴으로부터의 분리는 단지 말의 행위로 생겨나는 '상징적인 이유'입니다. 정신분석적 의미에서의 이유는 인간의 최초의 표현에서 바로 시작됩니다. 주체가 최초의 울음소리로부터 가장 잘 다듬어진 파롤에 이르기까지, 상징의 모든 변형들을 생산할 수 있을 때 곧바로 이유가 시작되는 것이죠.

*

거식증 환자의 욕망

다른 관점에서 여러분의 질문은 라깡이 거식증을 해석하는 방식을 떠올리게 해줍니다. 우리가 말했던 것처럼 유아는 욕구의 관점에서는 매우 만족되어 있지만 욕망의 관점에서는 젖가슴에 대한 환각을 일으킵니다. 그는 더 이상 배가 고프지 않아도 정신적으로는 욕망의 식욕을 유지하고 있어요. 일반적으로 젊은 여자인 거식증환자는 배고픔의 충족과 욕망의 불만족이라는 유아의 이중적 상태를 원하지 않습니다. 그녀는 불만족이 도처에 있기를 원합니다. 욕망의 불만족과 함께 배의 불만족까지 온통 불만족만 있기를 바랍니다. 거식증은 이처럼 말하지요: "아닙니다. 나를 만족시키고 싶지 않기에 먹고 싶지 않은 거고, 내 욕망이 손상되지 않았다는 것을 확신하기 위해 나 자신을 충족시키고 싶지 않은 거예요. 내 욕망뿐 아니라 내 어머니의 욕망도 손상되지 않았음을 확신하기 위해서 말이죠." 거식증은 모든 만족을 반대하는 외침이고, 불만족의 보편적인 상태를 고집스레 유지하는 것입니다. 나는 내가 히스테리의 일반적인 범위 안에 넣는 그런 거식증을 가리키는데, 왜냐하면 내 눈에는 이것이야말로 전형적인 히스테리의 고통으로 보이기 때문입니다. 물론 거식증 환자에게 음식을 먹이려 하는 것보다 더 나쁜 태도는 없습니다. 이것은 어떤 대가를 치르더라도 욕망을 유지하고 싶은 그녀의 항의와 고집을 단지 강화시켜줄 뿐입니다. 다시 말해 충족되지 않고 있다는 그 사실, 그래서 자신의 욕망을 보존하고 싶다는 그 사실을 무슨 수를 써서라도 지켜내려고 하는 그 고집을 강화할 따름이죠. 따라서 거식증 환자의 눈에는 욕망에 거스르는 것은 욕구 수준에서의 충족입니다. 욕구가 진정될수록 욕망을 활발하게 유지시킬 가능성이 그에게는 더욱 줄어들기 때문입니다.

*

유아가 환각을 일으킨다고 말할 때, 정확히 무엇을 환각하는 것입니까?

유아는 젖가슴을 환각하는데, 더 나은 표현을 쓰자면, 유아는 욕망의 대상을 환각하게 됩니다. 누구의 욕망의 대상일까요? 어머니의 것이고 유아의 것이죠. 실제로 유아는 어머니에게도 그 자신에게도 속하지 않는 대상, 그 둘 사이에 존재하는 대상을 환각하게 됩니다. 그것에 대해 질문을 제기해 봅시다. 사라지는 젖가슴은 누구에게 속하는 것일까요? 어머니일까요, 유아일까요? 이것은 어느

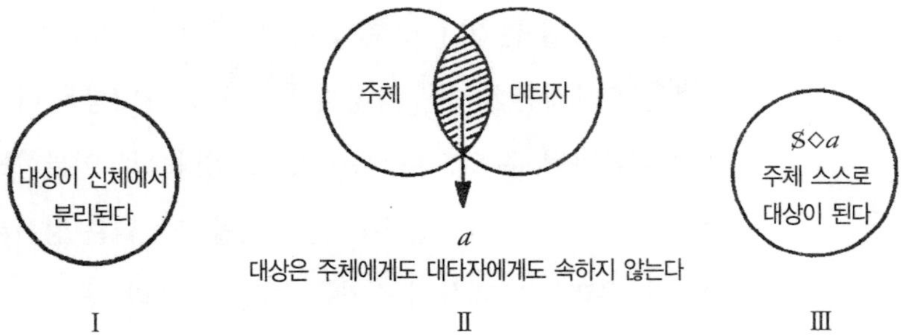

〈그림 5〉 타대상 생성의 세 단계

쪽에도 속하지 않고 모든 타대상이 그렇듯이, 이 둘 사이에 뚝 떨어지는 대상입니다. 라깡은 대상의 추락을 오일러의 서로 포개진 두 원으로 나타냅니다(그림5). 하나의 원은 주체인 유아를 나타내고, 두 번째 원은 대타자인 어머니를 나타냅니다. 타대상은 대타자와 주체가 교차하는 중간지점에 떨어지는 것입니다.

*

선생님은 상실이라는 말, 상징적 젖떼기라는 말을 사용합니다. 타대상은 상실된 대상이라는 프로이트의 개념에 해당한다고 할 수 있습니까?

상실된 대상은 타대상이라고 하는, 무응답의 가능한 모습 가운데 하나일 뿐입니다. 특히 타대상을 어떤 상실로 간주하는 배타적인 시각을 조심해야 합니다. 타대상은 다양하게 이론화될 수 있으며, 특히 잉여-향락으로 이론화될 수 있는데 여기서 타대상은 상실은 커녕 축적되는 잉여분입니다. 우리는 타대상이 젖가슴, 시선, 목소리 등 신체의 성감대와 관련된 의미론적 양상을 띠게 될 때, 이 모든 양상들은 사실 상실로서 타대상을 생각합니다. 타대상(*a*)의 덮개, 즉 신체적인 의미작용이 실린 가면들이며 라깡이 '존재의 외장'semblant d'être이라는 용어로 범주화한 화장술maquillage들입니다. 그러나 내가 강조하고 싶은 것은 타대상 그 자체가 그 자체로서 불투명한 실재이며, 상징화하기가 불가능한 국소 향락이라는 점입니다. 따라서 타대상을 신체적 상실물인 것처럼 말하는 것은 말하는 한 가지 방식일 뿐으로 나는 이것을 대상을 참조하는 '유기체론적인' 방식, 다시 말해 대상의 유기체적이고 신체적인 외장이라고 말하고 싶습니다. 이런 식의 유보를 한다 해도 '잃어버린 대상'이나 '상실물'이라는 표현을 사용하는 것이 정당하다는 점에는 변화가 없습니다.

* * *

이따금 선생님은 충족되지 못한 요구라고 말하고 어떤 때에는 거식증에 대해서처럼 충족되지 못한 욕망이라고 말합니다. 이런 두 형태의 불만족을 어떻게 구분합니까?

요구는 그 대상을 결여하고…

우선 유아의 요구는 영양을 공급하는 신체를 겨냥하다가 놓치는 반면에 욕망은 불가능한 근친상간을 겨냥하고 성애적인 젖가슴을 찾아낸다는 점을 유념합시다. 따라서 요구는 그것이 겨냥하는 현실적인 대상을 결코 얻지 못하기 때문에 충족되지 못하는 것이고, 반면에 욕망은 그것이 겨냥하는 불가능한 목표, 말하자면 근친상간을 결코 얻어내지 못하기 때문에 충족되지 못한다고 할 수 있습니다.

그리고 실망한 … 로 있다

그런데 요구가 그것이 결여하는 구체적 대상에 의해 충족되지 못하고 욕망이 불가능한 근친상간을 달성할 수 없기에 충족되지 못한다 하더라도 또 다른 차이점이 남는데, 요구는 그 대상을 놓치고 실망하는 반면, 욕망은 근친상간을 결여하지만 대체물이 되는 환각된 대상을 찾아낸다는 점입니다. 우리는 이 대상을 환상의 형태로 다음 강의에서 다시 만날 것입니다.

여러분도 알다시피 라깡은 욕구와 요구와 욕망, 이 세 가지를 구분합니다. 유아가 먹을 것을 요구할 때 그 욕구는 무엇일까요? 배고픔입니다. 하지만 유아는 먹든 안 먹든 자신의 욕구 수준에서 채워지거나 충족되지 않은 채로 있게 되는데, 유아는 성별이 있고 말을 하는 인간 존재이기에 그의 요구는 기대와 어긋나게 되고 욕망의 대상을 필연적으로 환각하게 됩니다. 다시 말해 이 꼬마는 요구를 넘어 욕망을 갖게 됩니다. 그가 욕망한다는 것은 어떤 것일까요? 다름 아닌 그가 환각한다는 것입니다. 젖가슴의 환각이 곧 욕망입니다. 이것은 아마 욕망 실현의 가장 순수한 형태일 것입니다. 왜일까요? 욕망의 대상인 이 환각된 젖가슴은 이를테면 전적으로 어머니의 욕망과 유아의 욕망이 결합된 어떤 것으로 지어졌기 때문입니다.

욕망은 근친상간을 결여하고…

신체적인 젖가슴과 매우 다르고 유모의 젖과는 더욱 다른, 그 환각된 젖가슴은 욕망하는 모아(어머니-유아)관계의 산물입니다. 그것은 다음과 같은 명백한 현실을 증언해주고 있습니다. 한편으로 어머니와 유아는 영양을 공급하는 단순한 행위에서 그들의 만족을 찾지 못하고, 다른 한편으로 그들은 근친상간적 행위에서도 만족을 찾을 수 없고 찾기를 바라지도 않습니다. 그들은 채워진 욕구로도, 기대에 어긋난 요구로도, 그들한테 불가능한 근친상간으로도 만족하지 못합니다. 젖가슴을 욕망한다는 것은 욕구의 길과 근친상간의 길을 피한다는 것과 같은 얘기지요.

욕망은 물론 참을 수 없는 것이지만, 주체를 인간이면 누구나 갖고 있는 경향으로부터 또한 지켜줍니다. 근친상간이라는 극단적인 한계, 한계점, 완전한 충족을 추구하는 인간의 성향, 곧 대타자 향락으로부터 주체를 보호해 주지요. 물론 환각을 동반하는 욕망은 참을 수 없는 것이지만 그것은 수천 배 더 참을 수 없는 향락의 길에서 우리를 제지함으로써 우리를 보호해줄 수 있습니다. 이제 모든 욕망의 충족은 결코 도달하지 못하는 완전한 충족을 찾는 도중에 얻어지는 부분 충족일 수밖에 없다는 것을 이해하게 됩니다. 이 점을 명확하게 밝혀보고 싶습니다. 어린 아이는 모든 연령과 모든 구체적인 상황을 떠나 원칙적으로 무엇을 절대적으로 욕망할까요? 근친상간입니다. 그것은 불가능하기에 영원히 충족되지 못하는 기대로 남게 됩니다. 그렇다면 그는 무엇으로 만족할까요? 젖을 먹이는 가슴이 아니라 다음의 세 가지 조건에 의해 만들어진 젖가슴을 환각함으로써 부분적으로 만족하게 됩니다. 상상적인 강렬한 함축성prégnance, 성애적 입구로서의 입과의 관계, 마지막으로 이중의 요구입니다. 요컨대 우리가 '욕망대상'이라고 부르건 '일종의 타대상'이라고 부르건 이렇게 불리는 모든 대상들, 곧 태반, 젖가슴, 대변, 시선, 목소리 혹은 통증과 같은 대상들은 성질은 서로 다르지만 어머니의 신체 모두를 근친상간적으로 소유한다는 그 가정

… 또한 환각된 젖가슴을 찾아낸다

된 완전한 충족 편에서 욕망을 떠받치고 유지시킵니다. 유아는 결코 어머니의 신체 모두를 소유하지 못합니다. 단지 일부만을 소유할 뿐이죠. 그 부분도 이를테면 환각이나 다른 정신적 산물인 환상을 통해 머릿속으로만 소유할 뿐입니다. 환상에 대해서는 다음 장에서 공부할 것입니다. 환각과 환상은 임상적 관점에선 서로 다르지만, 욕망의 부분대상을 정신적으로 '소유'한다는 관점에서 보면 등가적 형성물이라는 점을 유의해 둡시다.

그런데 어떻게 유아가 어머니의 신체 모두를 소유하고 싶어한다고 말할 수 있습니까?

근친상간 : 정신분석가들의 가정

본질적으로 욕망은 어머니의 신체 전부를 소유하려는 욕망이란 생각이나, 혹은 표현을 바꿔서, 욕망은 근친상간적인 욕망이란 생각은 정신분석가들이 내세운 가설과도 일치합니다. 이러한 가설을 세우기 위해 그간 분석가들은 내가 여러분에게 제시하지 않은 여러 징후들을 그 근거로 삼았는데, 이런 징후들을 라캉을 다루는 내 강의에서 아직 소개하지 않은 것은 그러한 정신분석적 가설과 라캉의 임상적 시각은 서로 길이 다르기 때문입니다. 욕망의 근친상간적인 목표라고 하는 매우 이론적이고 공리에 가까운 이 가설을 정당화하기 위해서는 정신분석 이론에서 거세와 남근의 문제에 접근할 필요가 있습니다. 어쨌든 욕망이 추구하는 근친상간에 결코 도달할 수 없다는 가설을 내놓은 사람들은 바로 우리 분석가들이라는 건 주저 없이 인정하게 됩니다. 그리고 갓난아기가 젖가슴을 환각함으로써 자기의 욕망을 부분적으로 충족시킨다는 주장도 아직 분석적 추측이라는 사실 또한 덧붙여 둡니다. 프로이트가 가설을 다듬어낸 유일한 사람은 아니었습니다. 중요한 인물로는 멜라니 클라인이 있습니다. 여러분도 젖가슴이 중요한 자리를 차지한다는 이론을 세우기 위해 멜라니 클라인이 어떻게 했는지 잘 알고 있을 것입니다. 처음에 그녀는 많은 시간을 육아실에서 갓난아기를 관찰하며 그들의 모든 가능한 표현들을 기록했습니다. 그녀는 그것을 정신적인 현상의 신체적 표현으로 보았는데, 이러한 정신적 현상에는 환각이 포함되고 더 일반적으로는 무의식적 정신과정이 포함되지요. 갓난아기가 자는 동안에도 그녀는 유아가 젖가슴을 환각한다는 가설을 확인해주는 그들의 얼굴, 입의 움직임, 몸짓이나 다른 제스처들까지 모두 관찰했습니다.

*
* *

이제 다시 두 번째 조건으로 돌아와 볼까요? 나는 앞에서 유아의 요구의 결과로 대상이 분리된다고 말했습니다. 하지만 실제로 젖을 주는 가슴을 버리고 일종의 환각된 젖가슴의 형태로 타대상을 만들어내기 위해서는 유아의 말(파롤) 이상의 것이 필요합니다. 그것은 어머니의 말(파롤)입니다. 엄격히 말해서 대상을 창조하는 상징적 조건은 이중의 파롤, 이중의 요구입니다. 젖먹이가 젖가슴을 요구할 수 있는 것은 오로지 어머니가 그를 자식으로 인정할 때 뿐입니다.

그림6을 봅시다. 여기엔 두 개의 고리가 있습니다. 하나는 울거나 소리치면서 "나는 배고파요"라고 어머니에게 말하는 어린아이의 요구에 해당합니다. 우리는 그것을 대타자에 대한 요구라고 부릅니다. 두 번째 고리는 유아에 대한 대타자의 요구에 상응하는데, 그것은 전자에 함축되어 있는 요구로, "너에게 젖을 먹이게끔 해다오"로 표현될 수 있습니다. "나는 배고파요"는 유아로부터 어머니에게로 가는 요구이고, "너에게 젖을 먹이게끔 해다오"는 어머니로부터 유아에게로 가는 요구입니다. 우리는 그림 덕분에 대타자로부터 돌아오는 요구를 포함하지 않은 주체의 요구는 없다는 사실을 알 수 있습니다. 이 두 가지 요구는 단 하나의 노정인 단절의 노정을 그려내고 있습니

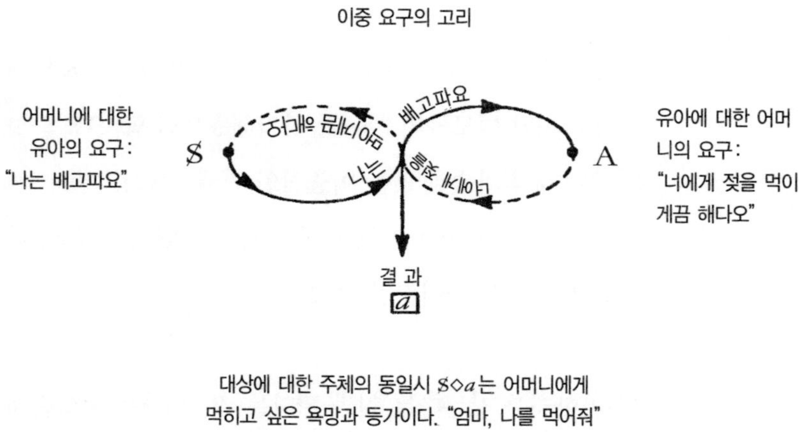

**〈그림 6〉 타대상은 이중의 요구가 실행된 결과이다.
대상이 떨어져나갈 때 주체는 자신을 그것과 동일시한다(환상)**

다. 대상은 떨어져 나가고 유아는 젖가슴을 환각하며, 또한 환각하는 동안 자신을 그것과 동일시합니다. 유아 자신이 환각하는 젖가슴이 됩니다. 이 사례에서 젖가슴이 되어버린 주체는 자신을 대타자의 먹이로 제공합니다. "엄마, 나를 먹어줘." 다음 장에서 환상의 구조를 공부할 때, 이러한 대상과의 동일시를 다시 보게 될 것입니다.

*
* *

이 강의를 요약하기 전에 프로이트가 죽기 전날, 노트에 써둔 마지막 메모들의 하나를 상기해봤으면 합니다. 그것은 유아가 젖가슴과 맺는 이중적인 관계 – 그것을 갖기와 그것이 되기 – 에 관한 내용이었죠. 프로이트가 간결한 전보 문체로 써놓은 것은 이것입니다.[6]

"젖가슴은 나의 한 존각이고, 나는 젖가슴이다" *(프로이트)*

"유아한테서 갖는다는 것과 된다는 것. 유아는 대상관계를 동일시로 나타내는 것을 매우 좋아함. 나는 대상이다. 대상을 갖기는 나중의 관계이며 대상 상실 이후에 대상이 되기의 상태로 다시 돌아온다. 모델: 젖가슴. 젖가슴은 나의 한 조각이고 나는 젖가슴이다. 나중에야 비로소: 나는 그것을 갖고 있어, 다시 말해 나는 그것이 아니야..."

감동적이고 수수께끼 같은 이 구절을 깊이 묵상하는 즐거움은 여러분에게 남겨놓겠습니다. 나로서는 내 독서의 결과를 여러분에게 전해줄 뿐이죠. 프로이트는 유아가 젖가

6) | Freud의 Résultats, idées, problèmes. II, P.U.F., 1985, p. 287.

슴과 맺는 관계를 네 시기로 구분하고 있습니다.

첫 번째 시기: **젖가슴은 나의 일부분이다.** 젖먹이가 젖꼭지에 들러붙어 있을 때는 엄마 몸의 그 부분에 유아가 기생하게 되는 관계입니다.

두 번째 시기: **나는 젖가슴을 상실한다.** 이 상실은 타대상이 구성되는 과정에 대해 논의할 때 내내 기술했던 그 단계에 해당하는 상실입니다.

세 번째 시기: **나는 내가 잃어버린 그 젖가슴이다.** 이것은 주체와 대상의 동일시 과정으로, 환상 구조의 기본적인 원동력이 됩니다.

네 번째 시기: **나는 젖가슴을 갖고 있다.** 다시 말해, 나는 더 이상 젖가슴이 아닙니다(자율성).

*
* *

결론에 즈음하여 나는, 우리가 여섯 개의 명제에 따라 욕구와 요구와 욕망의 삼중구조 관점에서 바라본 바 있는, 타대상을 대신 고려의 중심에 놓고자 합니다.

욕구의 영역에는 영양을 공급하는 젖가슴과 젖과 배고픔이 있습니다. 이 배고픔은 충족이 되건 안 되건 크게 상관이 없습니다.

*

요구의 영역에서는 유아가 엄마에게 말을 건네는 요구(울음소리)와 엄마가 젖먹이에게 말을 건네는 요구("아가, 너에게 젖을 먹이게끔 해다오")가 있습니다. 이 두 가지 요구, 즉 하나는 먹겠다는 요구이고 또 하나는 받아들인다는 요구인데, 정확히 말해, 인정하고 인정되는 상호적인 호출에 다름 아닙니다. 이 요구들의 연결은 모아 간의 상호적 사랑의 형태를 띱니다. 유아의 요구가 파롤이라면 이 요구는 그것의 대상 – 영양을 공급하는 젖가슴 –을 놓치게 됩니다. 유아의 요구는 불만족의 상태로 남지만, 욕망에로의 문을 열어 주게 됩니다. 한편 엄마의 요구 또한 어린 아이의 요구와 동일한 변천을 거치게 됩니다.

*

욕망의 영역에는 우선 선행 조건이 있습니다. 엄마의 몸 전체를 소유하려는 근친상간적인 욕망과 이에 도달할 수 없다는 불가능성이 그것이죠. 그것의 결과는 불만족입니다.

*

분명히 해둘 점: 우리가 '충족되지 않은 욕망'이란 표현을 사용할 때마다 문제시 되는 것은 바로 근친상간적 욕망입니다.

*

이러한 근친상간적 불만족은 정신적으로 엄마의 몸 전체에 대한 환각을 통해서 나타나는 것이 아니라 그 신체의 일부인, 예를 들어 젖가슴에 대한 환각으로 나타납니다. 따라서 욕망의 젖가슴에 대한 환각은 엄마 몸에 대한 근친상간적 소유의 대체물입니다. 엄마에 대한 근친상간적 소유가 젖가슴의 환각으로 대체되면서, 신체의 전부가 신체의 일부로 대체되는 것입니다. 향락이라는 라깡의 어휘를 사용하자면, 신체 전부에 상응하는 대타자-향락이 부분적 신체에 상응하는 잉여-향락(타대상)으로 대치되는 것이죠.

*

유아한테 대타자인, 다시 말해 가장 친밀한 파트너인 엄마는 욕망의 관점에서 환각된 젖가슴의 상태로 축소됩니다. 다시 말해서 엄마라고 하는 근친상간적 욕망의 불가능한 대상은, 이제 욕망의 부분 대상인 환각화된 젖가슴이 됩니다. 대타자가 타대상으로 축소되는 것이지요. 엄밀히 말하면 주체도 축소되어 이 욕망 대상과 자신을 동일시합니다. 엄마와 어린 아이가 번갈아 가며 타대상으로 축소되는 이러한 이중의 축소가 바로 환상이라는 정신의 형성물을 생성해 내는 핵심적인 기능을 하게 되죠.

*
* *

요컨대 타대상의 생산은 두 단계를 거칩니다. 우선 나는 타대상을 세 가지 조건에 따라, 떼어낼 수 있는 신체 부분으로 간주했습니다. 세 조건이란 한 가지 상상적 조건과 두 가지 상징적 조건들로, 강렬한 함축적인pregnant 이미지와 틈새와 이중의 요구가 바로 그것입니다. 또한 나는 욕구·요구·욕망을 구분해 욕망 대상으로서의 대상은 신체의 물리적인 부분과 아무런 관계도 없으며 무엇보다 환각된 산물이라는 점을 보여주었습니다. 그런 다음 이 대상은 주체에게도 타자에게도 속하지 않는다고 주장했습니다. 다음 장에서는 욕망의 환각화된 대상과 주체의 동일시를 설명하는 세 번째 단계를 가지고, 앞에 제시해 놓은 그림을 마침내 완성할 것입니다. 환상이 구조화되는 데 토대가 되는 것이 바로 이러한 동일시이기 때문입니다.

나는 이런 전제들을 가지고 다시 지난 논점으로 돌아와, 라깡의 타대상은 정확히 말해서 환각된 젖가슴, 곧 욕망의 대상은 아니라는 것을 상기시키려 합니다. 엄밀히 그것은 구멍이고 라깡이 잉여-향락이라고 부르는 수수께끼 같은 명명할 수 없는 향락입니다. 첫 강의를 기억해보면 '더 많이plus'라는 부사는 대상이 항상 주체에 의해 동화될 수 없는 잔류 에너지의 과잉이나 여분이라는 것을 강조하고 있습니다. 그러한 잉여분의 긴장이 환각 속에서 젖꼭지라는 익숙한 형태를 띠는 것이죠. 물론 환각된 유두는 잉여-향락이 표현되는 다른 외장들 가운데 하나일 뿐입니다. 왜냐하면 라 불리는 명명할 수 없고 수수께끼 같은 그 잉여분의 향락은 시각, 청각, 후각, 촉각 등의 모든 신체적인 모습을 빌릴 수 있기 때문인데, 이 모습들은 유아와 엄마 사이, 더 일반적으로 주체와 대타자 사이에 일어나는 욕망의 조우 (충족되지 못한, 즉 근친상간적으로 충족되지 못한)라는 성격을 띱니다. 타대상은 후각적인 환각에서 특별한 냄새를 맡는 것으로 경험될 수 있고, 촉각적 환각에서는 피부 접촉의 부드러움으로 느낄 수 있으며, 환청에서는 흉내 낼 수 없는 음성의 형태로 엄마의 목소리를 들을 수도 있습니다. 당연히 이 모든 형태는 서로 조합을 이루면서 매우 감각적인, 욕망의 환각화된 이미지들의 변이를 무한대로 산출하게 됩니다.

*
* *

제 4 강

환 상

키워드

분석의 특성

정신분석가와 거시기

환상의 임상

환상의 형식적인 모태

신체 : 향락의 발생원

관음증 환자의 눈

무용수의 발

분석가는 분석에서

타대상의 표상대리로 기능한다

자끄 라깡

이제 다시 타대상에 관한 논의로 돌아와, 임상에서 강하게 그 존재감을 나타내는 정신의 형성물인 소위 환상의 형성에서는 타대상이 어떤 기능을 하는지 살펴 봅시다. 하지만 그 전에 하나의 질문이 제기될 것입니다. 여러분은 왜 그렇게 타대상을 특권화하냐고 내게 물을 것입니다. 내가 본질적으로 타대상에 관심을 가지는 것은 분석에서 정신분석가의 근본적 기능을 분별하기 위해서입니다. 나의 관심사는 치료 경험에서 분석가를 타대상의 위치에 놓을 때 라깡이 제기했던 명제 값을 증명하는 것, 그리고 이와 밀접하게 관련된 것으로, 다른 모든 전이적 관계들에 비해 분석 관계를 특별나게 만드는 것이 무엇인지 명확히 밝히려는 것입니다. 단도직입적으로 말해서 분석경험 고유의 특성은 타대상으로서의 분석가의 독특한 위치에 있다고 하겠습니다.

분석의 특수성

분석을 특성화하면서 분석을 다른 모든 사회적 유대와 구분시켜주는 것으로는 사실 하나가 아닌 두 가지 특성을 들 수 있습니다. 첫째는 내가 방금 말한 것처럼 정신분석가의 특별한 역할입니다. 둘째는 분석수행자의 특별한 파롤입니다. 이 각각의 특징은 무의식과 향락이라는 정신분석의 두 기둥에 상응합니다. 분석수행자의 파롤은 무의식에 속하고, 분석가의 역할은 향락에 속합니다.

우선 정신분석의 언어가 다른 전이 관계들에 비해 어떤 특색이 있는지 알아봅시다. 이를 위해 사제에게 고해하는 신자를 상상해 봅시다. 고해신부에게 건네는 말과 분석가에게 건네는 말에 어떤 차이가 있는지 생각해 봅시다. 나는 프로이트를 따라 다음과 같이 답하겠습니다: 고해소의 신자는 사제에게 자신이 아는 것 모두를 고백하지만, 환자는 정신분석가에게 자기가 아는 것 모두와 함께 **자기가 알지 못하는 모든 것**도 고백합니다. 이 같은 방식으로 자신의 분석가에게 고백했던 한 여성 분석수행자가 생각납니다. "제가 알고 있는 모든 것과 제가 선생님에게 말할 수 있기를 바라는 모든 것이 있어요. 그리고 또 내가 알지 못하는 모든 것과 앞으로 말해질 모든 것이 있어요." 실제로 분석의 특성은 자기가 무엇을 말하는지 알지 못하면서 환자에 의해 언술된 현행진술이라는 사건 속에 있습니다.

이미 강조했듯이, 이러한 사건은 무의식을 작동시킵니다. 그런데 이러한 시니피앙적 사건이 일어나기 위해서는 청취라는 불가피한 전제가 틀림없이 필요해집니다. 사건을 기다리는 청취와 그러한 청취를 전제로 하는 분석수행자의 파롤이 필요한 겁니다.

내게는 이 대답이 명확해 보이지만, 충분하지는 않습니다. 또 다른 본질적인 특색이 남아 있으니까요. 이것이 분석 관계를 특수화하고, 사제나 교수 혹은 지도자와 맺는 관계와 같은 다른 모든 전이적 관계와 분석 관계를 구분시켜주는 두 번째 특색입니다. 이 특색은 향락에 속하고 특히 정신분석가의 행동 양식 안에 있으며 타대상의 특별한 자리에 있는데, 분석수행자가 자기도 모르게 내뱉는 현행 진술의 사건을 분석가가 자신의 청취로 불러일으키기 위해서는 마땅히 타대상의 자리를 분석가가 차지해야만 합니다. 분명히 말해서, 정신분석가는 지도자로서 나를 지배하고 교수로서 나를 가르치거나 사제로서 나를 고백하게 하는 파트너가 아닙니다. 그는 치료가 진행됨에 따라 나의 정신적 삶에 필수적인 부분이 되는 확실히 특이한 타자입니다. 역설적이게도 분석 관계는 점점 두 사람 사이의 관계를 떠나, 분석가와 분석수행자를 밀접하게 공동으로 포함시키는 독특한 정신적 장소가 됩니다. 나아가 그곳은 분석의 두 파트너를 가두고 흡수하는 중간 장소가 됩니다. 따라서 분석은 분석가와 분석수행자의 정신의 삶을 담아내는 유일한 장소입니다.

그런데 그 특이한 장소에서, 다시 말해 두 사람 사이의 관계가 만들어낸 일종의 독특한 정신 장치 안에서, 분석가는 정신 작용에서 욕동이 하는 역할을 하는 것으로 이해됩니다. 달리 말해서, 일단 분석가와 분석수행자 사이의 유대가 거대하고 독특한 정신장치로 조직된다는 것을 인정하면, 정신분석가의 위치는 욕동의 대상에게 마련된 자리에 상응하게 됩니다. 프로이트도 정신분석가의 역할을 욕동 대상의 역할과 동일시했을 것입니다. 욕동의 저장고[1]를 가리키는 이름인 이드에 봉사는 그 욕동의 대상으로서 분석가가 기능한다고 본 것이죠.

분석가, 타대상의 외장

1) 이드를 유혹하려는 자아의 책략을 보여주기 위해 이상하게도 프로이트는 치료에서 정신분석가의 행동을 예로서 가져온다. 그는 이드를 대하는 둘 사이인 분석가와 자아 사이에 놀라운 평행선을 세운다. 전자는 전이를 확인하기 위해서고 후자는 외부 세계와 이드 사이의 중개를 보장하기 위해서이다. 그는 다음과 같이 쓰고 있다. "자아는 분석치료 안에서의 분석가처럼 행동한다. 즉, 이드에게 자기 자신을 리비도적 대상으로서 내세우고 이드의 리비도를 자아 자신에게 돌리려 한다. 그[자아나 분석가]는 이드의 보조자일 뿐 아니라 주인의 사랑을 구걸하는 비굴한 하인이다. (…) 그는 기회주의자와 거짓말쟁이가 되려는 유혹에 너무 자주 넘어간다. 그의 관점은 정당하지만 여론의 호평을 얻고 싶어하는 정치가와 약간 비슷하다."(『자아와 이드Le moi et ça』 payot, 1981, p. 272/ 『표준영역본』(S.E.) vol. 19, p. 46)

라깡의 경우는 우리가 알고 있는 세 가지 형태의 향락인 대타자 향락과 남근적 향락 그리고 잉여향락을 구분함으로 욕동의 영토를 더욱 정확히 그려냈습니다. 정신분석가는, 정확히 말해, 분석의 기능은 이 세 범주 중에서도 잉여향락에 해당합니다. 이번 강의의 용어를 사용한다면 타대상의 범주와 일치해요. 당연히 분석가는 이 타대상의 위치를 차지하자마자 필연적으로 그 전형적인 청취의 자세를 취하게 됩니다. 예컨대 나는 정신분석가가 치료의 아주 특별한 순간들에서 침묵하게 되는 특정한 방식을 생각합니다. 그것은 아무렇게나 하는 침묵이 아니라 잉여향락의 밀도를 확인시키는 어떤 농축된 침묵으로, 무의식을 야기하고 재가동시키는 역동적인 침묵이죠. 여기서 우리는 구조의 운동성을 보증하는 구멍의 기능 자체를 다시 발견하게 됩니다. 치료자의 다른 행동들과 마찬가지로 이런 형태의 침묵은 그가 타대상의 위치에 있음을 증명해 줍니다. 이 같은 생각을 우리는 타대상의 외장外裝 semblant 이란 표현을 사용해 공식화해 볼 수도 있었고, 분석가의 행동이 어떤 타대상의 외장일 때 비로소 분석이 일어난다고, 다시 말해서 분석가는 치료에서 자신의 행동을 통해 향락(잉여향락)을 표상한다고 주장할 수도 있었을 것입니다. 더 나아가, 치료에서 분석가는 입구의 에너지, 색정적인 입구의 테두리를 누비고 다니는 영원한 향락의 흐름을

입을 다무는 것, 그것은 향락의 침묵과 공명하는 것이다

표상한다고 말할 수도 있습니다. 요컨대, 타대상의 위치에 있는 분석가는 무의식을 작동시키는 에너지를 표상합니다. 말하자면, 전체를 생겨나게 하고 또 존재하게 하는 이질적인 에너지를 표상합니다.

*

요컨대 우리가 다른 모든 전이적 관계와 비교해서 분석을 특수화하는 특색을 요약해 본다면 다음과 같이 말할 수 있습니다. 분석수행자의 관점에서 볼 때 분석의 특성은 주체 자신이 생산하는 시니피앙에 의해 추월당한다는 사실 – 이것은 무의식에 속합니다 – 에 있고, 치료자의 관점에서 보면, 분석가가 치료에서 타대상의 외장의 입장을 취한다는 사실 – 이것은 향락에 속합니다 – 에 있습니다.

*
* *

이제 환상의 문제로 가봅시다. 환상은 우리가 타대상에 대한 주체의 동일시에 관해 말할 때마다 언급했던 용어입니다. 환상의 형성물들의 임상적 범위와 생성 메커니즘을 해명하기 전에, 지난 강의에서 얻은 결론을 빠르게 상기해 봅시다. 우리는 신체의 어떤 부분이 욕망 대상의 지위를 갖는 데 필요한, 대상 분리의 세 가지 조건 – 상상적 함축성과 색정적인 테두리와 이중의 요구—을 세운 바 있습니다. 그런 다음 우리는 환각된 대상으로서 욕망 대상이 어떻게 생성되는지 보여주었습니다. 모든 환상을 형성하는 메커니즘은 환각이란 사실 그 자체에서 일어납니다. 이러한 환상 속에서 주체는 대상이 됩니다.

*

치료에서 타대상을 찾아내기 위해서는…

환상의 기반이 되는 논리를 밝히기 전에 다음과 같은 질문을 제기하고 싶습니다: 임상에서 환상은 구체적으로 어떻게 나타날까? 어떤 치료자가 슈퍼비전 면담 중에 내게 이처럼 문의 했다고 가정해 봅시다. "제 환자가 하는 이야기 속 어디쯤에 타대상이 있는지 제가 알아볼 수 있게끔 좀 가르쳐 주세요." 이론적으로는 이렇게 대답하게 됩니다. "타대상은 하나의 문자로 표시된 어떤 추상적이고 형식적인 가치를 나타내기 때문에 당연히 파악될 수 없고 결과적으로 저도 그것을 가르쳐 줄 수가 없어요." 하지만 올바른 대답은 이렇게 달라집니다. "분석의 어떤 국면에서 타대상의 소재를 알아내고 싶으면 환상부터 찾아보세요. 치료의 그 국면에서 당신 환자가 가진 환상은 어떤 것인지 자문해 보세요. 그러면 타대상의 위치를 분별해낼 수 있어요." 타대상은 그것의 형식적인 위상을 넘어 본질적으로는 그것의 임상적 표현을 환상에서 찾아볼 수 있기 때문입니다. 하지만 이 또한 적절한 대답은 아닙니다. 정확하게 대답하려면 환상을 무의식인 것으로 규정했어야 할 것입니다. 프로이트는 부단하게 움직이는 정신의 형성물이 다 그렇듯이 환상도 무의식적이면서 의식적이라고 보았습니다. 그는 이것을 '흑백'이라 불렀는데, 그것은 환상이 의식과 무의식 사이의 왕복운동으로 끊임없이 그 영역을 바꾼다는 것을 보여주기 위해서였죠. 그런데 우리는 일반적으로 환상이 무의식 상태로 남아있다는 것을 확인할 수 있습니다.

…무의식적인 환상을 찾아보세요

앞서 수퍼비전 중에 던진 그 분석가의 질문을 다시 생각해 본다면 올바른 대답은 결국 다음과 같을 것입니다. "분석 회기에서 타대상의 소재를 알아내려면 무의식적 환상의 소재부터 찾아보세요." "여러분은 내게 이렇게 말할 겁니다. 하지만 치료에서 무의식적 환상을 어떻게 구체적으로 알아볼 수 있습니까? 치료자가 무의식적 환상의 소재를 알아낼 수 있는 징후로는 어떤 것이 있습니까?" 여러분이 무의식적 환상을 알아차리거나 재구성해내기 위해서 징후들을 참조하는 데엔 일리가 있습니다. 하지만 치료에서 환상의 존재를 보여주는 징후들을 확정하기 전에, 환상이라는 일반적인 용어가 본래적 환상에서 파생되어 나온 다양한 형태의 환상적 형성물들을 가리키는 것으로 사용된다는 점을 기억하기 바랍니다. 어떤 형성물들은 좀 더 상황적이고 치료의 특정 국면과 결부된 것이고, 또 어떤 것은 환상의 형성물이라고 거의 불리지 않는, 전이 그 자체입니다.

그렇다면 치료에서 무의식적 환상의 표현을 어떻게 알아차리고 또 재구성해야 할까요? 그 답변으로 여러분에게 다음의 징후들을 제시해 봅니다.

- 환상은 다음과 같은 것들을 포함합니다: 어떤 장면, 일반적으로 소수의 인물들, 하나의 행동, 하나의 지배적인 정서 그리고 그 장면에 등장하는 신체의 특정한 부분.

- 환상은 분석수행자의 이야기를 통해서뿐만 아니라 때로 그의 행동들, 꿈, 몽상들에도 나타납니다.

- 환상은 반복되면서 대개 잊을 수 없는 것으로 남아 있는 이야기나 행동으로 표현됩니다. 그것은 한 번의 회기나 여러 번의 분석회기 틀에서 반복되고, 심지어는 주체의 생애 내내 반복됩니다.

- 환상은 분석수행자가 상세하게 설명하면서도 수수께끼

처럼 생각하는 어떤 시나리오와 관련돼 있어요. 그는 이 시나리오의 모든 측면을 묘사할 수 있고 자신이 거기에 내밀하게 관여돼 있다는 사실을 알고 있으며, 또 그 환상이 자신 안에 불러일으키는 감정까지도 인식하고 있습니다. 때때로 그의 환상은 필요한 자극이자 오르가슴의 쾌락을 얻게 하는 시동 장치입니다. 자신이 관여되어 있음에도 불구하고 주체는 환상을 외부로부터 이식되고 덧붙여진 어떤 요소로서, 자기 의지와는 상관없이 반복되는 것으로 경험합니다.

- 환상은 그것 고유의 장소, 색채, 시간, 빛, 소리의 이미지들이 가득 차 있는 어떤 장면을 표현한 하나의 이야기입니다.

- 행동이 전개되는 장면의 등장 인물들, 다시 말해 성인-유아, 유아-동물, 치료자-유아 등을 확인해야 합니다. 또 분석수행자 거기에 등장하는지, 그의 역할은 무엇인지, 행동의 주역과 관람객 중에 어떤 쪽인지 그에게 물어보는 것이 좋습니다.

- 또한 분석수행자가 행동의 묘사를 위해 자신의 이야기 속에 사용하는 동사를 포착해 냄으로써, 펼쳐지는 주된

행동의 위상을 잘 파악하는 것이 좋습니다. 환상은 항상 환자의 얘기 중에 쉽게 찾아볼 수 있는 어떤 동사를 중심으로 조직된 문장으로 꾸며져 있습니다. 예를 들어 프로이트가 언급했던 유명한 환상 "아이가 매를 맞고 있어요"[2]에 나오는 '때리다'라는 동사, 어린 아이가 개에게 물렸다는 환상에서 '물다'라는 동사가 그것입니다. 형식적 관점에서 환상적인 행동임을 가리키는 구절의 동사는 우리가 이미 색정적인 입구의 테두리로 또 이중의 요구라는 단절의 흔적으로 확인한 바 있는 그 시니피앙을 구체화시켜 줍니다. 사실 그 구절 속에서 동사는 주체와 대상의 단절을 나타냅니다. 그것은 주체와 대상을 분리시키는 동시에 결합시키는 시니피앙입니다.

• 또한 정동, 다시 말해 환상의 주된 행동을 지배하는, 등장인물들에게 스며 있는 감정이나 긴장을 찾아보는 게 좋습니다. 행동에는 어떤 정동의 부하가 실려 있을까요? 여기서 정동은 일반적으로 느껴지지 않는 향락(잉여향락)의 등가물은 아니라는 점을 명확히 해둡시다. 향락은 그

2) 프로이트가 이 논문을 쓴 1919년은 제1차 세계대전의 패전국인 비엔나에서 전쟁에 참전한 아들과 가족들의 생계까지 걱정해야 하는 비참한 시기에 딸인 안나 프로이트와 나눈 분석경험에서 비롯되었습니다. 이 논문은 『프로이트의 "아이가 매를 맞고 있어요": 현대의 프로이트, 전환점과 중대한 문제』(에셀 S. 퍼슨 엮음, 김종주·김아영·김대연 옮김, 하나의학사, 2014, pp. 55-92)에 번역되어 있음 –역주

것이 환상적인 행동의 무의식적인 동력이라 할지라도 일반적으로는 잘 느껴지지 않습니다. 이와 관련해 주체가 영향을 받는 서로 다른 세 가지 차원을 혼동하지 말기 바랍니다: 하나는 무의식적으로 환상을 야기하는 잉여-향락이고, 다른 하나는 등장인물들에 의해 경험되고, 환상의 장면을 지배하는 정동이나 감정입니다. 그리고 또 하나는 환상의 출현 자체가 분석수행자라는 사람 안에 일으키는 쾌락이나 고통입니다.

- 행동에서 작용하고 있는 무의식적인 향락은 주인공이 느끼는 정동과는 다른데, 향락의 소재를 알아내기 위해서는 행동에 개입하는 신체의 특정 부분을 고려해 봐야 합니다. 향락은 타대상의 지위를 갖습니다. 이 대상의 위치에 관해서는, 주체의 대상에 대한 동일시 현상을 싸고 도는 환상의 논리를 다룰 때, 다시 다루게 될 것입니다.

- 행동의 줄거리는 도착적인pervers 시나리오처럼 전개됩니다. 이것은 얽혔다 풀렸다 하는 어떤 사건이라기보다 하나의 생생한 그림이나 정지화면에 가까운데 여기서 이루어지는 행동은 도착적 성격의 몇 가지 동작들로 한정돼 있습니다. 그러나 환상에 내포된 이 도착성은 임상적 실체로 간주되는 성도착증과는 같다고 볼 수 없습니다.

• 환상의 출현과 그것의 도착적인 내용은 분석수행자에게 비밀로 간직해야 할 부끄러운 버릇으로 경험됩니다. 이런 이유로 분석에서 환상은 일반적으로 뒤늦게 보고됩니다.

*

요컨대, 치료의 어떤 순간에 무의식적인 환상이 존재함을 드러내는 지표들로는 다음과 같은 것들이 있습니다. 이야기의 반복, 주체에게 부과되는 수수께끼 같고 놀라운 성격의 시나리오, 장면의 등장인물들, 전개되는 행동, 지배적인 정동, 연루된 신체의 부분, 도착적인 시나리오 등등.

*
* *

실제로 주체는 (…) 젖가슴, 대변, 남근 등의
대상들을 얻거나 잃어버리고 또
그것으로 인해 파괴되거나 그것들을 보존하는데, 특히
본디 환상에서 그 대상들이 기능하는
위치에 따라서 주체가 그 대상들이 되므로...
자끄 라깡

환상의 논리

이제 환상을 떠받치고 있는 그 논리를 다루어 보죠. 다음의 질문에 답함으로써 시작해 봅시다. 분석치료 과정에 나타나는 무의식적 환상의 구조와 기제와 기능은 무엇일까요?

우선 환상의 형식적 모태는 본질적으로 네 가지 요소로 구성되어 있어요: 주체, 대상, 시니피앙, 그리고 이미지들. 이미 말했던 것처럼, 이러한 요소들 전체는 일반적으로 도착적인 특정 시나리오에 따라 정돈되고 환자의 이야기 속한 문장으로 표현됩니다.

환상적인 구조를 조직하는 주된 기제는 주체가 대상이 되어버리는 주체의 동일시 기제입니다. 프로이트가 유아와 젖가슴에 대해서 말했던 단락에 대해서 우리가 논한 바를 다시 꺼내보면, 환상은 세 번째 시기에 위치시킬 수 있죠. 프로이트에 따르면, 이 시기는 젖가슴을 잃어버린 유아가 젖가슴 그 자체가 되는 시기입니다. 또 유아는 젖가슴을 단순히 잃어버리는 데 그치지 않고 그것이 된다고 말하며, 예를 들어 관음증 환자는 단순히 바라보는 것이 아니라 스스로를 보도록 만든다고 하는데, 환상이 의미하는 바를 잘 말해주는 단락입니다. 대상의 분리 시기와 주체와 대상간의 동일시 시기, 이 둘 사이의 구분은 순전히 이론적이라는 점을 유의하세요. 실제로 대상의 분리는 욕망 대상에 대한 주체의 동일시와 동시에 일어나요. 사실상 주체가 그 상실된 대상과 동일시하는 일이 없다면 진정한 상실도 안 일어나지요. 정신분석적 관점에서 보면 우리는 환상 속에서 우리가 잃어버린 바로 그것이 됩니다.

환상 가운데 우리는 우리가 잃어버린 것이 된다

단절의 방식으로 젖가슴을 분리시키는 구강적인 이중의 요구 과정을 보여주는 예를 다시 들면(그림6), 우리는 세 시기가 있음을 보게 됩니다. 첫 번째 고리로 유아가 어머니에게 하는 요구의 고리인 "나는 배고파요"가 있죠. 두 번째 고리는 어머니가 아이에게 하는 요구의 고리로 "아가야, 너에게 젖을 먹이게끔 해다오". 입니다. 마지막으로 세 번째는 동일시 단계지요. 일단 젖가슴이 분리돼 욕망의 대상이 되면, 주체는 자신과 그것을 동일시합니다. 그렇게 해서 환상이 형성되지요. 주체는 구강적 대상이 됩니다. 아니 유아는 차라리 대타자의 포식에 제공되는 젖가슴이 된다고 하겠습니다. 이 세 번째 시기의 문장은 따라서 "엄마, 나를 먹어줘"가 됩니다. 주체의 젖가슴에 대한 이러한 동일시는 식인풍의 구강 환상의 열쇠가 됩니다. 물론 항문이나 가학피학 환상 등 다른 환상의 변이들처럼

전이의 역동성은 환상의 역동성이다

구강 환상이 우리의 관심을 끄는 것은, 어머니/유아의 모아 관계뿐 아니라 환상의 역동으로 간주되는 전이의 역동

을 이해하는 데서 이것이 단초가 되기 때문이죠. 분석가에 의해 잡아먹히거나 분석가를 잡아먹는 환상이 분석수행자에게 얼마나 자주 나타나는지 모릅니다!

나는 분석가에게 다음과 같이 털어 놓은 성인 환자가 생각납니다. "선생님한테 말해야 하는데, 그게 쉽지가 않네요. 하지만 언제부턴가, 내가 바라는 건 선생님을 내 안에 갖는 것, 선생님을 잡아먹는 거였어요." '선생님을 잡아먹고 싶다'는 환상은 환자가 구강기에 고착돼 있다는 것으로 해석될 수 있죠. 하지만 이런 접근은 우리를 앞으로 나아가게 하지 못합니다. 내게 지도감독을 받던 그 분석가의 상황으로 다시 돌아가서, 만약 그가 내게 "선생님을 잡아먹고 싶다"는 말을 했다면 나는 그에게 이렇게 대답했을 겁니다. "당신이 내게 분석에서는 어디서 타대상의 소재를 알아낼 수 있느냐고 물었던가요? 타대상은 정신분석에서 포식 환상의 중심에 있는데 여기서 타대상은 젖가슴이란 이름을 갖게 됩니다."

$\$\diamond a$

주체가 대상 뒤로 사라진다

라깡은 환상의 뼈대를 제공하면서 주체가 분리된 대상과 동일시하는 그 순간을 $\$\diamond a$라는 기호로 형식화해요. 주체가 **대상이다**라고 확언한다는 것은 환상의 요인, 곧 환상적 구조를 조직하는 요소가 유아나 분석수행자라는 그 사람은 아니라는 걸 뜻해요. 환상은 누군가의 작품이 아니라 대상의 활동과 동시에 시니피앙의 단절에서 빚어진 결과입니다. 타대상은 환상의 동인cause motrice이며, ◇로 표상되는 시니피앙은 타대상의 작용인cause efficiente이죠. 달리 말해서 환상의 동력은 향락의 핵으로, 그 핵을 중심으로 환상이 연출됩니다. 또 달리 말해서, 분석수행자가 이야기나 행동을 통해 환상의 구조물을 내보일 때 환상의 주체는 환자가 아니라 욕망의 대상과 이것의 자리를 표시하는 시니피앙(동사)이라고 주저없이 결론을 내려도 됩니다.

그러니까 환상은 향락하는 하나의 방식이고 잉여-향락 주위에 세워진 뼈대라고 단언할 수 있어요. 분석가에게 "선생님을 먹고 싶다"고 고백하는 환자는 구강환상을 가진 존재입니다. 다시 말해 그의 국소향락은 젖가슴이란 이름을 가지며 이 환상 경험의 주체는 향락이자 동시에 그 향락을 표현하는 시니피앙입니다. 문제의 그 주체는 무의식의 주체로 이 주체는, 말하자면 이 환상을 만들어내는 무의식적 경험의 효과로서의 주체이지, 자신의 감정들을 내비치는 그 사람이 아닙니다. 확실히 환상의 구조인 $\$\diamond a$는 무의식의 주체와 타대상 사이의 결합/분리를 의미하는데, 이 구조는 어떤 형식적인 모체로, 분석의 두 파트너를 각각 두 자리에 번갈아 지정함으로써 활기를 불어넣을 수 있는 그러한 모체지요. 따라서 분석수행자가 "선생님을 먹고 싶다"고 말할 때, 이런 상황에서 욕망의 타대상인 젖가슴은 분석가로 표상이 됩니다. 여기서는 분석가가 지배적인 국소향락의 자리를 차지하고 있는 겁니다. 거꾸로 분석수행자가 분석가에 의해 잡아먹히는 대상의 역할을 맡게 될 수도 있어요. 라깡이 투영평면이나 크로스캡이라 불리는 위상수학의 표면을 사용하여 환상과 관련된 용어들의 논리적 결합을 특히 위상수학의 틀 안에서 만들어냈다는 점을 기억하기 바랍니다. 이 위상수학적인 물체는 무의식의 주체(*S̸*)와 대상(*a*)이라는 두 용어가 분리의 직분을 수행하는 시니피앙의 중개를 통해 어떻게 결합되고 분리되는지 놀라울 정도로 잘 보여주지요. 우리는 일상에서 환상을 말해주는 구체적인 문장의 형태로, 특히 행위를 가리키는 동사를 통해서 그 시니피앙을 알아볼 수 있습니다.

*
* *

환각과 환상 사이에는 어떤 관계가 있습니까?

프로이트는 꿈과 환상과 환각의 구조들을 서로 확실하게

구분하지 않았어요. 그는 이 세 가지 정신의 형성물들을 실제로는 구별할 수 없다는 걸 인정했어요. 그는 그것들을 '욕망의 환각 정신증'이라는 명칭하에 뭉뚱그려 분류했습니다. 내게는 이 명칭이 너무도 흥미로워요. 명칭 덕에 프로이트가 정신증을 별도의 세계로 유배시키는 그릇된 직관을 깨뜨릴 수 있었으니까요. '욕망의 정신증'이라는 이 기발한 표현은 꿈이나 환각이나 환상 전면에 정신증이 드러나 보이는 어떤 불확정적인 구역에 우리를 데려다 놓습니다. 환상, 환각, 꿈, 같은 정신의 형성물을 나는 '무의식의 형성물'이라는 라깡의 표현에 영감 받아 '타대상의 형성물' formations de l'objet *a*이라고 이름 붙였습니다. 왜 그것들을 타대상의 형성물이라고 부를까요? 서로 다르지만 주체는 곧 자기가 잃어버린 그 대상이 된다는 공통된 기제 하에 형성된 정신적 산물이기에 동일한 명칭으로 묶게 되는 것입니다.

환상 속에서 타대상은 욕망 대상으로서 다양한 신체적 형태들을 띠게 됩니다. 대상에 대한 이런 시각의 밑바탕에 놓여 있는, 신체에 관한 보다 일반적인 개념은 무엇입니까?

먼저 타대상에 대한 다양한 접근 방식을 열거하려고 합니다. 요컨대, 타대상은 형식적 관점에서 구조 속에 있는 '구멍'으로 생각할 수 있어요. 이것과 동류 개념들의 좌표로는 '일자'와 집합이 있습니다. 또한 이 대상은 에너지의 관점에서 잉여-향락으로 생각할 수도 있어요. 언어처럼 구조화되어 있는 무의식과 향락이라는 두 개의 다른 범주가 이것과 동류 개념들의 좌표가 되죠. 환상의 핵인, 욕망 대상이란 지위의 관점에서 볼 때는 타대상이 다양한 신체적인 형태(젖가슴, 통증 등등)들로 생각될 수도 있어요. 이때 동류 개념들의 좌표는 욕구, 요구, 욕망, 환상입니다. 마지막으로 임상 진료의 관점에서 타대상은 정신분석가가 차지하고 있는 '치료를 추진해가는 자리'로 간주될 수 있어요. 이때 동류 개념들의 좌표는 외상과 해석입니다.

타대상에 대한 관점의 종합

*

이제 일반적인 신체에 관한 여러분의 질문을 다뤄보지요. 정신분석에서 신체란 무엇일까요? 분석가에게 신체는 해부학자나 생리학자 혹은 생물학자의 신체도 아니고 철학자의 신체도 아닙니다. 라깡에 의하면 정신분석가에게 신체는 향락의 장소입니다. 그렇다고 신체의 생물학적이고 철학적인 개념을 거부하는 것일까요? 아니죠. 우리가 예를 들어 조울정신증에 생화학적인 변화가 있다는 것을 모

신체는 향락의 장소다

를까요? 아니에요. 하지만 그것이 우리의 관심사는 아니죠. 우리의 문제는 아주 다른 것입니다. 예를 들어, 내 앞에 조울증 환자가 있다면, 나는 이 정신증이 고통이나 애도나 상실과 맺고 있는 관계를 찾아볼 겁니다. 이 환자는 자신의 병을 어떻게 취급할까요? 여기서 '취급한다traiter'는 것은 자신의 고통을 느끼고 초자아의 목소리와 스스로에게 던지는 비판을 듣는다는 의미입니다. 정신질환의 유기체적 기반이 어떠하든, 환자가 자기 고통을 설명하고 꿈을 꾸는 상징의 차원을 고려하지 않을 수 없습니다. 언젠가 이 꿈 생활의 화학적 기원이 밝혀진다 하더라도 꿈은 그 상징체계 때문에 들어주길 간절히 호소하는 것으로 항상 남아 있을 겁니다. 그래요. 우리 분석가들의 관심 대상인 몸은 과학에서 말하는 신체가 아니라 향락의 장소이고 수많은 향락의 흐름이 순환하는 공간이지요.

따라서 우리의 질문은 "신체란 무엇인가?" 라는 몹시 일반적인 것이 아니라 "사람들은 어떻게 향락하는가?" 이죠. 정신분석가의 질문은 "분석수행자는 어떻게 고통스러워하는가?" 혹은 "그는 어떻게 진실을 만족시키는가?" 더 직접적으로는 "향락은 어디에 있는가?" 일 겁니다. 이렇게 신체에 대해 질문한다는 것은 이미 내가 전이 속에 연루되었다는 것을 보여주죠. 역으로 말해 나의 분석적인 위치는 향락의 장소로서 신체를 내가 탐문하는 방식에 따라서 정의될 거예요. 그렇지만, 환자가 살아가는 동안 겪을 수 있는 신체장애에 우리가 때로 관심을 갖게 되는 경우를 배제할 수는 없죠. 경우에 따라 환자들이 겪게 되는 신체적인 사건을 간과하는 것은 우리가 정신분석가이기 때문에 그런 것은 아닙니다.

"향락은 어디에 있는가?" 라는 질문에 나는, 향락하는 신체의 가장 좋은 예의 하나는 강렬한 고통이 따르는 극한의 시련에 노출된 신체라고 답할 것입니다. 말하자면 향락은 쾌락이 아닌 쾌락을 넘어선 상태지요. 또는 프로이트의 용어를 원용하면, 그것은 극도의 긴장, 최고의 긴장입니다. 반면에 쾌락은 긴장의 감소입니다. 아무것도 잃지 않고 가능한 한 최소로 소비하는 것이 쾌락이라면, 향락은 반대로 상실과 소비와 극도의 노력이 동반되는 신체적 소진쪽에 가깝습니다. 신체가 향락의 기반으로 나타나는 것은 바로 이 지점이지요. 바로 이렇게 소모되는 신체 상태에서 정신분석이론이 신체의 향락을 고안해 낸 것입니다.

관음증 환자의 눈

관음증 환자의 사례를 들어보면, 그는 나무 뒤에 숨어서 엉겨붙은 부부를 밤새도록 쳐다보며 그 시선을 즐깁니다.

진정한 관음증 환자는 눈을 즐길 뿐 아니라 부부가 그의 존재를 알아채고 격분하여 그에게 욕설을 퍼붓고 돌을 던지게 되고 말죠. 이러한 양상이 기본입니다. 피학증 환자가 아닌 관음증 환자는 없으니까요. 이 주거침입자는 정체가 드러나길 바라고 시선을 향락하는 것만큼이나 창피함의 고통을 즐기면서 바라보는 겁니다. 일반적으로 도착적인 시나리오의 실패에 구두점을 찍는 이런 창피함이 존재하지 않는다면 이 주체는 결코 성도착증 환자로 규정될 수 없어요. 그렇다면 차라리 성도착증이 되려고 꾸미는 신경증 환자에 가깝지요.

그에 관하여 나는 도착적인 내용의 환상을 향락하는 신경증 환자와 성도착증 환자를 동일시하는 끈질긴 오해를 해소시키고 싶어요. 사실상 모든 신경증 환자들은 성도착증이 되는 꿈을 꾸고 환상을 품지만 결코 거기에 도달하지 못해요. 신경증 환자가 도착적인 환상을 본다면, 성도착증 환자는 이러한 환상을 구체적으로 실행에 옮기면서도 그것을 실현시키지는 못해요. 신경증 환자가 꿈을 꾼다면 성도착증 환자는 꿈을 실행하지만 실패하게 되어 있어요. 따라서 성도착증 환자는 신경증 환자의 도착적인 환상을 실행하면서도 굴욕적인 실패와 창피함으로 불안해하고 의기소침해지며 자신을 우스꽝스럽게 느끼고 세상에서

신경증 환자는 성도착증 환자가 되는 꿈을 꾼다

가장 어리석은 사람으로 여기죠. 아마 도착적인 행위에는 고통스러우면서도 우스운 것이 들어 있을 거예요. 신경증 환자가 도착적으로 되려는 연기를 무능하게 연출해서 웃긴다면 성도착증 환자는 카드로 쌓은 성처럼 정성들인 모든 작업이 사라지는 것을 보여주면서 웃음거리를 제공하죠. 그는 자신을 비하하는 방식으로 하찮게 되는 것을 향락하며 피학적인 고통 속에서 만족을 찾게 됩니다.

하지만 도착적인 향락은 어디에 위치되어야 할까요? 관음증 환자가 시선을 향락하거나(잉여-향락) 창피를 당할 때(잉여-향락), 그의 몸은 최고의 긴장 상태에 있고 모든 것을 잃어버릴 정도로 소모되죠. 그는 시각을 잃고 마치 몸이 없는 것처럼 모든 유기체 감각을 잃어버려요. 그는 바라볼 때 시각을 잃고 굴욕적인 실패를 겪을 때 몸의 운동감각적인 민감성을 잃어버립니다. 우리가 "절단은 분리를 초래한다"는 진술을 제안할 때 생각한 것은 바로 신체가 눈과 근육의 수준에서 향락의 최대 시련을 겪는 성도착증의 예였어요. 신체가 '향락한다'는 것은 신체를 '잃어버린다'고 말하는 것과 같습니다. 시선과 관련된 성감대는 눈까풀이고 통증에 관련된 성감대는 신체 감각들의 집합인데, 특히 근육감각이지요.

성도착증 환자는 대타자의 향락을 추구한다

또한 우리가 든 예는 대타자 향락이라고 하는 향락의 범주를 예시하는 데도 완벽하게 들어맞아요. 이 관음증 환자의 사례에는 한계 없는 대타자 향락이, 정사를 벌이다가 들키는 부부의 이미지에서 성도착증 환자가 포착하고자 하는 절대 향락에 의해 체현되어 있습니다. 성도착증 환자에게서 향락하는 대타자는 감미로운 황홀상태에서 엉켜 있는 부부예요. 얘기가 나와서 말인데, 신경증 환자와 성도착증 환자의 차이가 단순히 전자는 향락을 꿈꾸고 후자는 향락(잉여향락)을 실행한다는 것만은 아닙니다. 무엇보다 신경증 환자는 대타자의 향락을 불가능한 향락으로 가정하는데 비해 성도착증 환자는 그것을 실현 가능한 것으로 여긴다는 점이 큰 차이지요. 신경증 환자는 죽음이나 지고의 행복 또는 광기와 같은 다양한 형태로 대타자 향락을 상상하고 어렴풋이 가정하지만 성도착증 환자는 달라요. 그는 향락을 상상하는 것이 아니라 그것을 찾아다니고 추적하고 그것을 얻을 수 있다고 믿습니다. 관음증 환자가 나무 뒤에 숨어 엿볼 때는 연인들의 황홀경을 포착하려 하지만, 머릿속에 어떤 선행하는 이미지를 갖고 있는 것은 아닙니다.

*

따라서 분석가가 보기에는 신체가 얼마나 근본적으로 성

감대 주위(눈꺼풀이나 근육과 같은)에 집중되는 부분적인 향락으로 축소될 수 있는지 이해하게 되는데, 그 부분 향락이 우리가 든 예에서는 시선이나 피학적인 고통인 겁니다. 이런 이유 때문에 분석가가 신체에 관하여 제기하는 질문은 "신체와 향락의 관계는 무엇입니까?" 또는 "육체는 어떻게 향락할까요? 또는 더욱 정확히 "신체의 어느 부분이 향락할까요?"가 됩니다. 이러한 질문은 내가 향락이라는 주제에 대해 공부할 때 생긴 개인적인 일화를 떠올리게 하는군요. 그때 내가 도달한 결론은, 분석가의 질문은 "그러니까 신체 어디에서 향락의 소재를 알아낼까?"가 되어야 한다는 것이었어요.

신체의 어디에서 향락을 알아내야 하는가?…

그 당시 나는 정신분석가인 내 친구와 함께 《목신의 오후》라는 매우 아름다운 발레를 관람한 일이 있어요. 이탈리아의 유명한 부부댄서인 파올로 보르톨루치와 카를라 프라치가 배역을 맡았지요. 강렬한 아름다움의 시퀀스에서 보르톨루치는 바를 잡고 왼발을 들어 느린 시계추의 움직임처럼 마루를 거의 스칠 듯이 앞뒤로 흔들었어요. 이러한 움직임의 단순함 속에서 나는 무용수가 예술의 정점에 도달했다는 인상을 받았죠. 다리는 발끝으로 눈부신 경쾌함을 써내고 있는 것 같았어요. 그런 모습이 나에겐 발레에서 절정의 순간으로 보였죠. 극장을 나오면서 나는

…무용수의 발에서

친구에게 그 공연에서 향락이 어디에 있었는지 분석가로서 찾아내는 놀이를 제안했어요. 우리의 첫 반응은 향락이 의심할 바 없이 우리를 포함한 관객의 시선에 있었다는 거였어요. 또한 우리는 관객의 매혹이 보는du voir 차원에 속하는지 혹은 시선du regard의 차원에 속하는지 즉, 시각vision의 쾌락 차원에 속하는지 혹은 바라보기de regarder라는 향락의 차원에 속하는지에 대해서도 토론할 필요가 있었죠. 이 점과 관련해 우리가 방금 얘기했던 그 도착적인 관음증 환자는 보는 것이 아니라 바라본다는 점에 주목합시다. 우리 관객들이 쾌락의 영향 하에 있었는지 향락의 영향 하에 있었는지, 우리가 보고 있었는지 바라보고 있었는지는 나도 모르겠어요. 아무튼 우리의 집요한 의문은 이렇습니다: "이 발레공연에서는 향락을 어디에 위치시킬까?" 우리가 관람객에게서 향락을 찾지 못한다면, 그것은 무용수들의 신체 자체에서 나오는 것일 테죠. 하지만 신체의 어떤 모습으로 나타날까요? 우리는 해답을 찾지 못한 채 헤어졌고, 나는 집에 도착했을 때에도 그 질문을 다시 떠올리는 나 자신을 보고 놀랐어요. 그때 내게 떠오른 생각을 그날 밤 내 친구한테 편지로 썼어요. 내가 발레에서 향락의 장소를 발견한 거 같다고. 그런데 흥미롭게도 그것은 보르톨루치의 발에서라고. 어째서 발일까요? 두 가지 이유가 있어요. 우선 내 눈에는 절정이던 시퀀스에서 균형 잡힌 상태로 무용수의 발에 신체의 모든 긴장이 집중되어 있었기 때문이죠. 게다가 보르톨루치는 그의 신체를 그토록 훈련시키고 그만큼 사용해왔기 때문에 삶의 많은 부분이 신체의 그 부위에서 이루어졌어요. 이미 인정받는 예술가가 된 그 사람의 훈련과 엄격함을 상상해 보세요. 나는 주저치 않고 보르톨루치가 발을 잃어버렸다고, 향락의 관점에서 그는 끊임없이 자신의 발과 분리돼 온 거라고 친구에게 썼어요. 그 발은 이미 더 이상 무용수에게 속하지 않는 신체의 장소가 돼 있었지요.

춤 공연에서 향락의 위치를 알아본 것은, 상실을 경험하고 살아있을 때 잃어버린다는 것이 무엇을 의미하는지 이해하는 데 많은 도움이 됐어요. 위의 예에서 상실은 젖먹이와 어머니 사이의 관계인 일차적 수준에 있는 것이 아니라 승화와 예술이라는 상대적 영역에 속한 것이죠. 향락을 이해하기 위해서 우리는 동일한 개념적 장치를 이용하되, 이를 다른 영역에서 활용할 것입니다. 위의 예에서 시니피앙의 절단은 요구에 의해 표현되는 것이 아니라 무용수의 신체 훈련이나 극도로 유연하게 만들기 혹은 발이 능란하게 마루를 스칠 수 있게 그 신체가 정확하고 조화로운 지점을 잡도록 수없이 몸을 강요하는 것으로 표현됩니다. 여러분은 무용수의 사례 덕분에 신체에 대한 시니피앙의 파급효과가 반드시 언술된 말의 형태나 형식화된 요구의 형태를 띠는 것은 아니라는 걸 알게 되었을 겁니다. 여기서 시니피앙의 파급효과는 예술가의 신체가 순응하게 되는 훈련으로 표현되고 있지요. 여기서 시니피앙의 반복은 무용수의 발의 상실을 가져온 과거의 수없이 많은 시간과 날들과 끊임없는 작업입니다.

*

이러한 논의들은 우리를 다음과 같은 결론으로 이끕니다.

향락에서 주체는 배제된다

적합한 질문은 '누가 향락하는가?'가 아니라 "우리 속에 무엇이 향락하는가, 신체의 어떤 부분이 향락하는가?"가 됩니다. 일단 신체가 향락의 장소라는 생각에 이르렀으니 이제 이런 질문을 던져 봅시다: '주체는 자신이 향락한다는 것을 알아차릴까?' 주체로 하여 자신도 모르게 말하게 하는 무의식과 유사하게, 향락은 주체를 전복시키는데 이때 주체는 자신의 어디가 건드려졌는지 알지 못합니다. 보르톨루치와 같은 무용수에게는, 그만의 고유한 신체적 고통이 있는데 그는 그것을 잘 측정하지 못하는 게, 그 고통은 발의 움직임이란 숭고한 몸짓 속에 압축되어 있습니다. 항상 우리는 쾌락의 감각은 인지할 수 있지만 상실된 것은 측정할 수 없어요. 우리는 신체가 겪게되는 시련의 정도를 알 수도 측정할 수도 없지요. 다시 말해 쾌락을 느낄 수는 있지만 향락을 측정할 수는 없어요. 이것은 첫 번째 강의의 명제를 생각나게 해줍니다-주체는 향락으로부터 배제된다.

*

계속 향락에 대해 말해보자면, 우리는 자살에서의 향락을 어떻게 생각할 수 있을까요?

어떤 종류의 자살일까요? 왜냐하면 여러 형태의 자살이 있기 때문이죠. 히스테리적 자살인가 멜랑콜리의 자살인가, 조현병의 자살인가 등등. 예를 들어 멜랑콜리 환자는 히스테리 환자와는 전혀 다르게 자살하거든요. 일반적으로 히스테리 환자의 자살은 행동acte이 아니라 그의 의도를 넘어선 행위action로서, 마치 주체가 너무 멀리 나가버린, 자기가 원했던 것보다 훨씬 더 멀리 가버린 것처럼 보이죠. 이와 대조적으로 행동-자살은 주체가 발을 떼어 실제로 대타자-향락의 문턱을 넘어버린 자살을 말해요. 이때 그는 어떤 행위를 함으로써 궁극적인 경계를 넘어가는 것입니다. 하지만 유념할 것은 모든 자살이 어떤 한계를 뛰어넘는 도약은 아니라는 거예요. 향락의 자리는 자살 행위의 임상적 유형에 따라 다르게 자리매김 됩니다. 내가 처음에 여러분한테 어떤 종류의 자살인지 물어본 것도 바로 이런 이유 때문이죠.

선생님이 행동이라고 보시는 그 자살 말입니다.

먼저 관심을 갖는 것이 어떤 종류의 자살인가를 알아보고 죽음에 이르게 한 그 특별한 방식을 살펴볼 필요가 있다는 걸 기억해 두세요. 우리는 목매달기나 칼이나 총포 혹은 음독에 의한 것 등, 스스로를 죽음에 이르게 한 그 방식으로부터 죽음에 호소했던 고통의 종류를 알아낼 수 있어요. 그렇지만 자살과 같은 극단적인 행동에 정확한 의미를 부여할 수는 없어요. 여러분의 질문에 답하기 위해 위험을 무릅쓰고 말한다면, 예를 들어 미시마 유키오나 몽테를랑 같은 작가의 자살은 무한한 향락의 경계를 넘어서는 어떤 행동이었습니다. 그들은 신체 부위들, 시선, 젖가슴, 고통 등에 국한되어 있는 향락과는 다른 향락의 경계를 건드렸던 거예요. 행동-자살이 문제가 될 때는 국소적이거나 제한된 차원에 있는 것이 아니라 근본적으로 측량할 수 없는 차원에 있는 겁니다. 하지만 이런 나의 설명은 단순히 자살 현상에 대한 하나의 가능한 접근으로만 받길 바랍니다. 자살 행동의 과격성은 항상 우리의 성찰에 극도의 조심성을 요구합니다. 행동-자살의 경우는 주체와 대타자-향락이 직면하게 되는 한 가지 사례일 뿐입니다. 강제로 추방될 수밖에 없는 그런 장소의 문을 열고 있는 주체의 모습을 보여주는 전형적인 사례죠. 신비주의자의 황홀경은 대타자-향락의 문턱을 넘어서는 또 다른 모습이에요. 신과의 어떤 가정된 만남 속에 몸 전체가 연루되는 향락의 모습인 거죠.

*

제1강에 대한 우리의 성찰을 상기해 봅시다. 대타자-향락의 심급instance을 위치시키기 위한 가장 정확한 명명은 그것을 시니피앙이 없는 장소로 지정하는 거였어요. 이것은 부정에 의한 정의 내리기가 됩니다. 우리가 분석 작업에서 앞으로 나가길 원한다면, 그 장소는 이름 없는 장소 혹은 성sexe의 장소로 생각하는 것이 좋습니다. 어떤 성일까요? 우리가 성이라고 말할 때 그것은 성기적인 성sexe génital을 가리키지 않습니다. 향락할 수 있는 신체의 최대 능력을 말하는 겁니다. 달리 말해서, 정신분석은 대타자-향락의 첫 번째 심급을 명명할 수 없는 성의 장소로 정의해요. 즉, 우리가 여성이나 남성으로 규정할 수 없는 성의 장소인 것으로 정의하게 됩니다. 우리는 향락으로서의 신체에 관심을 가지는데, 그럼에도 여자의 향락과 남자의 향락이 어떤 점에서 차이가 나는지는 정확히 모릅니다. 이것이 '성적인 관계란 없다'는 진술의 의미죠. 그래요. 신체는 오직 향락의 장소로서만 우리의 관심을 끈다고 생각해요. 하지만 향락이 무엇인지 아는 것이 문제가 될 때,

다시 말해, 향락할 수 있는 능력의 극단에 이른 신체(예를 들어, 신비주의자의 향락이나 행동으로서의 자살에 내재한 향락)가 무엇을 의미하는지 아는 것이 문제가 될 때는, 우리가 향락의 존재를 알아차리게 되지만 그것의 본성을 규정할 수는 없어요. 그러나 정신분석이 향락의 불가사의함을 인정한다고 해서 자신의 무능함을 자백하는 데 그치는 건 아닙니다. 정신분석이 "향락은 불가사의하다"라고 선언하는 데에 한정된다면 그것은 심연에 사로잡힌 또 다른 신비론에 지나지 않을 것입니다. 이론적인 작업은 "여기에 미지의 실재계가 있다"고 선언해야 할 뿐만 아니라 실재계의 경계를 그려내거나 써보려고 해야 합니다. '성적인 관계는 없다'는 라깡의 공식은 실재계의 윤곽을 그려내고 무의식 속에는 시니피앙이 없다는 것을 추적하여 범위를 정하려는 시도입니다. '성적인 관계란 없다'는 말은 우리 무의식 속에 성적 시니피앙은 서로 어떤 관계를 위해서 연결되어 있지 않다는 의미의 진술입니다. 라깡의 다음 말을 기억해봅시다. "바로 거기에서 '성적 관계란 없다'는 내 언술작용이 나온 것입니다. 여기서 숨겨진 뜻은 성적 관계는 구조 안에서 공식화될 수 있다는 것이고."

정신분석이 성적 관계는 존재하지 않는다는 것을 자명한 것으로 제안한다고 해서 우리가 남녀 사이의 사랑을 무시하거나 남근적 향락과 잉여향락이라는 부분적 향락이 그들 사이에 일어나는 것을 무시한다는 뜻은 아닙니다. 라깡의 금언은 성적 관계를 두 육체가 하나 되는 절정의 순간으로 번역하고자 하는 생각에 반대하기 위해서 무관계를 말했던 것입니다. 라깡은 남자와 여자 사이의 성적 관계가 하나의 존재를 형성한다는 생각에 반대합니다. 그러한 생각은 플라톤의 『향연』에 나오는 아리스토파네스의 신화였다는 것이죠.

일반적으로 남녀 사이의 만남이 조화롭지 못하다는 사실을 아는 데 굳이 환자들과의 임상 경험까지 필요하진 않죠. 그들은 어떻게 서로 향락할까요? 우리는 알지 못해요. 우리가 아는 것은 여자는 남자와 다른 방식으로 향락을 경험한다는 겁니다. 그 두 육체는 하나가 될 수 없어요. 둘 사이에 성적 향락의 불일치가 있기 때문이죠. 설명하자면, 실제 성적 관계에서 문제시 되는 것은 한 육체가 다른 육체의 일부와 맺는 관계입니다. 여자와 남자 각각은 상대방 신체의 일부분과 향락을 경험합니다. 파트너 중 한 사람이 자신은 상대의 전 육체와 더불어 향락한다면서 나를 반박한다면, 이렇게 응대할 겁니다. "아마 타자의 전 육체지만 한 대상으로 축소된 육체겠지요." 사드가 『줄리에트』에서 제안한 그 '거래'를 기억하십니까? "부인, 잠시 나를 만족시킬 당신 육체의 그 부분을 빌려주세요. 그리고 원하신다면 당신에게 유쾌할 수도 있을 내 육체의 그 부분과 향락하세요."

구체적인 성적 관계에서는, 신과 더불어 향락을 경험하는 신비론자의 경우처럼 대타자의 몸 전체를 향락하는 것이 초점은 아닙니다. 사실 신비론자들이 황홀의 경지에서 육체적으로 신에게 열렸었다고 말할 때 그들은 온 몸으로 향락을 경험한 것입니다. 그러나 반대로 실제 성행위에서 사람들이 경험하는 향락은 한 대상으로 축소된 대타자의 육체, 즉 타자로 축소된 대타자입니다. 우리의 질문으로 되돌아 와서, "타자는 누구일까요 ?" "성적 관계에서 파트너는 누굴까요 ?" "오르가슴이 일어날 때 타자는 누굴까요 ?" 타자는 부분적 대상입니다. 따라서 두 파트너는 서로에게 대상의 신분으로 축소되는 것입니다.

*

*   *

제 5 강

신 체

키워드

성적인 신체

말하는 신체

상징적 신체

향락의 유독성 과잉

눈의 종양

분석가는 감각을 일깨운다

치료에서 향락의 위치를 어떻게 알아내는가?

청취의 기능

향락은 신체라고 하는 것에 의해서만
파악되고 잉태된다. 몸이 어떤 방식으로 향락하든,
향락하거나 향락하지 않는 것은
하나의 신체에만 속하며, 이것이 바로 우리가 아뭏튼
향락에 부여하게 될 정의이다.

자끄 라깡

여러분 중 몇 사람은 이 마지막 강의에서 정신분석에서의 신체 문제를 깊이 다뤄달라고 내게 요구했어요. 그런데 내가 이 문제에 한 강좌를 다 할애하지 않아도 신체의 정신분석적 개념은 우리 세미나 전체에서 다뤄졌으며, 특히 타대상과 욕망과 향락의 개념을 설명할 때강좌에서 강조되었다는 것은 여러분도 익히 아실 겁니다.

시작하기 전에 정신분석가와 정신분석 이론의 관계에 대해 예비적 고찰을 해두고 싶군요. 여러분도 느꼈겠지만 며칠 간의 공부에서 우리는 분석가와 이론의 관계를 조명했습니다. 그런데 실제로 우리에게 이론은 무엇일까요?

분석가에게 이론의 위치는 한마디로 말해서 진실의 자리죠. 그것은 이론이 진실을 말한다기보다 진실의 기능을 수행한다는 뜻이에요. 다시 말해 이론은 의식적으로든 무의식적으로든 분석가 저마다에게 분석행위의 특수한 방식을 결정하게 돼요. 예를 들면 나는 여러분에게 향락과 신체의 결합을 아주 분명하게 설명할 수 있어요. 또한 그 개념들을 아주 상세히 기술할 수도 있죠. 하지만 우리가 함께 공부할 수도 있었던 이 개념들은 내일 여러분의 진료 가운데서 환자와의 작업에 직면해서는 아무런 진실의 충격도 주지 못할 수 있어요. 함께한 이런 세미나를 마치고 나갈 때 신체 개념에 대해서는 깨달아도 여러분 자신의 청취에는 아무런 변화가 안 생길 수도 있습니다. 하지만 이론의 가치는 분명히 청취에 어떤 효과를 결정하는 것입니다. 따라서 이론의 가치는 이 진실을 동인動因으로 생각한다는 조건에서만 진실의 가치를 지니죠. 정신분석에서 진실은 말과 사물의 등가성으로 정의되지 않아요. 그것은 사물의 본질을 말하는 언표énoncé가 아닙니다. 그래요. 우리 분석가들에게 진실의 가치는 치료에서 하나의 행위를 결정하는 힘에 있어요. 이거야말로 이론에 대한 가장 좋은 자리매김이라고 할 수 있죠. 하지만 그러한 자리매김, 그 같은 진실의 효과에 대한 수용이 정신분석의 기본 저작물들에 대한 적당한 흥미 정도로 나타나서는 안

이론은 우리를 움직이게 하는 진실이다

됩니다. 아주 열정으로 읽어야 하죠. 개념들을 이해하고 배우고 연결시키기 위해서는 기본 저작들을 열심히 읽어야 해요. 이건 분명한 거예요. 하지만 이론적 텍스트를 연구하는 열정적인 의지만으로는 충분한 행위가 못 된다는 것을 알아야 합니다. 용어들과 개념들과 어떤 사고의 논리가 분석가에게 구체적이고 가시적인 효과를 불러오는 데까지 나아갈 수 있어야 하죠.

이론의 세 가지 구체적인 효과

어떤 효과일까요 ? 세 가지로 구분이 됩니다. 먼저 아주 간단하게, 이론은 우리 분석가들뿐만 아니라 분석수행자에게서 알아보게 되는 현상들, 곧 무의식에 의해 만들어진 그 현상들 모두에 대해 공통된 언어로 말할 수 있도록 우리에게 단어들을 제공한다는 실용적 가치가 있습니다. 다음으로 정신분석의 개념과 어휘들의 지속적인 사용은 분석가의 작업에서 감각기관의 특이한 세련화를 촉진하는데, 청각과 시각의 영역을 넓히고, 특히 지각을 예리하게 해서 분석수행자의 특색과 외관을 넘어 그의 무의식적 향락을 일별할 수 있게 해줍니다. 마지막으로 이론이 주는 현실적이고 실용적인 세 번째 효과는, 동일한 이론적 언어를 말하고 서로 자신의 것으로 동일시하는 동일한 이상을 품은 분석가들에게, 그들이 속한 학회에 대한 소속감을 공고히 해준다는 것입니다.

나는 이론을 열심히 공부하고 깊이 연구했지만 시간이 지나고 지식이 증가함에 따라, 이론의 영향범위는 지식을 기준으로 측정되는 것이 아니라 환자와의 작업방식이나 거의 삶의 태도라 할 수 있는 우리 삶의 방식을 결정하는 효력으로 측정된다는 것을 알았어요. 신체에 대해 말하기 전에 여러분에게 간단히 알려줄 것이 있는데, 열려 있어야 한다는 겁니다. 이론을 배우기 위해서뿐만이 아닙니다. 이때는 더더욱 열정적이어야 하고요. 또 특히 깨어있으면서 여러분 스스로에게 이렇게 말하세요. "이론은 무의식적으로 내가 기대하지 않은 그곳으로 나를 데려가 나로 하여금 특이한 청취를 하게 할 것이다."

개념이 우리의 효율적 진실이 될 때까지 우리가 텍스트를 공부하고 그것을 비틀고 또 신체를 가지고 텍스트를 재탐구하는 행위에 정열적이지 않다면, 이론은 우리에게 영향력을 미치고 우리를 통해 분석수행자한테도 효과를 미치는 그러한 힘을 갖지 못합니다. 우리는 이론이 우리에게 파급효과를 지니고 우리도 모르게 행동하도록 만들 만큼 이론 공부에 열정적이어야 합니다. 이렇게 우리는 분석가를 사랑하거나 미워하면서 전이의 열정에 지배될 존재인 분석수행자의 입장에 섬으로써 그의 잠재진술이 진실의 가치를 지니게 할 겁니다. 그래요. 분석수행자가 무의식의 효과에 지배되는 것과 똑같이 이론에 관한 한 정신분석가도 진실의 효과에 종속해 있지요. 전자와 달리 후자는 열정적으로 그 효과에 종속돼 있다는 것만이 다를 뿐이죠. 자, 이제 신체의 문제로 가봅시다. 그 질문은 어떻게 하게 됐지요?

그 질문은 우리 분석가들의 진료에서 생기는 어려움에 관한 것이었습니다. 무엇보다 정신신체질환과 분석치료 과정에서 나타나는 신체의 기질성 장애들에 관한 것이었죠.

신체란 무엇인가?…

질문에 답하기 위해 먼저 신체의 보다 일반적인 지위에 대해 살펴보고 정신분석의 영역을 한정한다고 말한 바 있는 두 가지 기본 매개변수를 토대로 몸에 대해 다시 정의해 보겠습니다. 이 매개변수들은 말parole과 성sexe이에요. 말과 성의 영역에 속하지 않는 모든 것은 정신분석 분야의 밖에 있지요. 이는 마치 정신분석의 이론적 건축물의 정면에 다음과 같이 새겨져 있는 것과 같아요. "여기로 들어가는 사람들은 안에서 마주치는 모든 것에 말과 성이 표시되어 있다는 사실을 알고 또 받아들입니다." 환자의 신체 앞에서, 그것이 말하거나 향락하는지 알아보려는 관심은 없고 다만 그것을 유기체로 취급하는 외과의사와 달리 정신분석가는 끊임없이 말과 성이라는 매개변수를 직·간접으로 참조해야 되죠. 따라서 신체에 대해서도 두 가지 위상을 생각해볼 수 있는데, 말하는 신체와 성적인 신체가 그것입니다.

…성적인 신체다

우리는 이미 앞 두 강의에서 향락을 수행하는 부분으로 환원되는 성적 신체라는 위상 가운데 있는 신체에 대해 아주 발전된 정의에 도달한 바 있어요. 그러한 각도에서 본다면 전체적인 신체는 존재하지 않고 신체는 항상 일부분이며, 더욱 본질적으로는 이 부분에 축적된 국소향락이라는 것을 알 수 있었지요. 무용수의 발과 관음증 환자의 눈 사례들을 떠올려 봅시다. 그 덕분에 우리는 신체가 이런 저런 기관 속에 압축된 얼마나 긴장이고 순수한 향락인지를 이해할 수 있었지요. 타대상에 대한 질문에서 출발했는데 어느덧 우리가 성적인 신체라는 조망 가운데 들어와 있군요. 그런데 성적인 신체란 무엇일까요? 왜 신체를 성적이라고 할까요? 신체는 전적으로 향락이고 향락은 성적이기 때문이죠. 이걸 잊지 말기 바랍니다. 향락이 신체의 색정적 입구에 의해 생겨날 때, 무엇이겠습니까? 행위를 통해 직접적으로 표현되건 말이나 환상을 통해 간접적으로 표현되건, 그것이 근친상간적인 성적 관계라고 하는 도달할 수 없는 지평에 의해 항상 인도되는 격정이라면, 향락은 무의식에서 뿜어져 나오는 에너지가 아니고 무엇이겠습니까. 향락이 실제로 성적일 수밖에 없는 건 그것이 열망하는 이상적 목표가 성적이기 때문입니다. 그러므로 향락이 건드리고 그 흐름 속에 끌어들이는 모든 것은 성적인 면을 보이게 됩니다. 그것이 행동이건 말이건 환상이건 혹은 색정적이 된 신체의 어떤 기관이건 말이지요.

*
* *

분석은 이렇게 말하는 것과는… 구별되는데,
이것이 내 강의의 골조다.
나는 내가 하는 말이 뭔지 모르는 채로 말한다.
나는 내 신체로 말하는데, 그걸 알지 못한 채 그렇게 한다.
따라서 나는 항상 내가 아는 것 이상을 말한다.
자끄 라깡

이제 우리가 다른 기본적 매개변수인 언어를 고려한다면 다음의 질문에 답해야 해요: 말하는 신체는 무엇일까요? '말하는 신체'라는정신분석이 흥미를 갖고 있는 이 신체는, 살과 뼈로 된 신체가 아니라 시니피앙적 요소들의 총합으로 간주되는 신체를 뜻합니다. 말하는 신체는 얼굴이 될 수도 있는데, 얼굴이 윤곽과 표정으로 이루어져 있고 그것들 사이에 구별되거나 연결되는 특색이 존재하는 한 얼굴도 말하는 신체가 될 수 있지요. 명확히 말해서, '말하는'이란 형용사는 신체가 우리에게 말한다는 게 아니라 신체가 의미작용을 한다는 뜻인데, 다시 말해 신체가 서로에게 말을 거는 시니피앙들을 포함하고 있다는 뜻입니다. 구별되는 요소들이 복잡하게 얽혀 있는 얼굴은 하나의 암시적인 표현과는 다른 어떤 것입니다. 얼굴이 어떤 감정을 일으킬 때 그것은 이미지-신체가 됩니다. 하지만 동일한 그 얼굴이 즉흥적 현행진술을 불러온다면 그것은 시니피앙-신체corps-signifiant가 됩니다. 대기실로 가서 환자를 불러오는 분석가를 상상해 보세요. 그는 환자를 맞이하며 그의 얼굴을 쳐다봅니다. 분석가가 분석수행자를 받아들이는 순간에는 분석수행자의 얼굴에 분석가가 매우 개방적이어야 한다고 생각해요. 제게는 이런 태도가 몸에 배어 있습니다. 그것은 수용 이상의 몸짓인데, 시작될 면담의 첫걸음이지요. 대개 분석가들은 악수를 하지 않는데 나는 손을 꽉 잡고 그를 바라보기까지 하죠. 나는 그의 얼굴과 태도와 분석을 대하는 방식에 주목합니다. 하지만 내게 동정이나 반감을 불러일으키는 그 신체는 시니피앙적인 신체가 아닙니다. 어떤 얼굴이, 예를 들어, 면담 중에 내게서 뜻밖의 개입을 야기하게 된다면 그것은 시니피앙적이 됩니다. 나는 대기실로 환자를 찾으러 가는 순간 모

…말하는 신체다

든 생각으로부터 떠나게 됩니다. 나는 그의 얼굴을 향해 내 몸을 돌려 그의 얼굴에 그려진 감정을 인식하고 함께 카우치가 있는 방으로 들어가죠. 그는 누워서 말을 하고 나는 그 말을 청취합니다. 면담 중 어떤 특별한 순간에 나는 그의 현행진술의 내용을 참조하기보다는, 내가 처음 보았던 그의 얼굴 특색과 이 현행진술의 연결점을 참조하며 나도 모르게 갑자기 개입해서 말하고 있는 내 모습을 문득 발견합니다. 이때 그런 얼굴은 시니피앙적 입니다. 이 얼굴은 진실과 동일한 자격으로 면담 중에 정신분석가의 개입을 결정하기 때문이죠. 이렇듯 시니피앙-신체는 내게 말하는 것을 환기시키는 신체가 아니라 나도 모르게 치료에서 행위를 결정짓는 힘이 투자된 신체입니다.

…상상적 신체다

하지만 정신분석에서 신체를 정의하려면 세 번째 관점을 덧붙여야 합니다. 우리가 이미 보았듯이 신체는 성적인 신체고 말하는 신체이지만, 내가 세 번째로 제안하는 건, 신체는 이미지이기도 하다는 겁니다. 거울 속에 있는 나 자신의 이미지가 아니라 나의 유사자인 타자가 내게 되돌려 보내는 이미지죠. 이때 타자는 반드시 내 친족일 필요는 없어요. 내가 살고 있는 세상의 모든 대상이 타자입니다. 내 신체의 이미지를 내가 인식하는 건 무엇보다도 내 신체 바깥에서입니다. 그것은 바깥으로부터 내게로 와 내 성적인 신체, 향락의 신체에 형태와 일관성을 부여해 주지요. 이미지로서의 신체는 차라리 내 손목시계나 구리 램프 혹은 내가 여러분에게 강의하고 있는 이 건물 같은 것입니다. 이 대상들은 이미지 곧 내가 갖고 있는 이미지인데, 이 손목시계나 저 램프 혹은 이 건물에 정동적인 가치가 실려 있다는 조건하에서 그렇습니다. 그러니까 예를 들어 이 건물이 내게 내밀한 의미를 갖는다는 조건하에서 이 건물은 신체의 이미지로서 내 신체의 연장이라는 얘기죠. 따라서 나는 다음의 두 가지 특성을 결합하는 신체의 모든 이미지를 신체라고 부르는데, 이것이 세 번째 정의가 되겠군요. 첫 번째 특성은 그것이 외부나 다른 사람에게서 또는 내게 말을 거는 특정한 형태를 지닌 주변의 모든 대상들로부터 온다는 것입니다. 두 번째 특징은 그것이 함축적이고prégnant[1] 내 향락의 근원지를 둘러싸기에 적합하다는 것입니다. 이렇게 성적이고 향락적인 신체는 내가 외부에서 끌어오는 이미지의 외장들外裝 semblants 밑에 항상 숨겨져 있죠.

1) prégnant이란 단어는 '함축성 있는, 의미심장한, 지각과 정신에 강하게 호소하는' 뜻이 포함되어 있고, pregnancy는 형태심리학의 체제화 원리 중의 하나로서 대상의 형태가 더 분명하고 안정되고 단순하며 의미있는 응집된 구조로 지각되거나 경험되는 경향을 말함 – 역주

우리가 보았듯이 신체는 서로 보완적인 세 가지 관점에서 고찰해볼 수 있어요. 첫째 실재적réel 관점에서 신체는 향락과 동의어죠. 다음으로 상징적 관점에서 우리는 시니피앙적인 신체를 갖는데, 이것은 서로 구별되는 요소들의 종합으로 그 각각의 요소는 타자에게서 행위를 결정짓게 합니다. 마지막으로 상상적 신체는 주체에게 의미를 일깨우는 외적이고 함축적인 이미지와 동일시된 신체입니다. 지금까지 정신분석의 영역에서 신체를 정의하는 데 여러분이 채택해 볼 만한 관점 세 가지를 들어보았습니다.

*

그것이 향락-신체에 대한 거로군요. 정신분석에서는 신체가 항상 부분적이고 오로지 향락이라면, 순전히 유기체적 신체인 살과 뼈로 된 신체는 전체적 신체라는 것입니까? 제 말은 유가체적 신체는 향락의 부분이 떨어져나간 그런 신체라는 것입니까.

이 질문은 적절하면서도 동시에 어려운 것입니다. 이것은 미묘한 뉘앙스로 가득 차 있는 신체와 향락의 관계에 대한 질문이기 때문이죠. 모든 것이 이 용어들에 어떤 의미를 부여하느냐에 달려 있지요. 라깡은 향락을 정의하기 위해 겉보기에 모순적인 두 가지 원칙을 표명하거든요.

"오로지 신체의 향락만이 있을 뿐이다" *(라깡)*

1967년에 라깡은 신체 개념과의 관계 안에서 향락이란 개념을 자주 재론하게 됩니다. 그가 여러 차례 반복하게 될 두 가지 진술은 이렇습니다: "오로지 신체의 향락만이 있을 뿐이다." 거의 같은 시기에 그는 또 이와 반대로 '신체와 향락 사이의 분리'를 주장합니다. 내 독해에 따르면 '신체'라는 말은 각각의 진술에서 서로 다른 의미로 사용되었는데 이걸 인정한다면 이러한 라깡의 진술들은 모순되지 않아요. "오직 신체의 향락만이 있을 뿐이다"라는 진술에서는 '신체'라는 말을 부분적인 신체로 이해해야 하죠. 그것이 우리가 세미나 내내 붙들어온 의미고요. 우리는 신체의 이러한 의미만큼이나 합당한 다른 해석도 줄 수 있었는데, 그것은 단지 이렇게 주장하는 것입니다: 향락의 필요충분조건은 살아 있는 신체가 존재하는 것이다. 그러니까 살아 있는 유기체적 신체의 향락만이 있을 뿐이라는 거죠. 생명이 없다면 향락도 없어요. 하나의 신체가 향락하기 위해서는 그 신체가 살아있어야만 하죠.

라깡의 두 번째 진술인 "향락은 신체와 분리되어 있다"는 '신체'라는 말을 우리가 방금처럼 '살과 뼈로 이뤄진 신체'로 번역한다는 조건하에서 첫 번째 진술에 대한 보완적 의미를 갖게 됩니다. 여기서는 비향락non-jouir의 기초로 생각되는 유기체적 신체가 관건인데, 무용수의 발이

나 관음증 환자의 눈과 같은 신체의 국부기관에 압축된 부분향락은 이 기초 위에서 분리됩니다. 향락은 사실 근본적으로 신체와 분리되어 있죠. 그렇습니다. 이 신체를 정신분석이 관심하지 않는 신체인 유기체적 신체로 간주한다는 조건하에서는요. 따라서 라깡의 두 번째 진술은 다음과 같이 번역될 수 있어요. 부분 향락은 전체적인 신체로 생각되는 유기체적 신체에서 분리되는데 그 신체는 대타자의 신체 즉 향락하는 부분이 떨어져나간 허구적인 신체입니다.

마지막으로 향락에 관한 두 가지 원칙과 함께 라깡이 제기하는 문제는 부분과 전체의 변증법적 관계에 관련된 것입니다. 이 둘 가운데 정신분석은 부분에 특권을 부여하는데, 무의식적인 삶에는 부분적인 것들만 존재하기 때문이죠. 실재계의 차원에 있건 상징계 혹은 상상계의 차원에 있건 우리는 항상 부분적인 것의 한계 속에 있게 됩니다. 우리가 신체의 실재적인 위상에 만족한다면 우리는 향락이 항상 부분적이라는 것을 인정하게 되고 결과적으로 신체는 향락이기 때문에 신체 그 자체도 결국엔 부분적이란 결론에 이르게 되죠. 따라서 우리는 신체는 조여지고 향락한다는 그 사실로까지 축소된다고 주장할 수 있어요. 이제 신체의 상상적 위상만 본다면 확인되는 것은 부분적인 것입니다. 우리가 건물을 의미가 실려 있는 형태로 인식하고 그 의미 자체가 내 신체의 이미지라면, 여기서 지배적인 것은 부분성의 차원이죠. 왜냐하면 내게 일관성을 부여해 주는 것은 건물 전체가 아니라 그 외관들 중 한 측면이기 때문이에요. 하나의 얼굴 역시 부분적 신체로서만 시니피앙-신체입니다. 분석가한테 행위의 기원에 있는 비밀스런 요소는 항상 강렬한 눈빛이나 꽉 다문 입이나 주근깨와 같은 신체의 한 부분에 국한되어 있기 때문이죠. 작용하는 요소는 반드시 하나만 존재하게 됩니다. 그리고 그 요소는 '일자Un의 차원ordre de l'un'에 속하죠. 이처럼 분석에서는 부분성partialité의 특징이 어쩔 수 없이 두드러지게 됩니다. 우리가, 이미지가 항상 부분적이라는 이유로 시니피앙을 일자로 환원하건, 향락이 항상 국소 향락jouir local으로 남게 된다는 이유로 시니피앙을 일자로 환원하건 간에 말이죠.

보다시피 부분성의 문제는 '부분적'이라는 단어가 지닌 애매성에 있어요. 왜냐하면 이 단어가 하나의 전체un Tout라는 필연적인 보완을 가정하게 만들기 때문이죠. 대상이 부분 대상이라고 말한다면 이런 내 주장은 대상이 분리되어 나왔을 하나의 전체를 그 전제조건으로 하지요. 이 언표는 대상이 추출돼 나왔을 그 전체성이 허구적 전체성이

전체적인 신체의 허구성

라는 조건하에 타당해지죠. 이것이 바로 라깡이 대타자는 존재하지 않는다고 주장할 때 의미하고자 했던 것입니다. 정신분석에서 전체성은 허구 속에서만 존재해요. 허구적 전체성으로 간주되는 신체에 관해서 아주 분명하게 보여주는 두 가지 예가 있습니다. 첫째는 거울단계의 유아가 지각하는 인간의 신체에 대한 전체적인 이미지예요. 라깡이 보기에, 유아는 거울 속에서 신체에 대한 상상적 통일체를 발견하지만 실제로 그 통일체는 분산된 다양한 감각들에 불과하다는 것을 기억해 두세요. 전체적이고 허구적인 신체의 또 다른 예는 젖가슴처럼 어머니로부터 분리되는 부분 대상과 관련된 어머니의 신체예요. 그 관계는 이미 3강에서 다루었지요. 그렇다고 전체성에 대해서 너무 경멸적이 되지는 마세요. 전체성은 상상계의 구성에 필수적일 뿐 아니라 그 이상으로 상징계의 효과에도 필수적이니까요. 라깡이 외장의 주된 모습의 하나로 포함시켰을 그 전체라는 허구도 아리스토텔레스가 프로톤 프슈도스 proton pseudos라고 규정한 그 최초의 거짓말 만큼이나 상징적인 삶에 필수불가결한 것이죠.

*
* *

여러분이 제기한 그 문제에 접근해보고 싶군요. 이 문제는 육중한 존재에 직면하여 겪는 임상가의 어려움이지요. 그러한 어려움 앞에 서는 첫 번째 방식은 이론을 소유하고 시험하는 겁니다. 청취를 하기 위해 자리를 잡으려면 몇 가지 조건이 필요해요. 이론을 소유한 다음 그 이론을 환상으로 대체하는데, 그 환상은 개념들로부터 나온 것이자 환자의 구체적인 진술을 토대로 한 것이죠. 이런 식으로 준비가 되면 이제 모든 것을 잊어버리고 청취할 채비를 갖추는데, 이론과 환상에 대한 망각에 저항하지 않으면서 전부 다 잊어버리는 것입니다. 그런데 치료 중에 발생하는 정신신체질환과 기질성 질환을 어떻게 정확히 이론화할 수 있을까요? 어떤 이론을 채용해야 할까요? 우리가 방금 끌어냈던 신체의 세 가지 위상에 대한 이론을 따르는 거죠. 이 이론에 따르면 정신신체질환에서는 확실히 그 신체들의 하나가 실재계와 상징계와 상상계의 매듭을 끊고 분석 장면으로 다량 돌발하여 출현하게 됩니다. 이것은 실재적이고 향락적인 신체가 아니고 무엇이겠습니까? 그 신체는 향락의 다량분출이란 방식으로 살과 뼈로 된 주체의 신체를 혼란에 빠뜨리게 됩니다.

그런데 분석 중에 발생하는 기질성 질환을 설명하기 위한 프로이트의 이론은 무엇일까요? 실제로 프로이트는 신체의 기질성 질환을 정신증상발생psychogenèse으로 설명하는

향락의 유독성 과잉은…

일에 무관심하지 않았어요. 그는 기관의 색정적인 역할이 지나치게 증강되어 생리적 기능을 혼란에 빠뜨리고 나아가 그 조직까지 해치게 되는 것으로 정신증상발생을 설명했지요. 프로이트는 1910년에 열린 주목할 만한 강연에서 시력을 침범한 히스테리성 장애에 심혈을 기울였는데[2)] 시각의 기질성 장애를 고찰하면서 신체 변화의 출현에 정신적 선행결정의 부분을 설명할 수 있는 분석 이론의 기반을 제시했어요. 생리기능을 정상적으로 수행하는 신체의 한 기관에 갑자기 리비도가 다량으로 투자되면 넘쳐나는 리비도가 이 기관을 생식기의 등가물로 변형시키는 모습을 보인다는 것이죠. 그 기관의 기능적인 역할이 이제 색정적인 역할로 그 방향을 바꾼다는 겁니다. 때로는 그 기관이 세포 기층까지 훼손될 정도로 리비도가 거기 축적되고 정체되는 일이 생깁니다. 프로이트는 과도하게 향락하는 이러한 병적 상태를 기술하기 위해 기관 유기물질 내에서 불어나는 '유독성의 변화'라는 표현을 사용하는데, 그 원인은 '리비도의 정체'나 '기관의 색정적인 의미작용의 강화' 때문입니다. 우리는 향락의 실재계적 신체corps réel가 어떻게 그 기관을 차지해 버리고 그것의 조직을 독극물의 작용처럼 파괴하며 치료공간을 침범

…기관을 병들게 만든다

2) 프로이트의 『표준 영역본』(S.E.) 제11권 『시각의 심인성 장애에 대한 정신분석적 견해』, p. 218.

해 오는지 분명히 볼 수 있지요.

내가 라깡의 타대상 이론에 대한 보완으로 '타대상의 형성물들'이라는 개념을 제안할 수 있었던 것도 행동화나 환각의 경우처럼 흘러넘치는 향락의 다양한 외면화들을 비롯해 치료과정에서 나타나는 신체의 이런 비전형적인 징후들과 관련해서였지요. 그러한 정신의 형성물들은 다음과 같은 중요한 사실로 특징지어집니다: 향락은 지배적이고 억압의 제방을 무너뜨린 것처럼, 달리 말해서 남근의 울타리를 뒤엎어버린 것처럼 보인다.

이러한 타대상의 형성물에 직면하여 임상의는 항상 자기 행동의 한계에 도달하게 되고 그의 위치는 너무나 전복된 나머지 매번 자신의 역할을 재규정할 수밖에 없게 됩니다. 향락이 자살기도나 심각한 행위로의 이행 또는 신체적 손상으로 표현되면서 치료에 다량 유입될 때, 우리는 이론이 이러한 임상적 사실들을 설명해낼 수 있는 능력에 관해, 또 분석의 틀을 유지할 수 있는 우리 자신의 능력에 대해, 또 우리 각자에게 치료 안에서 실재계를 맞닥뜨리는 것을 뜻하는 이 시련이 주는 충격을 담아낼 수 있는 우리 자신의 능력에 대해서 불가피하게 의문을 제기 받게 됩니다.

*

임상 비네트 이제 치료 가운데에서 나타나는 타대상의 향락적 형성물의 존재에 대해서 사례를 통해 자세히 설명해 드리죠. 여기 분석 중에 심각한 기질적 질환을 앓게 된 한 분석수행자의 사례가 있습니다.

몇 주 전에 나는 진료실 문까지 어떤 환자를 배웅한 적이 있어요. 그러다가 큰 관심 없이 그녀의 얼굴을 바라보았는데, 갑자기 그녀 눈이 가벼운 안구돌출증에 걸렸다는 인상을 받았죠. 나는 곧장 그녀에게 "눈이 아픕니까?" 하고 물었어요. 그녀는 "아무것도 아니에요…" 라고 대답하더군요. "얼마 전부터 그런 느낌이 있었나요." 내가 물어봤지요. 그녀는 관자놀이에 손을 갖다 대면서 이렇게 덧붙였어요. "요 며칠 동안 자주 두통을 앓았어요." 나는 즉각 반응을 보였지요. "진료를 받아보셨나요?" 그녀는 아니라고 대답했어요. 나는 그녀에게 전문의를 만나보라고 권했지요. 그런 안구의 이상이 오래 전부터 있었는지는 나도 모르지만, 듣기로 그녀는 즉시 안과에 갔고, 검사 후 양성 종양 진단이 내려졌는데, 안와상supraorbitaire의 뇌막에 자리 잡은 양성 종양이 전두골에까지 퍼져 있었어요. 내가 파리를 떠나기 얼마 전에 그녀는 성공적으로 수술을 마쳤다고 했어요.

이 짤막한 임상 비네트를 가지고 나는 무엇보다 분석치료에 필요한 분석가의 특정한 자질을 보여주고자 합니다. 그것은 의식적이고 의도적인 계산을 벗어나는 어떤 자질로 시간이 지나면서 분석가에게는 아주 자연스러운 자질이 되죠. 즉, 분석가는 어느덧 환자를 얼굴로 맞이하고, 내가 이 여성 환자를 맞아들인 것처럼 환자를 맞이하게 되지요. 나는 2년 전부터 그녀와 분석하고 있는데, 그제서야 청취하는 도중에 그녀 눈의 이상을 확연히 알아차린 겁니다. 그간의 청취가 내 감수성을 예리하게 만들었던 것이죠. 내가 그녀를 분석에 나오도록 가만히 두고 진료실에 들어가도록 두는 일들은 내가 환자의 눈 속으로 들어가는 것과 같은 거였어요. 마치 내 청취에 의해 움직이는 나 자신의 눈을 통해서 그녀의 눈 속으로 내가 들어가기라도 하는 것처럼 말이죠. 그렇지 않았다면, 확신하건데, 나는 안구돌출증을 전혀 지각하지 못했을 거예요. 그것을 포착하기 위해서는 내가 분석수행자의 신체 속에 포함되어야 했던 겁니다. 어떤 신체일까요? 아픈 눈으로 축소된 그녀의 신체지요. 이 아픈 눈이 향락의 기관 곧 향락적 신체가 아니고 무엇이겠습니까? 더 정확히 말하면, 병적인 향락의 기호인 안구돌출증을 파악하기 위해서는 나 자신이 종

분석가는 종양을 향락하는 동시에 그걸 알아보는 시선을 향락한다

양이라는 병적인 향락이 되는 동시에 시선의 향락이 되어야 했습니다. 분석가의 위치를 잉여-향락의 위치인 타대상의 위치로 규정하는 라깡의 명제를 떠올려 봅시다. 우리는 여기서 그 잉여-향락의 서로 다른 두 가지 모습을 발견하게 됩니다. 명백히 분석가가 자신의 기능을 감당하기 위해 차지해야 할 장소가 지닌 두 가지 측면은 이것이죠: 종양 자체가 되고 또 그 종양을 알아보는 시선이 된다.

선생님은 종양의 출현을 실재계-상징계-상상계의 매듭이 실재계에 의해 전복되는 것으로 설명했어요. 그렇다면 그 환자의 신체가 실재계의 유해한 현존presence으로만 환원된다는 것입니까?

모든 것은 자신이 따르는 관점에 달려 있지요. 이 분석수행자의 신체적 고통이 전이 안에서 실재계가 우위를 차지하게끔, 신체의 세 가지 위상의 균형을 깨뜨렸다는 것은 사실이에요. 그러나 분석이 버티고 있지요. 실재계가 아무리 완강히 저항하는 형태일지라도 의미의 세계에 다시 편입되도록 분석의 틀과 분석가가 버티고 있다 하겠습니다. 모든 사건은 그것이 전이 관계에 포함되는 한 서로 다른 실재, 상징, 상상계의 관점에서 동시에 고찰될 수 있어요. 사실 실재계적 관점에서 볼 때 환자의 종양은 그녀를 심히 병들게 하는 그러한 농축된 향락으로 환원되고 있습니다. 그러한 기관 병소가 실재계에 속한다는 것을 인정한다면 그것은 모든 상징 계열 밖에 놓여 있다는 뜻일 뿐만 아니라 우리 지식의 결함을 시인하는 것이 됩니다. 종양이 실재계에 속한다고 말하는 것은 우리가 그것의 향락적 실체의 본성도 이해 못할 뿐 아니라 그것이 뜻밖에 찾아온 원인도 이해하지 못한다고 말하는 것이 됩니다.

한편 상징계의 관점에서 본다면 신체에 나타난 그러한 이상anomalie의 돌발적 출현은 치료 과정에 나타난 시니피앙적 사건이라고 할 수 있어요. 향락 그 자체는 모른다 하더라도 우리 분석가들은 사건이 의미를 지닐 수 있게 하기 위해서 존재한다는 것을 다시 한번 강조하고 싶군요. 다시 말해 그 사건은 시니피앙으로 남아 있으면서 우리가 그것에서 어떤 의미를 끌어낼 수 있는 기호로서 우리에게 제공되는 것입니다. 내가 여러분에게 말하는 이 순간에 여러분과 함께 만들어가는 그러한 의미라 할지라도 말이죠. 그후 그 분석수행자와 가진 면담시간에 나는 그녀의 병의 출현을 우연한 사건이 아닌 정신적으로 미리 결정된 사건으로 해석하게 됐어요. 프로이트 이래로 우리는 우연이라는 것은 우리가 의미를 생산하는 순간 곧 사라진다는 것을 알고 있기 때문이죠. 우리도 누구나처럼 우연한 일이 설명되지 않는 한, 다시 말해 그것이 실재계에 속하는 한, 우연이 존재한다고 믿게 되지요. 달리 말해서, 사건은 해석되지 않는 한 우연한 것으로 남게돼요. 그러니까 우연은 존재하는 거죠. 그러나 그것에 의미가 부여되자마자 그것은 우연이기를 멈춥니다. 그렇게 되면 우연은 더 이상 존재하지 않게 돼요. 이와 관련해 나는 프로이트의 짧은 구절을 인용하고 싶군요. "나는 외부의 실재계적 우연은 믿지만, 내부의 정신적 우연은 믿지 않는다."[3)]

꽤 일반적인 것으로 내게 떠오른 첫 번째 의미는, 인과론적 가정에서 그 종양의 발생과 분석가인 내 반응은 일어날 것으로 '예상하고 있었고' 불가피하게 일어날 사건들이라고 믿는 거였죠. 나는 이렇게 생각했지만 그 환자에게는 말하지 않았어요. "사실 당신이 분석을 하러 온 것은 오직 내가 당신에게 '눈에 무슨 문제라도 있습니까?' 라고 묻는 바로 그 특이한 순간이 존재하도록 하기 위해서라는 인상이 드네요."

3) | 프로이트의 『일상생활의 정신병리』, 『표준 영역본』(S.E.) 제6권, p.257.

분석가는 의미를 발생시킨다

여기서 여러분은 실재계에서 비롯된 날것의 사실을 의미로 싸고 상징계의 관점에서 종양을 고려하는 분석가의 여러 제스처들을 보게 됩니다. 첫 번째 제스처는 그 환자로 하여금 전문의에게 진찰을 받게 하는 일이죠. 이건 상식적인 행동입니다. 두 번째는 종양의 설명할 수 없는 원인에 대해 설명을 시도하려고 목적론적 가설을 만드는 일이죠. 마지막으로 세 번째 제스처는 여러분이 지금 증인이 되고 있는 것으로, 이런 임상 경험을 여러분과 논하는 행동입니다. 그러고 나면 종양을 상상계의 각도에서 잠시 보는 일이 남겠죠. 그 후 수개월 동안 환자와 작업하면서 나는 그녀에게 뇌막과 안와 사이에 위치한 종양의 이미지를 종이에 그려보라고 하기도 했습니다.

의미를 생산하는 이 모든 제스처들은 실재계에 직면한 분석가에게는 의미를 생산하는 선생의 자리를 차지하는 것 외에 별다른 해결책이 없다는 것을 보여줍니다. 이는 마치 분석가가 본질상 이질적인 어떤 사건에 의미를 부여하면서 그때까지 전이적 관계를 구성하고 있던 상징계의 사슬을 재구성하려고 시도하는 것과 같지요. 이 사슬은 향락의 다량 침범으로 시니피앙의 고리들 중 하나가 터지면서 끊어져버린 바로 그 사슬이에요. 정신분석가는 의미를 부여하면서 선생의 자리를 차지하고 그 사슬 속으로 들어가 터진 그 고리의 자리를 차지하며 폐제된forclos 시니피앙의 자리를 점유합니다. 분석가는 의미를 부여하면서 폐제와는 정반대로 움직이죠. 이를테면 그가 역폐제contre-forclusion를 수행하는 것입니다.

요컨대, 분석의 토양에서 태어나고 발전되는 모든 것은 결코 양립불가능하지 않은 몇 가지 관점들을 따라 고려될 수 있습니다. 실재계에서 발생하는 병소가 중첩 결정적이기에 상징계에 속하는 역사적인 사건들의 연쇄에 삽입되는 일을 막을 수 있는 건 아무것도 없어요. 그 환자가 분석을 하러 왔고 치료를 시작했으며 그런 에피소드가 이미 일어났으며, 또 후속 면담들에서 일어나게 될 것이 지금 일어난다는 사실 등 이 모든 것은 상징계에 속하지요. 그렇다고 이 모든 것이 종양 그 자체를 여전히 향락의 과잉으로, 다시 말해 전이를 엄청나게 침범한 실재계로 간주하는 것을 막을 수도 없지요. 이해를 돕기 위해 부연설명을 해보자면, 치료 중 일어난 것이 무의식의 형성물이건 타대상의 형성물이건 치료 도중 생겨나는 모든 정신의 형성물이 그러하듯이 그녀의 종양 에피소드도 상상계에 속하는 사건입니다.

선생님이 솔선해서 그 환자를 전문의에게 보낸 것을 어떻게 이해해야 합니까? 그것은 환자의 삶에 개입하는 것이 아닙니까? 선생님은 관례적인 분석의 틀에서 벗어났다고 할 수 있지 않을까요?

먼저 여러분에게 말해 두어야 할 것이 있어요. 그 에피소드를 전후로 며칠 동안 나는, 환자가 바로 그 순간 그녀 몸안에 그녀 자신의 것이 아닌 분석 관계에 고유한 그런 향락을 표현하고 있구나라고 나 자신에게 되뇌곤 했다는 것입니다. 나는 치료 안에서 종양이 차지하는 부분을 결코 의심한 적이 없어요. 왜냐하면 나는 치료에서 향락의 장소는, 유일한 무의식과 같이, 두 사람 사이l'entre-deux에 있는 장소임을 확신하고 있기 때문이에요. 신체는 한 부분이고 그 부분이 향락의 실체라고 말할 때 분석에서 이 신체의 장소는 분석가가 앉아 있는 소파와 환자가 누워 있는 카우치 사이에 있는 장소고, 그 장소는 정확히 정신분석가의 자리임을 이해해야 합니다.

분석가는 차례차례로 여러 자리들을 차지하는데…

그렇기 때문에 여러분이 그 환자를 안과의사에게 보낸 내 개입의 의미에 대해서 질문한다면, 나는 여러분에게 곧장 이렇게 대답할 겁니다: 그런 향락의 행위 또는 어떤 식으로든 무의식의 행위 앞에 마주섰을 때 분석가의 태도는 일관성을 유지하면서도 매우 다양해질 수 있어요. 나는 이때 분석가에게는 순전히 분석가로 있거나 아무것도 아닌 채로 있거나 둘 중 하나의 선택만 가능하다고 보는 그런 편견에 전혀 동의할 수 없어요. 그야말로 정신분석의 기능에 대한 독단적이고 인위적인 관점이니까요. 오히려 나는 분석 행위는 모든 정당하면서도 가능한 다양한 임상가들의 입장을 통합해야 한다고 생각해요. 이 다양한 입장들에는 엄밀하게 분석의 위치 즉, 라깡이 우리에게 보여준 것처럼 타대상을 표상하는 위치가 포함되어 있죠. 이러한 위치는, 더구나 아주 드문데 그렇다고 유일한 위치인 건 아닙니다. 라깡이 세운 네 가지 담론의 용어를 다시 사용해 말한다면, 분석가는 지배하는 주인의 위치를 차지하고, 유혹하는 히스테리 환자의 위치 및 가르치는 지식의 위치, 그리고 고유한 의미에서의 분석가의 위치, 곧 치료의 동력의 위치를 번갈아가며 차지합니다.

내가 여러분에게 언급한 에피소드에서 우리가 구체적으로 찾아낼 수 있는 서로 다른 위치들이란 어떤 걸까요? 나로서는 세 가지가 생각나는군요. 먼저 향락의 위치 즉,

…종양의 자리

우리가 자주 언급했던 타대상의 위치를 차지합니다. 그것은 이중적인 위치죠. 그것은 종양 자체의 위치에 있는 것이자, 종양을 포착하는 시선의 위치에 있습니다. 그것을

거칠게 표현하면 이렇게 말할 수 있습니다: 분석가는 향락의 강렬한 발생원인인 종양에 의해 체현되어 있다. 마치 분석가가 환자 눈의 고통 속에 응축돼 있기라도 한 것처럼 말이죠.

하지만 이 예로부터 분석가가 채택하는 또 다른 위치가 드러나게 됩니다. 그것은 임상가가 의료적인 책임에 대해 걱정하면서 환자에게 전문의의 진찰을 권유하는 그 순간에 그려지는 위치죠. 굳이 그 위치를 정의한다면 라깡을 따라 나도 '주인의 자리'라고 부를 겁니다. 조언을 해주는 이 몸짓이 나에게 권위를 부여해 주는 한에서 말입니다. 이와 관련해서 나는 그 환자와 가졌던 임상 에피소드의 세부사항을 일부 되짚어보면서 주인의 자리에 관한 타당한 근거를 확인하고자 합니다. 환자는 진단과 수술을 받아야 한다는 사실을 알게 되자 몹시 충격을 받고 불안해했어요. 그래서 내가 그녀에게 이렇게 제안했지요. "우리 서두르지 맙시다. 다른 의견도 들어보고 제3의 외과의사에게 진찰을 받아보는 건 항상 바람직해요." 그 기간 내내 나는 주저 없이 그러한 태도를 유지했어요. 그렇게 행동하는 데에 어떠한 문제도 없었지요. 수술 날짜가 잡혔을 때 나는 환자의 동의를 얻어 내가 먼저 신경외과의사한테 전화를 걸었고 그녀의 예후와 상황 전개

…의미의 생산자인 주인의 자리

를 알고 싶다는 내 바람을 전했지요. 그 의사는 훌륭하게도 내게 문제의 본질을 상세히 설명해 주었고, 환자의 병소가 심해지기 전에 의사가 개입할 수 있도록 분석가인 내가 제때에 환자를 보내주었다는 사실에 대해 놀라워했어요. 서로 합의한 대로 그 외과의사는 수술 전날 환자에게 우리의 통화 사실을 알려주었다고 해요. 내가 보기에 이러한 통지는 환자가 외과의사에게 가질 수 있는 믿음뿐 아니라 분석가의 존재를 그녀에게 확신시켜주는 데에 결정적인 영향을 준 것 같았어요. 수술 뒤에 그녀에 대한 소식을 들었는데, 모든 것이 정상적으로 이뤄졌다는 거였지요.[4)]

… 향락의 조정자인 남근의 자리

아마 여러분에게 내가 어떤 전형적인 처리방식을 보여주고 있지는 않을 겁니다. 이러한 개입방식은 매우 특수한 경우에 내가 쓰는 방식이죠. 그 같은 상황에서 다른 임상의들은 아마도 다른 방식으로 개입할 겁니다. 여러분이 나와 비슷한 방식으로 개입하고 싶은데 의심스럽다면 우

4) 내가 1992년 오늘 여러분에게 알려줘야 할 것은, 몇 달 동안 분석의 틀을 뒤집었던 그 고통스런 삽화적 사건 후 그 환자의 치료가 계속되어 이젠 치료를 끝내고 행복한 삶이 열렸다는 사실이다. 이 글을 쓰면서 나는 그 젊은 여성에게 전화를 걸어 이 책에 우리의 경험을 써도 좋겠냐고 인가를 요청했다. 그녀는 몹시 감동하며 전적으로 허락했다. 그녀의 감동으로 인해 나도 내 감회를 되찾았는데, 그 감동은 삶의 한계를 그토록 가까이 접해본 사람이라면 누구나 느끼는 그러한 감동이었다.

선은 절대 개입하지 마세요! 분석가가 말하기와 침묵 사이에서 망설이게 될 때는 침묵하며 신중한 입장을 취하는 게 제일 건전하니까요. 정신분석가는 "그 종양은 타대상의 형성물이자 향락의 유독성 과잉이다"라고 스스로 되뇌이며 작업할 뿐 아니라 라깡이 말하는 유기체와 향락 사이의 분리작업을 최대한 해내려고 마음을 쓰는 주인장의 자세를 갖추게 되지요. 그것은 분석가가 주인의 지위를 포함해 다양한 방식으로 남근의 억제 기능을 감당하려고 애쓰는 것과 같습니다. 향락이 지나치게 병적으로 되어 신체기관을 파괴하거나 집어삼키는 일이 생기지 않도록 말이죠.

분석가는 스스로 시니피앙이 되면서…

분석가의 세 번째이자 마지막 위치는 이러한 임상 시퀀스에서 도출된 것으로 바로 분석가의 자리입니다. 분석가는 자신의 존재와 청취를 통해 시니피앙을 구체화하는데, 결여된 고리의 자리에서 상징계의 사슬을 재통합하고 반복을 재가동시키는 일자(Un)의 시니피앙이죠. 분석가는 사슬을 재가동시키는 시니피앙의 위치에 있다고 말하는 것과, 분석가가 향락을 조절하는 남근의 위치에 있다고 말하는 것은 등가적인 표현입니다. 하지만 잊지 말아야 할 것은, 정신분석가가 그 일자(S_1)의 기능과 사슬 전체(S_2)의 기능을 결합시킬 수 있었던 건 의미를 생산하는 합당한 순간에 여지없이 자신의 역할을 감당했기 때문입니다.

…치료를 재가동시킨다

이제 여러분은 이 모든 위치들이 서로 전혀 모순됨 없이 임상가한테서 공존한다는 사실을 이해하게 되었을 겁니다. 그것을 간단히 요약해보면 이래요. 먼저 안구돌출증을 알아본 분석가는 종양과 시선으로 표상되는 타대상의 위치에 있게 되죠. 그런 다음 환자를 전문의에게 보내고 그녀의 고난에 동참하며 결국 설명할 수 없는 사실을 설명하기 위해 가설을 세움으로써 의미생산의 주인으로 표상되는 S_1의 위치에 서게 됩니다. 마지막으로 분석가는 청취를 통해 S_1의 위치에 있으면서 이번에는, 사슬에 결여된 시니피앙의 자격으로 반복의 원무圓舞를 가동시키며 분석을 지속시키게 됩니다.

*
* *

치료에서 신체의 존재라는 그 동일한 관점에서, 눈의 종양 같은 기질적 병소와 시야의 일시적 협착 같은 히스테리의 전환 증상을 이론적으로는 어떻게 구분합니까?

질문 덕분에 신경증의 증상이 그 원형인 무의식의 형성물과, 기질적 병소가 좋은 예가 되는 타대상의 형성물 사이를 구별하였던 그 지점으로 다시 돌아오게 되는군요.

무의식의 형성물과 타대상의 형성물 간의 차이

나는 이 형성물들의 차이점을 두 가지 면에서 생각해 보려고 해요. 먼저는 전이의 관점에서 보고, 그 다음엔 보다 이론적으로 메타심리학적인 관점에서 보도록 하지요.

먼저 무의식에 대한 제1강에서 내가 말한 내용들을 기억해 봅시다. 여러분이 언급한 히스테리 증상과 같은 무의식의 형성물의 출현이 무의식의 시니피앙적 행동화가 되고 그 결과 전이의 행동화 또한 된다는 것은 여러분도 쉽게 인정할 것입니다. 바로 그 순간에 시니피앙들은 분석의 파트너들을 통해 그리고 분석 파트너들도 모르는 사이에 질서정연하게 이동하며 현행진술 dit이나 망각이라는 행위로 정확히 수렴되면서 전이 관계를 엮어가게 됩니다. 두 파트너 가운데 하나가 말을 하고 그는 자신이 무엇을 말하는지 알지 못한 채 전이를 존재케 하지요. 그는 말을 함으로써 시니피앙들이 순환하고 또 분석가와 환자 사이에 계속 순환하게 되리라는 것을 행동으로 증명합니다.

한편 타대상의 정신적 형성물들도 눈의 종양에서 그 예를 보았듯이 전이적 관계를 이루는데, 이상한 방식으로 또 받아들이기 훨씬 어려운 방식으로 전이 관계를 형성해요.

그 형성물들은 부착을 통해서가 아니라 융합을 통해서 관계를 형성하기 때문이에요. 그것들은 어떤 장소에서 분석가와 분석수행자를 접합시키는데, 그곳은 분명하게 정해진 치밀하고 측량할 수 없는 곳으로, 우리가 잉여-향락인 타대상의 장소라고 보는 곳입니다. 그 장소는 언어적 시퀀스에 삽입되는 현행진술dit처럼 시니피앙으로 나타나는 것이 아니라 하나의 행함faire으로 나타나요. 다량으로 시의적절치 않게, 때로는 극렬하게 행해지는 어떤 행함으로 말이죠. 이러한 행함이 타대상 형성물의 임상적 표현이며, 전이는 바로 그 행함 속에 요약돼 나타납니다. 그것들이 무의식적 환상으로 표현되건, 환각 에피소드나 자살기도 혹은 우리가 방금 논평한 종양의 병소 같은 것들로 나타나건, 이것들은 모두 분석수행자의 이야기로부터 완전히 분리될 수 있고 분명히 정해진 어떤 행동이라는 모습으로 새겨집니다. 그 모습들이 환상의 경우 이야기의 내부에서 잠재진술dire로 표현되건 혹은 이야기 내부에서 행해지건, 또 행위로의 이행passage à l'acte의 경우 환각과 망상으로 표현되든 간에 이러한 형성물들은 모두 정신분석가의 눈에 신체의 향락하는 부위가 우세해지는 적극적인 모습들로 나타납니다. 환상하건 환각하건 병든 기관으로 인해 괴로움을 겪는 것은 '행함들faires'인데, 이러한 행함의 적극적 요소는 주체가 아니라 전이적 현실 전

행위는 타대상 형성물의 임상적 표현이다

부를 지배하는 신체의 자율적인 어떤 특정한 부위지요.

타대상 형성물들의 하나가 나타날 때, 치료의 현실을 구성하는 일상적 요소들(시니피앙, 의미, 이미지, 허구)은 모든 것이 수렴되는 단 하나의 활동 중심으로 흡수되는 것처럼 보입니다. 이때 전이는 더 이상 언어처럼 구조화된 채로 펼쳐지지 않고 하나의 행동, 어떤 대상관계적인 행동action objectale의 실천으로 좁혀집니다. 무의식의 형성물들에서 행동acte은 재가동의 역할을 했고 시니피앙들은 그물망으로 서로 얽혀 관계를 맺고 있었지요. 하지만 여기서 행함faire은 멈춤이고 타대상은 분석가/분석수행자의 관계를 최후의 치밀한 향락으로 결집시킵니다.

요컨대, 이런 다양한 정신의 형성물들은 치료에서 생각보다 훨씬 흔하게 생기는데, 이것들은 전이를 시니피앙들에 이질적인 어떤 치밀한 행위fait로 실제화하거나 그 반대로 환상의 특수한 경우에서처럼* 시니피앙들과 행위로 실제화합니다. 나는 앞에서 이것들을 **타대상의 형성물**이란 이름으로 분류한 바 있습니다.

*

이제 무의식의 형성물과 타대상의 형성물을 정신적인 구

조 즉, 그것들을 생산해내는 기제에 따라서 구분해 본다면, 우리는 타대상의 형성물은 폐제forclusion에 의해 생산된다는 것을 알 수 있어요. 반면에 전환히스테리의 증상은 억압으로 설명되지요. 가령 히스테리의 시야 협착과 같은 증상은 무의식에 억압된 표상(S2)의 신체적인 대체물(S1)이죠. 신경증 증상의 형성에 있어서는 S1/S2 시니피앙의 연결이 유지된다고 말할 수 있어요. 반면에 기관의 병소는 환상을 제외한 다른 모든 타대상의 형성물들처럼 폐제의 기제로부터 생긴 결과예요. 다시 말해 억압된 표상(S2)의 그 어떤 대체물(S1)도 기대되었던 곳에서 일어나지 않죠. 따라서 거기에는 은유도, 상징계의 사슬도 없어요. 여기서는 일자의 시니피앙(S1)과 다른 시니피앙(S2)의 관계가 깨져 있는 거죠. 마치 폐제에서는 더 이상 시니피앙이 다른 시니피앙들을 위해 있지 않다는 듯이, 더는 시니피앙들끼리 결합하지 않는다는 듯이 말입니다. "하나의 시니피앙은 다른 시니피앙들을 위해 주체를 표상한다"는 라깡의 진술 속에 쓰인 전치사 '위해pour'가 폐제 가운데 없어지면서 시니피앙의 사슬도 해체되는 겁니다.

타대상의 형성물과 무의식의 형성물 구분하기 위해서는…

그렇다면 구체적으로, 분석가는 어떻게 일상적 진료에서 폐제로 인한 정신의 형성물과 억압으로 생긴 정신의 형성

물을 구분해낼 수 있을까요?

…정신분석가의 행실을 관찰하라

최소한 두 가지 기준을 끌어낼 수 있어요. 첫째로 억압에 의해 야기된 히스테리 증상의 경우, 예를 들어 시야 협착의 경우, 병에 걸린 기관인 눈은 시니피앙의 사슬 가운데 있는 여러 고리들 중 하나라는 상징적인 가치를 지닙니다. 둘째는 본질적인 것으로, 정신분석가는 이 시니피앙의 사슬에 통합된 일부로 자신을 간주할 수 있어요. 이제 그는 곧바로 사슬의 다른 요소들처럼 하나의 요소가 되는데, 나는 심지어 그가 청취를 통해 그 사슬을 표상한다고까지 말하고 싶군요. 분석에서 가능한 모든 사건에 열려 있는 영역으로서의 청취의 기능은 라깡의 표식인 S_2로 기록될 수 있지요. 시니피앙 S2는 청취를 상징해요. 외과 수술을 전후로 그 여자 환자가 겪었던 어려운 시기에, 내가 의미 생성을 통해 재건하려고 했던 것이 바로 시니피앙 S_2였던 겁니다. 내 청취(S_2)로부터 나는, 무의식의 사슬 속에 삽입된 일자의 시니피앙(S_1)을 표상할 수 있었고 이렇게 해서 전이를 재가동시킬 수 있었지요.

그럼에도 여전히 분석가에게 시니피앙의 사슬을 재가동하게끔 해주는 가장 전형적인 분석적 제스처는 해석입니다. 해석은 그 자체의 의미심장한 충격과 함께 시니피앙의 원무에 끼어들고 반복을 재가동시키고 히스테리 증상을 다른 시니피앙으로 대체하는 것을 촉진하는 능력이 있지요. 그렇지만 분석가의 이러한 특출난 시니피앙적 기능과 해석 행동의 기능은, 내 환자의 종양처럼 치료 중에 발생한 기질적 질환의 경우에는 곧바로 작동하지 않아요. 왜냐하면 원칙적으로 기관의 병소는 그 어떤 사슬이나 상징 계통에도 통합되는 것에 저항하기 때문이죠. 기관의 병소에 직면한 분석가에게는 어떤 시니피앙적 능력도 없으며 그의 최고의 해석조차 환자의 그 조밀한 항락을 관통해 들어가기엔 역부족이죠. 그래도 분석가에게는 기관의 병소를 정면에서가 아니라, 우리가 앞에서 보았듯이, 의미 생산의 우회로를 거쳐 공략할 수 있는 힘겨운 가능성이 남아 있어요. 종양의 사례에서 나는 해석을 할 수 없었기에 의미를 부여하기로 결심했는데 결국엔 그것이 효과적이었음이 판명 난 것이죠.

한마디로 여러분이 기관의 병소를 전환 히스테리 증상과 구별하고 싶다면, 더 일반적으로 말해 타대상의 형성물과 무의식의 형성물을 구별하고 싶다면, 무엇보다 여러분은 분석가의 행동과 환자에게 미친 그 행동의 결과를 관찰해야 할 것입니다.

*
* *

강연

무의식의 주체 개념

분석 작업의 유일한 재료인

주체의 이런 경험 외에

어떤 것에도 의지하지 않기…

자끄 라깡

연단에 오르니 거의 자동으로 라깡 박사의 세미나에 참석한 여러분들께 관대함을 바라게 됩니다.[1)]

라깡 선생님이 어제 월요일 정오에야 제가 전에 말씀 드린 문제에 대해서 발표를 부탁해 오셨기 때문입니다. 그 문제는 무의식의 주체에 관한 것이었습니다. 연초의 제 계획은 무의식적 지식과 해석 사이의 연결을 연구하는 것이었는데, 연구가 진행되면서 차츰 주체의 문제가 주된 문제가 되었죠. 오늘 저는 여러분들 다수가 이미 알고 있을, 주체의 개념에 대한 가능한 접근들에 대해서는 간략히 복습만 하고 바로 질문을 던져 볼까 합니다.

1) 이것은 라캉 박사의 초청으로, 1979년 5월 15일 그의 세미나에서 시행한 강연을 다시 수록한 것이다.

*
* *

오늘 저는 주체와 무의식적 지식savoir의 관계, 주체와 논리의 관계, 주체와 거세의 관계, 이렇게 세 부분으로 나누어 얘기해 볼 것입니다.

I. 우리의 출발점은 정신분석 자체의 출발점이 됩니다. 그것은 '내가 무엇을 말하는지 나는 알지 못한다'로 진술되는 언어 행위로 이루어져 있습니다. 히스테리 환자의 욕망이 전이의 토대가 된다면, '내가 무엇을 말하는지 나는 알지 못한다'는 것은 프로이트에겐 무의식 개념의 토대가 되고, 곧 설명드리겠지만, 라깡 선생께는 지식savoir으로서의 무의식 개념의 토대가 됩니다. '내가 무엇을 말하는지 나는 알지 못한다'라는 명제는 실제로 정신분석사에 편입되는 문턱에 있을 뿐 아니라 보통의 정신분석을 시작하는 특징이기도 합니다. 분석수행자에 의해 항상 진술되는 것은 아니지만 '내가 무엇을 말하는지 나는 알지 못한다'라는 이 말로부터 출발해 정신분석은, 종종 명백하지만 불가피하게 집요해지는 지식에 대한 요구 때문에 시작이 됩니다.

지식에 대한 요구는 신경증의 속성입니다. 신경증 환자는, 애매하지 않고 분명한 그의 요구가 지식에 대한 요구라는 사실로 정의됩니다. 그는 알기를 원하고, 대타자가 그에게 말을 걸고 그에게 가르쳐 주기를 바랍니다. 그는 그의 요구에 또 다른 요구가 화답해주길 바랍니다. 바로 이러한 국면에서 정신분석이 시작되지요. 지식을 요구하고 제공하는 착각적인 이러한 거래가 어떤 향락을 목적으로 이루어지는가 하는 본질적인 측면은 잠시 차치해 두기로 하죠.

'내가 무엇을 말하는지 나는 알지 못한다'는 것에 약간 더 머물러 봅시다. 나는 무엇을 모를까요? '내가 무엇을 말하는지 알지 못한다'는 것은 하나의 시니피앙입니다. 시니피앙이란 무엇일까요? 제 딸의 말투로 하자면, "쉽군요!" 하나의 시니피앙은 다른 시니피앙을 향해서 주체를 표상하는 어떤 것입니다! 여러분 중에 누가 이 문구를 모르시겠습니까? 여러분이 "쉽군요!"라고 외치는 신랄한 반어법에는 나름의 가치가 있습니다. 왜냐하면 우리는 이미 시니피앙이 더 이상 우리를 놀라게 하지 못하는 지점에 도달해 있기 때문입니다. 그런데 분석 이론에서는 역설적으로, 놀라움을 정의하기 위해 시니피앙이란 개념을 사용합니다. 주체는 정확히 시니피앙의 충격을 받을 때 놀랍니다. 놀란다는 것, 그것은 시니피앙의 효력을 견딘다는 것이고, 그것을 즉각 기호로 받아들이지 않는다는 것이고, 그것을 파악하지 못하는 것이며 이해할 수 없다는 것입니다. 여러분이 이해했다면 놀라지 않을 것입니다. 따라서 놀라지 않는다는 것은, 자신의 지식에 대해 지나치게 확신한다는 것입니다. 어떤 면에서 이런 경우는 "시니피앙이란 무엇인가?"라는 문구와 관련해, 사람들이 지나치게 확신하고 자기가 이해하는 것에 지나치게 매달리는 일이 벌어진 것이죠.

*

다시금 시니피앙은 무엇일까요? 거기에 접근하는 방식은 여러 가지가 있습니다. 나에게 실마리가 되는 것 중의 하나는, 시니피앙은 특히 이해할 대상이 아니라는 것, 즉 이해될 수 없는 표상이라는 것입니다. 라깡 선생과 함께, 인식론을 결정적으로 뒤엎는 단절이 일어났습니다. 그 단절은 주체가 자신한테 말을 걸지 않는 어떤 표상을 운반한다는 점에 있습니다. 그러한 단절은 단 하나의 예외가 있을 뿐 이전의 철학에는 존재하지 않았는데, 우리는 조금 후에 이것이 어떤 흐름인지 보게 될 것입니다. 고전적으로 표상은 그것을 운반하는 사람에게 제공됩니다. 표상은 누군가를 위해 나타내는 것입니다. 그런데 라깡 선생의 독창성은 주체에 의해 운반되는 표상이 주체로부터 단절되어 있고 주체에게 말을 걸지 않는다고 생각한다는 것입니다. 주체가 그것을 운반하지만 수신자는 다른 곳에 있다는 것이죠.

그러한 단절은 아주 오래 전의 개념인 '이해될 수 없는 표상'이라는 개념에서 그 기원을 찾아볼 수 있습니다. 그것은 어디서 나온 것일까요? 회의주의자들에 관한 좋은 책 두 권을 여러분에게 추천합니다. 장 피에르 뒤몽Dumont의 『회의주의와 현상』과 브로샤르Brochard의 고전인 『희랍의 회의주의 철학자들』[2)]이 우리가 다루는 주제와 관련해 도움이 됩니다. 본인도 회의주의자이면서 이 그리스 사조에 대한 탁월한 역사가들의 한 사람인 섹스투스 엠피리쿠스의 고전도 빠뜨리지 말기 바랍니다.

이 철학사조에서 표상은 이해될 수 없는 것으로 간주되었어요. 물론 그들은 제가 방금 전에 말했던 것처럼 표상이 주체에게 말을 걸지 않는다고 말하지는 않았지만 논의를 상당히 멀리 진전시켰죠. 그들 중 하나인 카르네아데스는 말합니다. "이해될 수 없는 표상은 이해될 수 없는 다른 표상들에게 필연적으로 연결되어 있으면서, 그것들과 하나의 연쇄를 이룬다."

이러한 글을 읽고, 저는 시니피앙의 연쇄를 생각하지 않을 수 없었습니다. 하지만 이 점에 대해서는 더 이상 다루지 않겠습니다.

*

"제가 무엇을 말하는지 저는 알지 못합니다." 왜일까요? 현행진술dit은 하나의 시니피앙이기 때문입니다. 다시 말해 그것은 시니피앙으로서 말

2) 내가 보기에 회의주의는 정신분석과 관련해서, 두 개의 흥미로운 축 위에서 움직이고 있다. 하나는 윤리의 축이고 다른 하나는 이해할 수 없는 표상이란 개념으로 이루어진 축이다. 그 둘은 연결되어 있다. 왜냐하면 회의주의자들에게 윤리는 그러한 유형의 표상들을 바탕으로 하기 때문이다. 일반적으로 사람들은 회의주의자를 아무것도 알고 싶어 하지 않는 염세주의자로 간주하는 경향이 있다. 실은 아카데미 학파와 피론 학파école pyrrhonienne(극단적인 회의론)를 구분하는 것이 좋다. 후자가 우리의 관심을 끄는 것은 판단 지연의 방법을 이해할 수 없는 표상에 걸맞은 유일한 방법으로 제시하고 있기 때문이다. 그것 때문에 이 학파들이 어떤 도그마나 세계에 대한 관념도 거부했다는 것 외에도, 우리들에게 중요한 것은 그 두 학파와 진실의 관계를 확인하는 것이다. 피론(Pyrrhon: 희랍의 철학자로 회의론의 창시자 BC 365-275년)의 회의론자들에게 있어서 진실은 알아야 하거나 거부되어야 할 것이 아니라 관망해야 할 것이다. 사람들은 진리의 효과에 만족해야 한다. 나중에 더 부연해야겠지만, 그것은 라깡이 원인으로서의 진실을 참조하는 데에 반영된다. 정확히 그러한 효과들 중의 하나가 침묵이다. 우리 같은 회의주의자들에게는 두 가지 형태의 침묵이 있다. 이해되지 않는 것 앞에서 유보하는 것으로서 '입 다물고 있는 것se taire'과, 진실의 효과로서 '침묵을 지키다sileo'가 그것이다.

하는 사람에게 말을 거는 것이 아니라 다른 시니피앙에게 말을 거는 것입니다. 그것은 대타자에게 말을 거는 겁니다. 저는 말을 하고 소리를 내어 의미를 만듭니다. 그렇지만 내뱉어진 그 말dit은 저를 벗어납니다. 그것이 저를 벗어나는 것은, 그 말이 장차 다른 어떤 말에 연결될지 아는 것으로서의 주체의 능력에 속하지 않기 때문입니다. '시니피앙이 대타자에게 말을 건다'는 것은 그것이 장차 다른 곳에서 옆에 있는 다른 시니피앙과 결합될 거라는 사실을 의미합니다. 도대체 제가 무엇을 모르는 것일까요? 여러분들과 대타자에 대한 제 진술의 효과를 모르는 것입니다. 제가 무엇을 말하는지 알지 못한다는 것은, 제가 의도한 것 이상을 말한다는 것입니다.

우리의 주제와 관계가 없을지라도 저는 여기서, 제가 무엇을 말하는지 알지 못할 때 의문이 일어난다는 것을 지적해야겠습니다. 어떤 의문일까요? 가장 절박한 의문입니다: "내게 무슨 일이 일어나고 있는 것일까요?" 분석적인 용어로 표현하면, "내 안에 있는 대타자의 결여된 시니피앙은 무엇일까? 내 말dit은 장차 어디로 연결될까? 그것은 어디서 오는 것일까?" 이러한 의문을 제기하면서 주체는 욕망하는 대타자를 세우게 됩니다. 자문해 보세요. 내 꿈은 무엇일까? 그것은 무엇을 의미하는 걸까? 스스로에게 물어 보세요. 나는 왜 증상 때문에 괴로워하는 것일까? 나는 왜 망각하는 것일까? 그렇다면 여러분은 욕망하는 대타자를 제기하는 것입니다.

한마디로 내 말dit이 다른 데로 가서 내가 모르는 사이에 대타자에게 말을 걸고 내가 모르는 사이에 대타자로부터 나에게로 오기 때문에 내가 무엇을 말하는지 모르는 것입니다. 그것은 대타자로부터 오고 대타자에게 말을 거는 것입니다. 그것은 대타자로부터 출발해서 대타자에게로 되돌아갑니다.

'내가 무엇을 말하는지 알지 못하는' 이유가 또 있습니다. 그것은 말dit을 언술하는 주체, '언술하는 주체'라는 말을 강조해야 하는데, 그 주체와 그 메시지가 되돌아올 때의 주체가 동일하지 않기 때문입니다. 나는 더 이상 동일한 주체가 아닙니다. 왜냐하면 말하는 행위에서, '나je'는 변하기 때문입니다. '시니피앙의 효과인 주체'라는 표현은 바로 주체가 말하는 행위에 따라 변한다는 것을 의미합니다.

더욱 가까이 들여다봅시다. 여러분은 라깡 선생이 말하는 언표enoncé상의 '나'의 기능을 잘 알고 있을 것입니다. 라깡 선생이 야콥슨과 예스페르센을 빈번히 참조한 결과 '나'에 대한 그들의 개념인 '연동자'[3]라는 개념을 라깡 선생한테로 돌리는 묘한 경향이 있습니다. 하지만 라깡 선생은 그것을 마음에 두고 있지 않습니다. 주체가 '나'라고 말할 때, 그 '나'는 언술 행위enonciation의 주체를 가리키는 것이 아닙니다. 이 점에 대해 라깡 선생이 항상 분명한 것은 아니지만 『에크리』에는 분명한 제

3) 연동자shifter는 예스페르센Otto Jespersen이 처음으로 소개함. '나'와 '너'라는 대명사라든가 '여기'와 '지금'은 그 단어를 말하는 맥락에 의해서 이해될 수 있는 요소임 – 역주

안이 들어있습니다. 언표에 나타나 있는 '나'는 언술 행위를 수행하는 사람을 가리킵니다. 여기까지는 언어학자들이 말하고 있는 것입니다. 그러나 그들이 침묵하고 있는 건 바로 이것으로, 이 '나'는 언술의 주체를 가리키지 그것을 의미하지 않는다는 점입니다. 따라서 그 '나'는 언술 행위의 주체에 관해서 우리에게 아무것도 말해주지 않습니다. 그래서 우리는 다음과 같이 자문할 수 있습니다. '내가 무엇을 말하는지 나는 알지 못한다'라는 언표에서 '나'는 누구를 가리키고 있을까요? 그것은 언술 행위를 수행하는 사람인 언술 행위의 주체를 의미할 수 없는데, 그렇다면 과연 누구를 의미할까요? 이렇게 우리는 다음과 같은 의문에 도달하게 됩니다. 내가 말하고 있는 곳, 다시 말해 내가 시니피앙을 나르고 있는 그 지점에서 나는 누구일까요?

간단히 말해 나는 무엇을 알지 못할까요?

1. 나는 내가 이러저러한 시니피앙 하에 있었다는 사실을 알지 못합니다. 이러저러한 말dit이 시니피앙, 그것도 '나'라는 시니피앙, 즉 주체라는 시니피앙이었다는 사실을 알지 못합니다. 다시 말해 주체로서의 '나' moi의 시니피앙이었다는 것을 알지 못합니다. (나는 나를 이해시키기 위해 '주체로서의 나'라는 표현을 사용하지 않을 수 없습니다. 하지만 이 둘은 근본적으로 다릅니다.) 따라서 나는 이러저러한 시니피앙 아래 있었습니다만 그러한 사실을 알지 못합니다. 나는 부지不知 non-savoir의 지점에 있었다는 사실을 알지 못

합니다. 그 부지의 지점은 대타자를 벗어나서 그에게 말을 거는 곳을 의미합니다. 따라서 그 지점은 대타자가 결여된 지점입니다.

2. 또한 나는 어떤 시니피앙이 거느리고 있었는지 알지 못하기에 그 시니피앙이 말을 거는 다른 시니피앙도 모릅니다. 달리 말해 말을 할 때 나는 어떤 시니피앙이 나를 기다리고 있는지 알지 못합니다.

3. 나는 내가 누구인지 알지 못합니다.

요컨대 여러분은 한편으로 말하는 행위의 시니피앙에 매달려 있는 고정된 주체를 가지고 있습니다. 그는 자신도 모르게 그것을 가지고 다닙니다. 그리고 다른 한편으로 시니피앙은 연속적으로 이어지기 때문에 사실상 주체는 어디에도 없는 셈입니다. 제가 반복해서 말하는 이유는 이것이 제가 도달하고 싶은 명제들 가운데 하나이기 때문입니다: 주체는 행위, 곧 현행진술dit을 언술하는 행위 속에 있지만 그 행위는 대타자로부터 오고 대타자에게 말을 걸기 때문에 모든 것은 이 현행 진술들 사이에서 일어나고, 주체는 계속해서 이어질 수많은 시니피앙들 속에 매달려 있고 사라지며 지워진다. 우리는 행위의 주체입니다. 그럼에도 역설적으로 우리는 그 행위와 함께 사라집니다. 우리는 행위의 주체이면서 동시에 아닙니다.

우리는 '우리가 있다'고 합니다. 그런데 앞에서 언급한 사실에 의하면,

'우리가 있다'는 표현은 부정확한 것입니다. 왜냐하면 내가 주체는 행위 속에 있다고 말하고 나서 연달아 계속되는 모든 진술들 속으로 주체가 사라진다고 말한다면 다음과 같은 의문이 남기 때문입니다: 그런데 이 '우리'는 누구인가? 나는 "우리가 있다"고 말하는데 "우리 자신이 주체로서 주체의 이 두터운 이중성에 연루되어 있다는 점에서 출발하지 않고서는 우리가 주체에 대해 숙고할 수 없으리라"(자끄 라깡)는 것을 어떻게 달리 지적할 수 있을까요?

이러한 주체의 분할césure subjective에 대해서 여러분이 더 잘 느낄 수 있도록 저는 문학, 즉 피란델로의 드라마에 도움을 빌리려고 합니다. 최근 파리에서 공연된 고전극인 《작가를 찾는 6명의 등장인물》을 참조해 봅시다. 여러분도 이 괄목할 만한 극작품의 논지를 알고 있을 겁니다. 미지의 장소에서 나온 여섯 명의 등장인물이 무대에 올라와서 연출자에게 말을 걸면서 자신들을 그의 다음 작품의 주인공으로 삼아 달라고 간청합니다. 그들이 제안하는 드라마는 어떤 것일까요? 희비극입니다. 제가 흥미를 느껴서 여러분에게 읽어 드리고자 하는 장면은, 아버지가 다소 모호한 양장점 여직공의 집(무대 의상을 갖춘 총연습장도 의미함 – 역주)에 도착하는 것으로 시작됩니다. 그는 창녀 중의 하나를 유혹하는데, 그 창녀가 자기 아내의 딸인 의붓딸이란 것을 모르고 있습니다. 그가 그녀를 유혹해 거의 강간하려고 할 순간에 느닷없이 아내가 나타나 발각됩니다. 그들이 함께 침대에 있을 때 어머니가 들어오며 소리칩니다. "안 돼, 안 돼, 내 딸이야!" 참으로 신문 연재소설 같은 이야기죠. 피란델로의 재능은 독일

극작품의 틀과 장식으로 연재 소설을, 매우 이탈리아적인 시칠리아 방식으로 써낸다는 것이었습니다. 왜냐하면 제가 보기에 피란델로는 거의 희극풍의 이 장면 가운데서 주인공들을 통해 독일 철학에 나오는 성찰들을 보여주고 있기 때문입니다. 아버지는 연출자가 자기를 끌어들였다는 것을 증명하기 위해 다음과 같은 대사를 합니다.

"연출자님, 나에게 드라마는 인생의 전부입니다. 당신이 알고 있듯이, 우리들 각자는 자신이 '유일한 한 사람'이라고 믿고 있어요. 나도 그러한 의식을 갖고 있죠. 하지만 그건 거짓입니다. 우리들 각자는 우리 속에 존재하는 무수한 존재의 가능성에 따라 '백'도 되고 '천'도 됩니다. 각자가 이 사람과 더불어 '유일한 한 사람'이 되고 또 저 사람과 더불어 '유일한 한 사람'이 되죠. 하지만 이 다양한 '유일한 한 사람'은 서로 무척 다르다구요! 하지만 '모든 사람에게는 항상 유일한 한 사람'이라는 착각이 있어서 그 유일한 한 사람이 우리의 모든 행위 가운데 있다고 믿게 되는데, 그건 거짓이죠! 그건 거짓입니다! 우리는 우리의 행위들 가운데 하나에 갑자기 자신이 걸려있고 매달려 있음을 발견할 때 이 거짓을 깨닫게 되죠. 이를 테면 우리는 그 행위 가운데 우리가 온전히 있지 않다는 것을 깨닫게 되고, 그렇기에 존재 전체가 하나의 행위 속에 완전히 요약이라도 되는 것처럼 우리 자신을 그 하나의 행위로만 판단해서 우리가 존재하는 내내 우리를 형틀에 매다는 건 아주 부당하다는 것을 깨닫게 된다는 겁니다. 이제 이 딸의 불성실한 행동을 이해하시겠어요? 그녀는 그녀가 보지 말았어야 할 그러한 장소와 모습으로 있는 나를 봐서 나를 놀라게 했고, 내가 그녀에게 보여줄 수 없는 나를 보고 말았어요. 그녀가 내게 정해주려고 했던 현실은 내가 그녀에 대해서 떠맡아야 할 것이라고는 전혀 예상치 못했던 것이었죠. 내 삶에서 부끄러워 달아나고 싶은 순간의 현실이었어요! 연출자님, 그것이 내가 특히 괴로워하는 점입니다."

오해하지 맙시다. 여기서 문제가 되는 건 어떤 아버지인데, 게다가 그는 설득하려고, 즉 강요하려고 하며 시니피앙을 사용하려고 애씁니다. 하지만 그의 얘기의 흥미로움은, 주체의 분열이란 그 비극이 주체가 하는 행위 속에 주체가 온전히 있지 않다는 것임을 우리에게 말하는 방식입니다. 저는 드라마라는 말을 사용했지만, 라깡 선생이 사용한 다른 표현('주체의 분열'이라는 표현)은 주체의 찢김, 즉 '존재하는 고통'의 열상을 더 잘 보여주고 있습니다. 이것은 무슨 말일까요? 그것은 시니피앙이 하나씩 하나씩 끊임없이 반복되고 그것의 운반자인 우리도 변하기 때문에 기존의 동일성을 영원히 잃어버린다는 뜻입니다. 우리는 한 시니피앙의 주체임과 동시에 모든 시니피앙들의 주체인 것입니다. 시니피앙은 대타자로부터 와서 대타자에게로 돌아갑니다. 그곳에서 시니피앙은 여러분을 기다립니다. 어디서요? 하나의 시니피앙이 결여되어 있는 그곳에서 당신을 기다리죠.

주체가 되는 것이 대타자에게서 일어나는 사건이라는 것을 제가 여러분에게 제대로 보여주었나요? 저는 다른 방식으로 지난해에 논의했던 무의식에 대한 문제를 다뤄볼까 합니다. 어떤 환자가 당신 앞에 있을 때, 당신 앞에서 어린 아이가 그림을 그리고 있을 때, 당신 앞에 도착증 환자가 있을 때(운 좋게도 그가 분석에 나온다면), 여러분이 그 누구든 어떤 대화자와 함께 있을 때, 여러분이 마주보고 있는 이 주체의 주체가 대타자한테는 대화자interlocuteur가 된다는 사실을 염두해 두길 바랍니다. 제 생각에 자아의 열정, 즉 '무지의 열정passion d'ignorance'은 너무나 뿌리가 깊어 이 순간 우리는 주체가 형성되는 곳이 대타자라는 것을 잊어버리고 또 생각치도 못하게 됩니다. 그에 대해 라깡 선생은 이렇게 말씀하셨죠: "주체화하는subjectiver 것, 다시 말해 주체가 구성되는 것은 다른 주체, 즉 대타자 속에서 일어난다." 따라서 행위 이전에 분해되고 행위 이후에도 분해되는 주체는 결국 대타자의 영역에서 제거됨으로써 형성되게 됩니다.

이 모든 것이 분석에서는 어떻게 작용할까요? 이것이 군살을 뺀 성찰이 아니겠는지요? 주체가 분석에서 의미를 말하기 위해, 즉 의미화하기 위하여가 아니고 오히려 '스스로를 의미화하기'se signifier 위해 말한다는 것 외에, 우리가 어떤 다른 분석적인 목표를 기대할 수 있을까요? 다시 말해 주체는 오로지 사라지기 위해 말한다는 것인데, 바로 여기에 역설이 놓여 있습니다. 주체는 행위를 만들어내지만 그 뒤에 곧바로 사라져 버립니다. 정신분석가로서 우리는 주체가 사임하고, 대타자에게로 가서 사라짐으로써 무의식적인 시니피앙들의 연쇄를 다시 작동시킬 것을 요청하고 또 기대합니다. 주체는 말을 하고, 말을 함으로써 주체가 되고 또 사라집니다. 주체는 행위 이전에도 존재하지 않았고 행위 후에도 더 이상 존재하지 않습니다. 주체는 그러한 연쇄의 바깥에 '외존합니다ex-siste'. 하지만 그 연쇄와 관련해서 그렇습니다. 이것이 주체의 이율배반이라고 할 수 있습니다.

*
* *

II. 우리는 제일 먼저 이러한 이율배반을 오래 전에 라깡 선생의 이론에 도입된 위상수학을 통해 재현해 볼 수 있습니다. 뫼비우스의 띠는 주체를 정의하기 보다 주체를 우리에게 보여줄 것입니다. 그러나 주체를 그 띠와 직접 동일시하고 그것을 가리키면서 "이것이 주체다" 라고 말하는 것은 잘못입니다. 그렇지 않습니다. 뫼비우스의 띠에서 우리의 흥미를 끄는 점은, 단 하나의 테두리를 갖는다는 그 속성이 중간을 자르게 되면 변한다는 것입니다(적어도 반만 꼬아서 만든 리본의 경우는 그렇다). 그 순간, 다시 말해(처음의 지점과 연결하여) 그 곡선을 닫아버리는 시점에서 본래 의미에서의 그 뫼비우스의 띠는 사라집니다. 더 이상 뫼비우스의 띠가 아닌 리본이 되어버리는 것이죠.

따라서 주체를 공간 속에 재현하는 것으로는 충분치 않습니다. 닫힌 곡선을 절단해 보고 그려보는 행위가 필요합니다. 말하는 행위도 마찬가지입니다. 시니피앙은 주체를 결정하고 둘로 쪼개기 때문입니다. 시니피앙은 주체를 나타나게 했다가 또 그것을 사라지게 합니다.

이번에는 이러한 이율배반을 고려하는 두 번째 방식인 논리적 방식으로 가봅시다. 그렇게 하기 위해서는 라깡 선생의 담론이 오래 전에 확립한, 주체와 시니피앙의 관계에 상응하는 '일자l'Un'와 '영le Zéro'의 관계에 대한 분석을 다시 볼 필요가 있어요. 저는 이 상호 관계의 본질적인 요점에 초점을 맞추면서, 우리의 관심사인 다음의 질문에 답하고자 합니다: 주체는 불가능한데도 명명되고, 명명되기를 너머 '하나' (+1이든 -1이든)로 간주된다는 이 이론적 사실을 어떻게 설명할 것인가? 주체라는 이 달아나서 잡히지 않는 것을 어떻게 하면 하나의 시니피앙으로 고정시킬 수 있을까요?

프레게Frege가 제공한, 제로에 대한 정의를 가지고 접근하는 방법이 여기서 그 모순을 밝혀주게 됩니다. 영은 두 가지 속성을 가진 숫자입니다. 한편으로 그것은 그 자체와 동일시할 수 없기 때문에, 현실에 관해서가 아니라 진실에 관해서 불가능한 어떤 대상의 개념을 가리키게 됩니다. 다른 한편 수열과 관련하여 영은 하나un로 간주됩니다. 따라서 영은 불가능한 것의 개념으로서 정의되며 동시에 수자의 연속에서 한 자리를 차지하는 요소로 정의됩니다. 또한 주체는 시니피앙의 연쇄로부터 제외되지만 하나의 시니피앙에 의해 표상되고, 따라서 그 연쇄의 요소로 남게 됩니다. 따라서 주체와 영 사이에는 밀접한 관계가 있는데, 이 둘에 공통적인 기능을 고려해 본다면 그 관계는 훨씬 더 가깝고 중요할 것입니다. 둘의 공통적 기능이란 둘 다 자신의 독특한 위치에 의해 수열의 움직임을 보장한다는 것입니다. 우리가 무의식의 주체를 '말하는 존재'

에 미치는 시니피앙의 효과라고 정의할 때, 그것은 우리를 관통하는 시니피앙들의 행렬이 우리를 영이라는 상수, 즉 하나의 결여, 더 정확히는 연쇄 전체를 떠받치는 결여-지주로 만든다는 것을 의미합니다.

*

논의의 이 시점에서 거세의 문제로 들어가기 전에 여러분에게 제시하고 싶었던 질문을 여기에 앞당겨 본다면: 그 체계 전체가 시니피앙인데, 그 질서가 시니피앙인데, 어째서 주체라는 용어를 개입시켜야 할까요? 원칙적으로 모든 것은 주체가 없다는 결론으로 귀결되는데, 왜 라깡 선생은 그 용어를 보존하려고 할까요? 왜냐하면 라깡 선생의 이론적인 관점에서 볼 때, 주체를 위한 자리가 있다는 것은 이미 분명하기 때문입니다. 여러분이 "주체는 시니피앙 밑에 있다"고 말한 뒤에 "그것은 이제 없다"라고 연역한다면, 여러분은 잘못을 저지르는 것입니다. 주체는 분열되어 있고 따라서 그것은 연쇄 속에 있습니다. 라깡 선생은 주체라는 용어를 유지하려고 했습니다. 게다가 그 용어를 사용해서 정신분석과 형식주의를 떼어놓으려고 했습니다. 후자는 주체를 거부하는데 비해, 우리 정신분석가들에게는 주체가 실천praxis의 자료이기 때문입니다.

라깡 선생은 프로이트와의 관계에서도 그러한 주체의 필요성을 유지했습니다. 매우 아름다운 인용문이 있습니다. 이 인용문에서 라깡 선생은 욕망의 충족(여러분도 알다시피 욕망은 상징이나 시니피앙으로 충족됩니다)에 대해 말하면서 다음과 같이 주장합니다: "프로이트는 우리에게 '욕망은 스스로 충족된다'고 말하는데 나는 '욕망의 주체는 스스로 충족된다'고 제안하고 싶다." 어째서 선생은 주체의 문제를 단념하지 않을까요? 프로이트에 대해 라캉이 두는 거리와 뉘앙스 차이를 다시 보면서 우리는, 그로 하여금 주체를 포기하지 않도록 하는 것이 충족이란 개념은 아닌가 자문해 볼 수 있습니다. 향락이나 충족에 대해 말하기 위해서는 주체를 내세우는 것이 필수일까요? 제 생각에 그것은 따라갈 길이 아닙니다. 제가 보기에 주체와 향락 사이의 관계는 대립된 관계라고까지 할 수 있으므로 우리는 신중을 기하여 다음처럼 주장할 수 있습니다: "향락이 있는 곳에는 주체가 없다." 따라서 향락에 대한 이러한 문제틀은 주체라는 개념에 대한 라캉 선생의 집착을 설명해 주지 못합니다.

*
* *

III. 주체라는 용어가 어떤 문제틀을 해결하는지 설명하기 전에, 세 번째 관계인 주체와 거세의 관계를 다루어 보죠.

자끄 라깡 선생한테서 우리가 발견할 수 있는 첫 번째 대답은 거세의 영역에서인데, 이 대답은 존스E. Jones에게서 나온 소멸aphanisis이라는 용어로부터 영감 받았던 것입니다. 선생은 대부분의 세미나들에서 존스의 이 개념을 참조하고 있는데 그것을 찬탄하는 면도 없지 않지만 주로 비판하기 위해서였습니다. 같은 맥락에서, 라깡 선생의 이론 중 중요한 몇몇 개념들에 존스의 결재도장이 너무 강하게 찍혀 있는 걸 보면서 저는 라깡 선생이 프로이트를 자기 분신처럼 좋아하지만 선생이 욕망하는 사람은 존스라는 생각이 들었습니다. 그래서 프로이트가 "욕망은 스스로 충족된다"고 쓰면 라깡 선생은 '욕망의 주체는 스스로 충족된다'고 말하고, 존스가 욕망의 소멸을 제안하면, 라깡 선생은 "아니다, 그것은 주체의 소멸이다"라고 말하는 것입니다. 따라서 주체가 대타자에게서 '소멸된다', 사라진다는 것은, 주체가 시니피앙들의 연쇄에 부재하다는 것도 아니고, 우리가 연속되는 수많은 사건들이 아니라는 것도 아닙니다. 다만 주체는 존재하지만 존재감이 지워진 채로 있다는 것입니다.

우리가 다시 거세에 대해, 그리고 라깡 선생이 이미 수년 전에 확립했던 남근을 갖는 것avoir le phallus과 남근이 되는 것être le phallus 사이의 구분에 대해 살펴보면, 주체가 시니피앙이나 남근적인 대상에 대해 차지하는 위치에 따라 소멸이라는 개념이 둘로 나뉘는 것을 볼 수 있습니다.

여기에서는 우리가 다른 데서 이미 다루었던 지점을 깊숙이 검토할 수 없습니다. 단지 환기의 차원에서 '거세되다être châtré'라는 잘 알려진 표현을 쓸 때 우리가 말하고 싶은 것이 무엇인지 자문해 봅시다. 세 가지 의미작용이 거기에 결부되어 있습니다. 우선 말하는 존재는 시니피앙(증상이든 아니든)과 환상이란 두 가지 방식으로 성sexe에 부딪치게 됩니다. 그 방법들은, 여기서는 성적 관계의 비존재inexistence로 이해되는, 향락의 곤경을 해결할 수 없는 수공업적인 방식입니다. 다음으로 시니피앙에 의지하는 것은 구속이고 종속입니다. 즉, 대리보충이 이루어지지 않기에 불필요한 반복에 구속되는 종속이며 이러한 반복을 지배하는 용어 곧 남근적 시니피앙에 종속되는 것입니다. 남근을 갖는다는 것은, 전혀 아무것도 갖지 않으면서도 남근적 기능에 종속된다는 것을 뜻합니다. 마지막으로 살아 있는 동안 시니피앙을 계속적으로 밝히는 작업에서 주체는 수동적으로 사라지고s'éteint '소멸됩니다s'aphanise'. 그것이 바로 실종disparition의 형태들의 하나입니다. 남근이 되는 것과 관련된 또 다른 형태는 전혀 다른 차원으로, 환상의 차원에 속합니다. 이 환상의 차원에서 우리는 환상적 대상 뒤에 숨어 주체가 실종되는 것을 봅니다. 따라서 아주 간략하게 소멸의 두 종류, 즉 더 이상 거기 존재하지 않는 두 가지 방식을 구별해야 하는데, 한 가지는(이것은 존재하지 않는다는 것과는 전혀 다름) 반복에 고유한 방식이고 다른 한 가지는 은폐에 고유한 방식입니다.

따라서 거세castration가 어떤 기관의 제거라는 부정적인 수술이 아니라는 것은 쉽게 알 수 있습니다. 반대로 그것은 이어지는 시니피앙들의 피할 수 없는 증식 작업입니다. 어떤 것이 박탈privation의 영향을 받는다면 그것은 음경이 아니라 주체 자신입니다. 거세하는châtrer 것은 목을 자르는décapiter 것인데, 왜냐하면 시니피앙들이 지속되고 반복될수록 주체는 더욱 줄어들기 때문입니다.

이제 요약하기 위해 우리가 어휘를 바꿔서 거세가 무엇인지 새롭게 물어본다면, 그것은 향락을 만나기 위하여, 즉 그것을 알기 위해서가 아니라 그것을 의미하기 위해 실종을 대가로 한계들의 세계 속으로 유아가 들어가는 입문식이라고 할 수 있습니다. 우리는 다시 한 번 동일한 결론에 도달합니다: 유아는 세계 속으로 들어가면서 자취를 감춘다.

*

IV. 방금 전의 질문으로 되돌아가 봅시다. 주체라는 용어는 어떤 종류의 장애물에서 우리를 구해내 줄까요? 라깡 선생이 곤경을 해결한 방법은, 이미 아주 오래된 존재와 비존재non-être 간의 양자택일이라는 생각은 여러분들의 평가에 맡기겠습니다. 제 해석에 의하면 선생한테는 주체를 존재론화하지 않는 것이 필요했고, 주체를 하나의 기반으로 삼지 않는 것이 필요했습니다. 달리 말해서 선생은 주체에게 피표상체représenté라는 개념을 입히지 않으려고 했습니다. 주체는 표상으로 표시된 것이 아닐 필요가 있었는데, 이것은 버클리Berkeley 추종자에게라면 "존재라는 것은 지각된 존재다"라는 그의 유명한 문구로 표현될 것이고 우리에게는 "주체라는 것은 표상된 주체다"라는 문구로 옮겨질 것입니다. 따라서 라깡 선생에게는 하나의 표상과 동일시되는 기반-주체sujet-substrat를 피하는 것이 문제였습니다. 주체가 그것에 불과하다면, 즉 순수 표상이라면 우리는 자연히 그것을 실체적인 절대적 단위로 옹립할 것입니다. 하지만 형이상학의 그물망에서 끝나지 않으려면 주체는 다른 것이 되어야 했지요.

따라서 라깡 선생은 한손으로는 피표상체라는 개념을 잡고, 다른 손으로 주체가 기질이 되지 않도록, 억압된 시니피앙들의 연쇄 속으로 사라지는 주체란 개념을 도입하게 됩니다. 그 역도 가능합니다. 즉 주체를 완전히 실종되게 하지 않을 필요성 때문에 선생은 표상된 주체라는 개념을 원용합니다. 주체에 대한 이런 이중적인 포착이, 바로 분열된 주체 개념이지요.

저는 이 점을 명확히 하고 싶습니다. 묘수는 주체를 분열시켰다(라캉은 주체를 존재와 비존재로 분열시킬 수도 있었는데)는 것이 아니라 그것을 표상과 표상들의 집합으로 분열시켰다는 것입니다. 그것은 어떤 이점이 있을까요? 선생은 이런 방식으로 주체를 표상된 존재, 그리고 다른 한편으로 수많은 현행진술들dires, 즉 연쇄 안에 정렬되는 시니피앙들로 터져 나오게 합니다. 그렇게 함으로써 선생은 주체를 지켜내는 동시에 무의식적인 표상들의 연쇄, 곧 시니피앙들의 연쇄를 보존하는 겁니다. 제가 또한 강조하고 싶은 것은, 주체의 분열이 존재와 비존재 사이에 있는 것이 아니라 '일자Un'와 대타자aurte 사이, 주체를 표상하는 하나의 시니피앙과 연쇄 속으로의 사라짐 사이, 또는 우리의 문자를 사용한다면, S_1과 S_2 사이에 있다는 사실입니다.

그 두 가지 위험을 피하면서 주체를 분열시키는 이러한 해결책은, "하나의 시니피앙은 다른 시니피앙을 위해 주체를 표상한다"는 표상 기능에 온전히 의존해 있습니다. 이러한 표상 개념 없이 주체의 분열은 생각할 수 없습니다. 왜냐하면 주체는 하나의 시니피앙에 의해 표상 체계에 묶인 채로 남아있기 때문입니다.

여기서 제가 라깡 선생한테 논했던 질문을 여러분에게 제시해 보겠습니다: 이런 표상의 밧줄이, 시니피앙의 확정과 실종된 주체의 효과라는 서로 이질적인 두 차원을 함께 붙잡기엔 너무 미약하지 않을까요? 표상이 확정과 거부를 결합하고 폐지의 원인과 폐지된 것을 결합한다는 말을 어떻게 이해해야 할까요? 여러분 가운데 몇몇은 이러한 질문에 반박할 것입니다. 그러한 반박 중의 몇 가지는 이미 제 발표의 골자에서 찾아볼 수 있고, 심지어 저 자신도 제기한 바 있습니다. 그럼에도 저는 이 질문에 침묵하지 않기를 더 선호하고, 나중에 가서는 발길을 되돌릴 수밖에 없게 될지라도 당분간은 이 질문을 따라가 보려 합니다.

따라서 주체의 분열자로서 표상을 문제 삼는 것으로부터 시작해, 저는 주체를 수평적으로 나누기보다는 연쇄를 구성하는 시니피앙들의 수만큼 주체를 수직적으로 배분시키는 것도 가능해 보입니다. 요컨대 층을 이루며 여러 겹으로 쌓아올려진 주체를 상정하는 것이죠. 주체에 대한 그러한 공간적 구상은 리만 면[4]이라 명명된, 해석 함수에 의해 정의된 위상수학적인 특정한 종류의 면을 생각하면 쉽게 이해할 수 있습니다. 19세기의 석학이자 수학자인 리만은 복소해석함수론에서 다형 함수의 비정상적인 경우를 천재적으로 해결했습니다. 상세한 설명 없이 언급만

4) 리만의 면surface de Riemann, 또는 '복소해석학적 다양체의 구조'는 대수함수 이론과 위상수학에 공통되는 근거 중의 하나다. 라깡이 소개한 위상수학적인 대상들의 취급에 있어 특히 우리의 관심을 끄는 속성 중의 하나는 리만 면의 방향전환 가능성orientabilité이다. 역으로 방향전환 가능한 모든 닫힌 표면은 리만 면과 동형을 이룬다고 할 수 있다. 구球나 원환면이나 구멍이 뚫린(p개의 구멍) 원환면의 경우가 그것이다. 이 마지막 지적에 대해서는, G. Springer의 *Introduction to Riemann Surface* (Reading,1951)의 2장을 참조하기 바람.

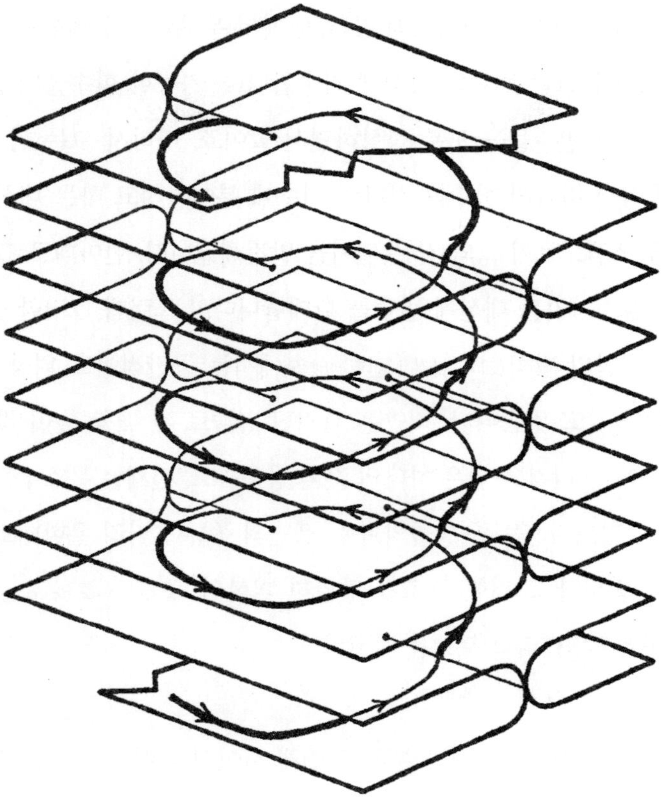

사인 곡선의 해석함수를 그린 리만 면. 다양한 리만 면들 가운데 이것은 겹쳐진 무한한 수자의 중첩들이라는 점에서 무의식으로 중첩된 주체라는 나의 견해를 가장 잘 보여준다.

프랑수아 팅그리의 제안으로 표현된 도면

하자면, 이것은 하나의 변수(복소수에 관계된 변수로서 예컨대 z의 제곱근)에 한 가지 이상의 함수가 대응되는 경우를 말합니다. 이를테면 리만은 또 다른 계산들(적분)에 방해되는 불규칙성을 제거하기 위해 대수 함수의 고유

영역으로부터 벗어나 기하학적 공간, 심지어 우주의 상상계까지 동원합니다. 이렇게 그는 변수의 증식에 착수합니다. 가능한 함수들의 값만큼이나 다양한 변수들을 모두 상상하면서 말이죠. 따라서 그는 함수들의 수를 줄여서 하나의 함수를 하나의 변수에 부여하려고 하는 대신 변수의 값을 쪼갬으로써 그와 같은 일치를 발견해냅니다. 한마디로 그는 함수들을 감소시키는 대신에 변수를 확대합니다.[5] 그런데 그러한 증식은 적어도 리만의 방식(그후 이것은 변형되었음)에서는 공간적이고 위상수학적인 지주를 갖고 있습니다. 리만은 겹쳐진 면들로 된 대를 높이 쌓아 올립니다. 이 때 각각의 면은 하나의 값에 상응하고, 전체는 복소수들의 차원을 포괄합니다. 층, 즉 면들의 수는 표면의 종류에 따라 무한대로 올라갈 수 있습니다. 그러한 구조가 정확히 피복의 표면surface de recouvrement 또는 리만의 면이라고 부르는 것입니다.

제가 보기에 이러한 형태의 분석과 주체 사이의 유사성은 참으로 놀라운 것입니다. 우리가 다시 고려하게 될지라도, 리만이 변수의 가치에 부여했던 증식과 중첩을 주체도 겪는다고 가정할 수는 없을까요? 그리고 주체가 연쇄를 구성하는 시니피앙들에 따라 증식된다면, 주체는 결국 그 연쇄와 동일시되는 게 아닐까요? 우리가 잘 알고 있듯이 이것은 체계에 대한 모든 결속으로부터 주체를 해방시킨다는 것을 뜻하는데, 왜냐하면 주체가 이 체계가 되기 때문입니다. 또한 우리는 이런 주체와 연

5) 흥미로운 사실은 헤르바르트Herbart의 철학이 깊이 새겨져 있는 그의 다양성 이론과 리만의 발견이 긴밀한 관계를 맺고 있는 점이다. 러셀의 『기하학의 기초』(Gauthier-Villars, 1901)를 참조.

쇄의 동화를 가리키는 이름을 알고 있는데, 알-것으로-가정된-주체(이후 '알가주' –역주)입니다. 그리고 우리는 내가 설명하려고 했듯이, 주체의 부정과 주체의 의존성을 혼동하지 말아야 함을 알고 있으며, 주체가 없다고 말하는 것과 주체가 소멸된다고 말하는 것은 별개라는 것도 잘 알고 있습니다. 그 모든 것을 알고 있죠. 하지만 보통 우리 정신분석가들이 분석뿐 아니라 이론을 실천할 때, 주체는 손가락 사이로 빠져나갑니다. 마치 주체라는 용어가 실제로는 쓸데없이 추가된 장식이나 이론적 게임에 편리한 '조커'에 지나지 않는다는 듯이 우리가 추론하고 철학하게 된다는 겁니다. 마치 우리가 사유에선 "주체주의자"이지만 가슴에선 형식주의자인 것처럼 모든 일이 벌어진다는 것이죠.

그런데 리만 면을 활용하여 주체는 중첩되면서 실종된다고 제안한다면, 우리는 주체를 간과하는 우리의 직관을 끝까지 밀고 나가는 것이 됩니다. 더 정확히 말해서, 우리는 이 직관을 끈질지게 수정하려고 하는 대신에 그 직관을 증상처럼 검토하고 있는 셈입니다. 우리는 주체의 실질적인 소멸을 깊이 파고들면서, 동시에 그에 상응하여 자아의 상상적 차원에 대해 다시 작업할 필요성이 더욱 두드러지는 것을 보게 됩니다.

주체에 대한 우리의 진술로부터 시작하여 특별히 검토해야 할 것은 자아와 직관이라는 주체입니다.[6] 우리가 가정하듯이 주체가 연쇄에 갇혀

6) 이 연구는 다음과 같은 질문으로 시작할 수도 있다. 칸트의 '도식scheme'과 프로이트의 환상이라는 개념 사이에는 어떤 관계가 있을까?

있다면 상상적인 자아의 심급이 미치는 영향력을 평가하고 그것과 직관의 관계를 더욱 깊이 분석할 필요성이 제기됩니다.[7)]

요컨대 "주체는 누구인가?" 라는 질문을 생생하게 유지시키는 것이 문제입니다. 우리가 거세에 대해 말할 때 사용하던 용어를 다시 사용한다면, 다시 말해 주체 대신 유아라고 말하고, 연쇄를 아버지의 법으로 번역하며, 단순히 향락이라고 말하는 대신 어머니의 향락이라 부언하고, 마지막으로 정신분석의 이 아이가 누구인지, 정신분석이 그 자체의 가설들을 지지하기 위해 그토록 많이 언급하는 이 대단한 유아가 누구인지 자문한다면, 우리는 다음과 같이 대답해야 할 것입니다: 이 유아, 그러니까 주체는 어머니의 향락에 의해 생겨나는 아버지의 언어를 가지고 말하고 생각하는 자입니다. 주체는 자기가 말하는 것을 알지 못하는 유아입니다. 정신분석의 이 경이로운 유아, 즉 말하는 존재들인 우리는 바람과 같은 존재에 불과하고, 말들을 빨아들이는 향락과 그 말들을 정돈하는 아버지의 이름 사이에서 자취를 감추는 메신저들에 불과합니다.

*
* *

7) 리만이 그러한 사실을 발견할 당시에 그는 본질적으로 직관적이었다. 그는 대수학적인 공간이 아닌 본질적으로 상상적인 공간을 생각하고 있었다.

무의식적인 지식의 개념

V. 정신분석에서 지식의 개념을 분명히 밝히려면 주체가 표상되는 그 지점이 아무런 시니피앙이 아니라는 점을 기억해 두어야 합니다. 우리의 논증에서 그것은 두 가지 기능에 부합하게 됩니다.

- 그 시니피앙은 대타자에게, 연쇄에 결여되어 있습니다.

- 그 시니피앙은 주체를 표상하면서 부지non-savoir의 구멍을 둘러싸고 있습니다.

여러분이 저에게 모순을 지적할 수도 있을 겁니다.

"당신은 부지가 있다고, 그러니까 하나의 시니피앙이 결여되어 있다고 주장합니다. 그런 다음 당신은 그래도 하나의 시니피앙이 부지의 구멍을 둘러싼다고 말합니다." 그것은 서로 다른 두 가지 것입니다. 그것은 하나의 구멍인데, 한편 그 구멍은 하나의 시니피앙으로 둘러져 있습니다. 따라서 주체는 연쇄에 없는 하나의 시니피앙에 의해 표상됩니다. 또한 부수적으로 그 시니피앙은 부지의 지점을 감싸고 있습니다. 주체로서 나는 내가 알지 못하는 그곳에서 실현되게 됩니다.

이러한 질문은 단순히 사변적인 것이 아닙니다. 왜냐하면 그 부지의 구멍은 주체도 지식 그 자체도 결코 확신할 수 없는 영향범위를 갖기 때문입니다(저는 아직 이 지식을 정의하지 않았습니다). 그 구멍이란 성sexe입니다. 정신분석에서의 성은 성기적인 성을 뜻하지 않습니다. 분석 이론 내에서 성은 '성적인 관계란 없다'로 정의되고 있습니다. 다시 말해 성을 의미할 수 있는 시니피앙이 없다는 겁니다. 반면에 주체 그것은 의미될 수 있어요. 성은 알려지지 않은 것이죠. 주체가 구성되는 곳은 주체가 알지 못하며, 성과 부딪치는 바로 그 지점입니다.

이 시점에 이르러 여러분은 제게 다음과 같이 질문할 수 있을 겁니다.

"선생님은 방금 전에 주체가 영Zéro, 즉 연쇄를 지탱하러 오는 결여라고 말했습니다. 그리고 이 시니피앙의 연속행렬은 제로라는 어떤 주체(하나의 시니피앙에 의해 표시된 주체로, 만약 수자들의 연쇄를 생각한다면 하나의 수자로 표시되는 주체)가 떠받치고 있다고 말했습니다. 그런데 이제 선생님은 당신이 구멍으로 규정하는 또 다른 용어인 성을 도입하고 계시군요. 그렇다면 결여로서의 주체와 알려지지 않는 것으로서의 성 사이에 어떤 관계가 존재하는지 알아봐야 하는 문제가 남겠네요."

물론 이런 '곤란한 문제'를 다루는 데는 다양한 방식들이 있는데, 우리는 다양한 결여들 사이의 관계를 탐색하는 과정에서 이 난제를 여러 차례 만나게 될 것입니다. 하나의 가능한 접근은 주체의 절반을 다른 절반과 떼어놓는 것으로 성을 설정하는 것입니다. 다시 말해 분열된 주체는 이 성적인 구멍에 의해 능지처참을 당해 이러지도 저러지도 못합니다. 또 다른 방식은 욕망의 원인과 동일시되는 그 성이 주체-영과 별개의 것이라고 말하는 것입니다. 제 생각에 연쇄 속에서 시니피앙이 없는 지점으로, 연쇄로부터 떨어져 나온 시니피앙이 남긴 구멍으로서 (바로 여기에서 주체가 확립되는데) 성을 정의하는 것은 후성적으로 획득된 어떤 것입니다.

하지만 이 점에 대해 한 가지 지적하고 싶습니다. 제가 조금 전에 주체는 대타자의 영역에서 형성된다고 말했던 것처럼, 주체는 하나의 시니피앙이 결여되어 있는 장소인 대타자의 영역, 다시 말해 주체가 성과 부딪치는 그곳에서 형성된다는 점을 유념해야 합니다.

지금이 지식의 문제를 소개하기에 좋은 타이밍 같군요. 하지만 그러기 위해선 먼저 망각이란 개념을 거쳐야 할 것입니다. 가설은 이렇습니다: 지식의 개념은 알지 못함의 이면으로서 솟아오르는 것입니다. 지식이라는 용어의 기원에 있는, 이 반전의 기제mécanisme de renversement를 라깡은 클라인의 병bouteille de Klein으로 표현하고 있다는 사실에 주목해 봅시다. 이 '알지 못함'의 형태들 가운데 하나가 망각입니다. 망각이란 무엇일까요? 구멍이지만 회상의 구멍은 아닙니다. 그것은 한 장면이나 의미나 이미지를 잊어버리는 것이 아니에요. 망각은 돌아오지 않는 회상이 아닙니다. 프로이트에 의하면 망각은 시니피앙의 결함défaut입니다. 다시 말해 최소 요소들, 예컨대 음소phonème들이 사라진 것입니다.

망각의 개념을 가지고 제가 위에서 말한 생각을 더 명확히 다듬어 보겠습니다. 시니피앙의 결함으로서의 망각은 그 자체로 의미가 있습니다. 이것은 하나의 시니피앙에 의해 둘러싸이고, 표시된, 양성화된 결함입니다. 그렇지만 뉘앙스는 조절할 필요가 있습니다. 우리는 이 시니피앙의 결함을 하나의 시니피앙으로 표시된 구멍이라고(이로 인해 그것은 의미있는 구멍이 됩니다) 말하거나, 대신해서 아니면 그 사라진 시니피앙을 자신이 대체한다고 주장하면서 이 구멍의 자리로 시니피앙들이 들어오기 때문에 시니피앙의 결함이 있다고 말할 수 있습니다.

시니피앙의 또 다른 정의를 상기해 봅시다: 시니피앙은 지워질 수 있는 것이다. 하나의 시니피앙은 사라지는 것이고, 지워 없애거나 대체될 수 있는 것입니다. 내 생각으로는 바로 이 점에서 여러분도 경험으로 분명히 아는 흔적이나 삭제의 개념에 시니피앙을 근접시킬 수 있을 것 같습니다. 흔적과 그것의 삭제라는 알레고리를 원용해 봅시다. (『로빈슨 크로소의 모험』에 나오는 -역주) 프라이데이의 발le pied de Vendredi이 남긴 자국은 지워집니다. 그 흔적은 한번 지워지면 의미 있게 됩니다. 그러나 주의하세요. 그것이 지워지기 때문에 유의미한 것이 아니라 제가 그것이 지워진 장소에 십자 표시를 해두기 때문에 또는 그 삭제 속에 나 자신의 흔적을 남겨두기 때문에 유의미해지는 겁니다. 사실상 세 가지 순간들 - 흔적, 흔적의 삭제, 삭제의 표시 - 은 서로 구별됩니다. 시니피앙이 태어나고 주체가 나타나는 것은 바로 이 마지막 단계에서입니다. 주체는 그 이중의 삭제와 동시적인 것입니다. 망각의 경우에는 시니피앙의 삭제가 있지만, 이

삭제, 이 결함, 빠져나가는 그 시니피앙이 치환의 대상이 된다는 점을 아는 것이 중요합니다. 다른 하나가 그 자리에 오게 됩니다. 빠져나가는 시니피앙은 어떻게 될까요 ? 그것은 어디에 파묻히는 걸까요 ? 그것은 사라지지 않습니다. 그것은 치환하러 오는 시니피앙과 함께 압축됩니다. 이것이 은유의 기제, 곧 치환과 압축입니다.

따라서 망각의 구멍은 하나의 시니피앙이 됩니다. 구멍의 일자l'Un, 결함의 일자, 단절의 일자, 주체가 나오는 곳인 그 일자가 되는 것이죠. 우리가 형성되는 곳도 바로 거기입니다.

사라지는 다른 시니피앙 위에서 한 시니피앙이 지워지는 이러한 압축이 새로운 시니피앙을 만든다는 말을 덧붙여야 하겠습니다. 저는 그것을 다른 곳에서, **은유적인 시니피앙**, 다시 말해 잉여의 시니피앙 또는 잉여의 일자라고 불렀습니다. 이것이 바로 치환의 작업만 일어나지 않고 치환과 압축의 작업이 같이 일어나는 이유입니다.

그 구멍의 일자, 그 결함의 일자는, 일자로서, 다른 모든 시니피앙들과 연결됩니다. "시니피앙은 다른 시니피앙들을 위해 주체를 표상한다"는 저 유명한 문구를 풀어 말하자면, 그 결함의 일자는 다른 시니피앙에 말을 걸고 그것을 조회합니다. 단수로서 하나의 다른 시니피앙에 말을 걸고 조회할까요, 혹은 복수로서 다른 시니피앙들에 말을 걸고 조회할까요 ? 그 점에 대해 라깡 선생의 텍스트는 애매합니다. 저는 그 다른 시니피앙이 연쇄 전체의 대리자라는 사실을 고려하거나 또는 그것을 연쇄의 제 1열에 위치시키라고 여러분에게 제안합니다. 구멍의 일자인 S_1과 다르게 S_2는 다른 모든 시니피앙들을 가리킵니다. 제 논증의 목표는 이 망각의 일자도 역시 망각된다는 것을 확인하는 것입니다. 망각은 하나un의 시니피앙, 구멍의 일자이며, 결합의 일자입니다. 왜 그것을 일자로 생각해야 할까요? 그것은 이 일자가 다른 것들, 다시 말해 다음에 올 망각들과 지나간 망각들에 연결되어 있기 때문입니다. 그 망각의 일자도 자기 차례가 되면 다음의 일자들, 곧 다음에 올 다른 시니피앙들을 위해 사라질 것입니다.

그래서 망각은 기억의 구멍이 아니라, 구멍으로서의 프로이트적인 기억입니다. 이렇게 합의해 둡시다: 연쇄는 그 구멍과 일체가 된다, 마치 모든 시니피앙들이 오직 하나의 구멍인 것처럼. 왜냐하면 그 사슬이 어디에 존재하겠습니까? 다른 모든 시니피앙들이 연쇄를 이룬다는 가설을 우리가 어디에서 끌어내겠습니까? 우리는 왜 이 다른 시니피앙들이 지성적인 방식으로 정돈된다고 가정할까요? 저는 앞에서 이렇게 말했어요: 이 시니피앙은 알아봐야 할 것이 아니라 전체로서 이 시니피앙들이 하나의 지식이고, 지식을 이루며, 또 알고 있다고. 그것들은 무엇을 알고 있을까요? 어째서 연쇄가 지식이라고 말할까요? 존스가 '소멸'이란 용어로서 라깡 선생한테 영감을 불어넣은 것과 동일한 방식으로, 자신의 유명한 질문으로 라깡 선생한테 무의식적인 지식의 개념이라는 영감을 불어넣은 건 바로 뉴턴입니다. 어떻게 두 신체들 가운데 어느 쪽도 파괴되거나 서로 멀어지지 않는 방식으로, 또 두 신체가 관계 안에 있으면서 적당한 거리를 유지하는 그런 방식으로 한 신체, 한 몸 전체가 다른 신체, 다른 몸 전체와 연결되는 일이 생길 수 있을까요?

우리는 시니피앙들에 대하여 동일한 질문을 제기할 수 있습니다. 그것들은 서로 어떤 거리를 가지고 관계를 맺어야 할지 어떻게 알까요? 그것들은 어떻게 연쇄를 만들어낼 줄 알까요? 그것들은 어떻게 질서정연하게 배열할 줄 알까요? 하나의 시니피앙은 의미하기 위해서 다른 시니피앙과 관계할 줄 압니다. 무엇을 의미할까요? 주체입니다. 하지만 그것들은 서로를 참조지점으로 삼으며 관계할 줄을 알까요? 하나의 시니피앙은 다른 시니피앙들을 **위하여**pour 하나의 주체를 표상하는 것입니다. 지식의 지위라는 측면에서 이 문구의 열쇠는 **위하여**라는 용어에 있는데, 거기서 지식은 시작되고 거기에 지식이 살고 있죠. 요컨대, 시니피앙들은 이 **위하여**를 어떻게 유지할 줄 알까요?

마지막으로, 어떻게 중력의 법칙이 가능한가라는 뉴턴의 이 질문은 신에게로 가는 문을 열어줍니다. 어떤 신일까요? 뉴턴의 신이죠! 그의 신은 데카르트의 신과는 동일한 신이 아닙니다. 뉴턴의 신은 신성한 건축가이지 영원한 진리를 보장하는 신이 아닙니다. 다시 말해 뉴턴의 신이 만들어낸 그 장치는 잘 작동하지 않을 수도 있어요. 이 장치가 언제나 알고 있는 것은 아닐 수도 있거든요. 이 사실은 강조되어야 합니다. 왜냐하면 제가 말하던 지식인, 이 시니피앙적 지식은 실제로 완전한 지식이 아니기 때문입니다. 시니피앙들은 더는 알지 못하는 한 지점에 따라서 배열됩니다. 저는 이렇게 말하곤 했어요: "지식은 부지로부터 정돈된다". 달리 말해서 시니피앙은 현명한 방식으로 정돈되는데, 하지만 예를 들어 우연le Hasard이나 실재계le Réel에 의해 융화되는 어떤 부딪힘의 지점과 관련해서 배열됩니다. 마치 이 시니피앙적 지식은 실패할 줄…아는 데 있다는 듯이 말이죠. 뉴턴의 신은 그 점에서 우리의 흥미를 끄는데, 왜냐하면 그는 항상 작용하는 것은 아닌 어떤 질서를 생각했기 때문입니다. 제 생각에, 지식으로서의 이 무의식 개념은 뉴턴이 구축한 신뿐 아니라 중력의 법칙이 어떻게 가능한가라는 뉴턴의 질문에도 상당히 의존하고 있습니다.

결론으로서 한 마디 덧붙인다면, 제가 앞에서 말한 그 주체가 연쇄 속에서 용해, 즉 소멸된다고 여러분이 가정한다면, 그리고 여러분이 그것을 지식으로서 살게 하고 그것을 옹립한다면 여러분은 '알가주'를 얻을 것입니다. '알가주'는 주체의 지식이고 지식의 주체입니다. 지식의 주체는 사라진 한 주체인데 비해, '알가주'는 지식 저변에, 지식 안에서 사는 주체입니다. 제게 본질적으로 보이는 것은 이것입니다: '알가주'라는 개념을 분석가에게 적용하는 문제를 제기시키는 것은 바로 지식과 주체의 관계를 개념화하는 이러한 방식이다. 분석가가 지식을 소유하고 있느냐 아니냐의 차원에서가 아니라 그가 이 지식이 되는가 아닌가être ou ne pas être le savoir의 차원에서 '알가주'를 분석가에게 적용하는 문제를 말입니다. 한마디로 정신분석가를 '알가주'로 특징짓는 것은 그에게 어떤 잉여의 지식connaissance을 귀속시킨다는 뜻이 아니라 그가 그 무의식적인 지식**이라고**est 가정한다는 것을 뜻합니다.